슈퍼히어로 영화의 스토리텔링

지은이 이현중

경희대학교 국어국문학과 졸업.
한양대학교 연극영화학과 영화학 석사, 박사.
현 국립군산대학교 미디어문화학과 교수.

현재 대학에서 영화와 스토리텔링을 가르치고 있으며,
현장에서 영화/애니메이션 시나리오 작가로 활동 중이다.

슈퍼히어로 영화의 스토리텔링

초판 1쇄 발행 2017년 11월 10일
초판 2쇄 발행 2019년 10월 30일

지은이 이현중 ┃ **펴낸이** 박찬익 ┃ **편집장** 권이준 ┃ **책임편집** 정봉선
펴낸곳 ㈜ **박이정** ┃ **주소** 서울시 동대문구 천호대로 16가길 4
전화 02) 922-1192~3 ┃ **팩스** 02) 928-4683 ┃ **홈페이지** www.pjbook.com
이메일 pijbook@naver.com ┃ **등록** 2014년 8월 22일 제305-2014-000028호

ISBN 979-11-5848-323-4 (93680)

슈퍼히어로
영화의 스토리텔링

Superhero
film's
storytelling

———

이현중 지음

(주)박이정

지난 해 슈퍼히어로 영화에 대한 강의를 하던 중 한 학생이 이런 질문을 던졌다. "슈퍼히어로 영화가 무슨 가치가 있죠?" 하긴, 누군가에게는 하나의 볼거리로만 인식되는 영화일 수도 있다. 그 영화과 학생에게 슈퍼히어로 영화는 이른바 영화적 가치가 느껴지지 않는 영화였을 지도 모른다.

그런데 그 영화적 가치라는 것은 다양한 관점에서 얻어지는 것이다. 비단 영화제에서 수상하는 작가주의 영화들만 영화적 가치를 지녔다고 말할 수 있을까. 상업영화라면 다수의 대중에게 선택받는 상업성을 지녔다는 이유만으로도 어떠한 의미들을 평가할 수 있을 것이다. 하긴 올해 〈로건〉이 베를린 영화제에서 상영되었다고 하니, 슈퍼히어로 영화에 상업성이 어쩌니 작가주의가 어쩌니 하는 해묵은 경계마저도 무슨 의미가 있을까 생각이 들긴 한다.

지금의 시대에, 분명 슈퍼히어로 영화는 인기가 있다. 있는 정도가 아니라 대단히 많다. 최근의 슈퍼히어로 영화들은 박스오피스 상위권을 벗어나지 않는다. 천문학적인 제작비는 그를 두세 배 상회하는 수익으로 돌아온다. 슈퍼히어로 영화가 사람들에게 인기 있는 이유는 무엇일까? 그리고 대체 무슨 이야기를 하고 있을까? 이 책은 바로 이 질문에 대한 답과 단서를 찾기 위한 과정들이다.

과거 슈퍼히어로 영화가 하나의 이벤트이던 시절이 있었다. 몇 년 간격으로 한 편씩 개봉하곤 했던 슈퍼맨, 배트맨 시리즈는 그러한 희소성을 바탕으로 대중들의 관심을 끌었을지도 모른다. 그만큼 슈퍼히어로 영화에는 액션, 특수효과, 캐릭터 복장, 세트, 스토리 등 고려되어야 할 요소가 많았다. 고려되어야 할 요소가 많았다는 것은 더 많은 자본이 투입됨을 의미하지만 더 많은 돈이 더 좋은 작품을 담보하는 것은 아니었다. 당대 기술의 한계로 인해 자칫 조잡하게 영화화될 경우 아동용이라는 비아냥을 들을 위험까지 있는 장르였다.

그러던 슈퍼히어로 영화가 최근에는 하루가 멀다 하고 개봉하고 있다. 2016년 6편, 2017년 6편을 비롯해 2010년 이후에만 34편의 슈퍼히어로 영화가 개봉했다. 이는 마블코믹스와 DC코믹스 원작 슈퍼히어로 영화만을 집계한 수치이다. 영화 이외의 TV 드라마, 웹 콘텐츠 등을 합치면 수치는 훨씬 늘어난다. 분명 무언가 변화가 생겼다. 슈퍼히어로 영화는 더 이상 희소성을 지닌 장르가 아닌 가장 대중적이고 상업적인 장르가 되었다.

그 배경에는 영화의 디지털로의 전환, 그리고 그에 따른 스토리텔링 전략의 변화가 있다. 디지털 테크놀로지는 영화가 구현할 수 있는 세계를 혁신적으로 바꾸었다. 비단 슈퍼히어로 영화만이 그 혜택을 누린 것은 아니지만, 이미지와 스토리의 구현 가능성에 항상 물음표가 쫓아다녔던 수많은 슈퍼히어로 원작 캐릭터들을 영화로 불러들일 수 있었던 건 분명 디지털 테크놀로지의 힘이 뒷받침 됐기 때문이다.

이른바 디지털 패러다임에 따른 뉴 미디어 스토리텔링에서 찾아볼 수 있는 특징들, 트랜스미디어 스토리텔링, 프랜차이즈 스토리, 향유 문화의 활성화 등은 슈퍼히어로 영화에 적화된 스토리텔링 전략이 된다.

슈퍼히어로 영화는 이 새로운 경향을 전략적으로 활용해 상당한 팬덤을 거느린 블록버스터 영화로 거듭나게 된다.

　이러한 과정을 쫓기 때문에 책의 초반부는 다소 딱딱할 수 있는 이론적 논의들로부터 시작한다. 1장은 영화의 변화에 대한 논의이다. 미디어 환경이 디지털 테크놀로지에 의한 뉴 미디어 환경으로 변화했고 그에 따라 영화 역시 새로운 스토리텔링의 영향력 안에 있음을 설명한다. 2장에서는 슈퍼히어로 코믹스부터 영화까지 장르의 역사를 간략히 훑어볼 것이다. 3장부터 5장은 슈퍼히어로 영화에 나타나는 사회성을 사회, 정치, 문화의 기준에서 살펴본다. 이 사회성은 따로 분리되는 것이 아니라 슈퍼히어로 영화의 대중적 소구 전략으로 작용한다는 점을 기억하며 보길 바란다. 이와 같이 디지털 패러다임 속의 영화 스토리텔링의 변화, 장르의 역사, 철학적 의미와 정치적 의미에서 해석한 슈퍼히어로 영화 등의 이론적 논의들이 책의 초반부에 소개된다. 이에 본격적인 슈퍼히어로 영화의 스토리텔링 과정을 기대한 독자들에게는 책의 후반부를 먼저 읽고 전반부의 배경 이론을 읽길 권한다.

　6장부터 9장은 뉴 미디어와 슈퍼히어로 영화의 관계를 서술한다. 슈퍼히어로 장르의 트랜스미디어 스토리텔링, 적극적 참여 문화인 팬덤 문화 등이 슈퍼히어로 영화를 통해 기술된다. 이른바 뉴 미디어로써 슈퍼히어로 영화의 특성을 이해하기 위한 노력이다. 10장부터 15장까지는 마블 시네마틱 유니버스의 작품들을 중심으로 슈퍼히어로 영화의 이야기가 어떻게 펼쳐지는지를 분석하였다. 여기에는 텍스트 자체의 내러티브

뿐 아니라 엔터테인먼트 콘텐츠 전략의 개념이 스토리텔링에 추가된다.

세부 주제에 따라 챕터들이 구분되었으니 여러분의 관심사에 따라 책을 펼치는 것도 방법이 될 것이다.

성장하는 장르이자 하나의 완성형 장르에 이른 슈퍼히어로 영화에 대한 국내 논의가 많지 않은 시점에 하나의 초석으로써 책을 완성할 수 있음에 의미를 두려 한다. 물론 부족한 점도 많겠지만, 굳이 스스로 드러내지는 않으려 한다. 독자 여러분이 책을 읽으며 느낄 아쉬운 점들은 겸허히 받아들이고 향후 더 나은 연구로 발전시키도록 할 것이다.

책을 완성하기까지 수많은 분들이 도움이 있었다. 먼저 항상 앞으로 나아가야 할 길을 밝혀주시는 한양대학교 정태수 교수님께 깊은 감사를 드린다. 조언을 아끼지 않아주셨던 정민아 교수님, 함충범 교수님, 한상언 교수님, 정찬철 교수님께도 감사를 드린다. 스토리텔링에 대해 관심을 갖게 해주신 한양대학교 박기수 교수님께도 감사드린다. 책으로밖에 만나지 못했지만 트랜스미디어 스토리텔링에 대해 가르침을 준 헨리 젠킨스 선생과 실로 엄청난 정보들을 공유해준 인터넷 세상의 슈퍼히어로 영화 블로거들에게도 고마움을 전한다. 책이 완성될 수 있도록 힘써 주신 권이준 편집장님 이하 박이정 출판사 식구들께도 감사를 드린다.

마지막으로 언제나 지지를 보내주시는 부모님과 장모님, 가족들에게 감사의 말씀을 전한다. 그리고 사랑하는 아내와 얼마 전 태어난 소중한 딸 조이에게 이 책을 바친다.

아, 그리고 누구보다 지금 이 책을 집어주신 독자 여러분께 감사를 드린다. 부디 슈퍼히어로 영화의 세계에, 그들의 스토리텔링과 함께 즐거운 여행을 떠날 수 있기를.

2017년 11월
이현중

| 차례 |

1

영화의 변화, 디지털 시네마텔링과 향유자

영화는 여느 예술 장르처럼 기원을 알 수 없는 전이에 따라 혹은 예술가의 영감에 의해 생겨난 예술이 아니다. 풍요와 번영을 위해 동굴 벽에 그려졌다거나 제의를 위해 불렸다는 식의 기원을 추측해야 하는 문화가 아닌 것이다.

영화는 새로운 기술의 발명에 따라 탄생한 문화예술 양식이다. 1895년 혹은 그보다 한두 해 앞선 시기부터 뤼미에르 형제, 에디슨 등의 기술자에 의해 영화는 탄생했다. 물론 최초의 영화 '상영'이 기록된 1895년을 영화의 시작으로 인정하는 것은 관객, 상영 공간 등 영화가 지닌 산업적 문화적 형식에 대한 관점들이 가치 부여된 것이지만, 움직이는 사진에 대한 기술적 호기심과 그에 따른 영화 촬영 및 상영 장치의 개발이 영화의 탄생을 이뤄 낸 것은 부정할 수 없는 사실이다.

이에 따라 초기의 영화 연구는 새로운 매체의 표현 방식에 대한 연구가 주요 기조를 이루기도 했다. 영상, 음향, 조명 등의 표현 특성이 드러내는 의미들에 대한 연구들이 이뤄졌고, 이러한 영화에 대한 표현 연구는 여전히 유효한 영화 연구 방식이다.

하지만 영화는 이러한 기술사적 탄생이 무색하게 급격히 문화예술적 영역에 편입되기 시작했다. 영화는 문학, 연극, 미술, 건축, 그리고 약간의 시간 차이를 두고 음악까지 인접 예술들을 흡수하며 최초의 움직이는 영상 미학으로서의 가능성을 드러냄과 동시에 대중문화로서 잠재력을 폭발시킨다.

그 영화의 대중문화적 가치는 바로 '이야기'에서 시작한다. 지금의 영화들을 생각해 보자. 이야기가 없는 영화를 상상할 수 있는가? 새로운 영화가 나왔을 때 여러분이 던지는 첫 번째 질문도 아마 '무슨 이야기인데?'가 아니던가? 지금 영화의 시작을 언급하며 짧지만 지루한 설명을 거치는 이유도, 영화의 탄생이 기술에 기대고 있지만 영화의 성장은 바로 이야기에 집중하며 산업·문화·예술의 성취를 이룰 수 있었음을 말하기 위해서다.

그리고 이 책은 영화가 탄생하고 100년 이상이 지난 시점에서 슈퍼히어로 영화의 '이야기'에 대한 논의를 시도한다. 이를 위해, 슈퍼히어로 영화와는 조금 멀리 떨어진 설명들로 느껴질 수 있지만, 지금부터 영화 연구와 이야기에 대해 생각해 볼까 한다. 2010년대 현재 정점의 대중영화라 할 수 있는 슈퍼히어로 영화를 말하기 위해서는 영화의 이야기, 그리고 그 이야기의 연구가 어떻게 변하고 있는지를 점검할 필요가 있기 때문이다.

언급했듯 본질적으로 영화 연구는 영화에 담긴 이야기에서 시작할 수밖에 없다. 물론 이 단정적 표현에 대한 일부 예외는 존재한다. 대표적으로 문학적 의미의 내러티브를 거부하는 아방가르드 영화나 영화의 서사성을 의도적으로 파괴하는 실험 영화들이 이에 해당할 것이다. 하지만 흔한 의미의 '이해할 수 있는 이야기', 보다 학술적 표현으로 '인과적

서사성'을 포기함으로써 그러한 실험 영화 등이 대중성에서 멀어지는 것 또한 사실이다.[1]

반대로 보통 상업 영화로 칭해지는, 우리가 일반적으로 접하는 대다수의 영화들은 이야기에 집중한다. 그에 따라 영화 연구의 여러 갈래인 구조주의, 영화 기호학, 정신분석학, 텍스트 이론 등은 모두 영화의 내러티브에 기대어 개별 분야로 구체적 연구 주제를 이동시킨다. 즉 영화 연구의 핵심 또한 '이야기'가 되는 것이다. 이러한 영화의 이야기 연구는 지금까지 '서사', '내러티브'라는 이름으로 연구되어 왔다.

사전적으로 서사는 사실을 있는 그대로 기록하는 글의 양식을 말한다. 하지만 일반적으로 사용되는 서사의 의미는 사실뿐 아니라 허구의 사건을 포함하는 이야기 요소로서의 측면이 크다. 학술적으로 서사를 체계화하려 시도한 연구는 서사학(narratologie, narratology)으로 이름 지어졌다. 비록 학술적 용어의 정립이 후대에 이뤄졌다 해도 이야기에 대한 논의는 그것이 존재했던 고대에서부터 시작했으므로 서사학의 원류는 용어가 만들어지기 훨씬 이전의 시기로 이동해야 할 것이다. 그 시간의 겹만큼 여러 이야기 양태가 있었겠지만 그중에서도 인류 문화를 지배했던 문화 양식이 글이었기에 문학, 특히 소설은 오랜 시간 동안 주도적 서사 방식이었다. 때문에 서사학은 주로 문학적 정의와 연구를 토대로 발전해 왔다.

활자 매체인 소설과 달리 영상 매체인 영화의 서사학은 필연적으로

---

1) 혹여나 이 문장이 오해를 일으킬까 덧붙이자면, 인과적 서사성을 인위적으로 배제하는 실험 영화 등이 영화로서의 가치가 부족하다는 식의 단편적 주장을 하려는 것은 물론 아니다. 대중문화인 영화의 주요한 특성으로서 이야기를 설명하기 위해 그 대척점에 있는 아방가르드 영화, 실험 영화를 예로 든 것이고, 이처럼 이야기가 부재한 영화들은 다른 관점에서의 영화 연구가 이뤄지게 된다. 또한 모든 실험 영화에 서사가 부재한다고 단정할 수도 없다. 하지만 그 실험적 의도에 따른 추상화된 표현으로 인해 대중문화에서 일반화된 서사 형태가 무너진다는 것이 필자의 의견이다.

영상, 음향과 같은 기술적 영역의 매체 특성이 기존의 서사 방식에 끼친 영향성을 연구해야 한다. 하지만 실제적으로 영화 서사학은 큰 틀에서 문학적 내러티브 분석을 벗어나지 못하고 있다. 문학에서부터 비롯되는 일종의 관성적 비평과 연구가 지속되는 것이다. 이와 관련해 영화학자 데이비드 보드웰*David Bordwell*은 근래의 영화 연구 내러티브 이론을 '신구조주의 서사학'(Neo-structuralist narratology)이라 명칭 짓는다. 그에 따르면 이러한 연구 방식은 영화 내러티브의 독특한 원칙들을 가장 잘 이해하기 위해서는 뚜렷한 서사적 특징들을 밝혀내고 그 특징들 사이의 내적 관계에 대한 도표를 작성해야 한다는 믿음을 갖고 있다고 한다. 보드웰은 이러한 의미에서 신구조주의 서사학이 '특징 중심적'이라고 말한다.[2] 즉, 영화 서사학이 개별적 텍스트의 내러티브 해석에 천착하는 해석학의 특징을 강하게 갖고 있음을 지적하는 것이다.

이와 같은 서사학의 한계를 벗어나고자 최근에 주목받는 분야가 스토리텔링 연구이다. 스토리텔링 이론이 부각되는 배경에는 기술 발달에 따른 매체 환경의 변화가 있다. 기술의 발달에 따른 새로운 매체의 등장으로 문화 향유 양상이 전면적으로 바뀐 상황까지 이해하려면 기존의 문학적 관점만으로는 부족한 점이 있다. 문학에서 다루는 이야기뿐만 아니라 다양한 형태로 존재하는 이야기까지 포괄할 수 있는 새로운 관점을 확보해야 하는 시점에 이른 것이다.[3]

스토리텔링 이론이 기존의 서사학과 차별점으로 내세우는 것은 크게 두 가지이다. 하나는 기술의 발전에 따라 다양한 미디어가 출현했고, 그에 따라 이야기의 향유도 다양한 형태로 이뤄진다. 다른 하나는 디지털

---

2) Bordwell, David. "Neo-Structuralist Narratology and the Functions of Filmic Storytelling." *Narrative Across Media: The Languages of Storytelling*, Ed. Marie-Laure Ryan, University of Nebraska Press, 2004, pp.195-202.
3) 김광욱, 「스토리텔링의 개념」, 『겨레어문학』 41권, 겨레어문학회, 2008, 250쪽.

의 인터랙티브(interactive) 속성이 이야기에 영향을 준다는 것, 즉 상호작용성을 이야기의 주요한 속성으로 보는 것이다.

물론 이러한 특징이 이전의 서사 이론에는 없었던 새로운 것인지에 대한 논쟁도 존재한다. 환경에 따라 이야기가 매체를 변형해 가며 다양한 형태로 활용되고 향유되는 것은 자연스러운 현상이다. 상호작용성의 경우에도 영화는 기본적으로 관객의 관람 행위를 통해야만 의미가 전달되고 수용되는 과정을 거치게 된다. 뿐만 아니라 인터랙션은 디지털의 고유 속성이라기보다 화자와 청자가 존재해야 소통이 가능한 '이야기'의 본질적 성격에 가깝다.

그럼에도 스토리텔링 이론에서 디지털, 테크놀로지, 매체 특성, 인터랙션, 전략 등의 요소가 강조되는 이유는 새로운 기술과 매체 변화에 적응해 가는 과정에서 기존의 서사 이론과의 차별성을 주기 위한 시도들로 이해할 수 있다. 이를 위해 이야기의 본질적 특성보다는 새로운 매체 환경에 맞는 특성들을 강조하는 것이다. 같은 맥락에서 기존 서사학의 특징을 상호작용성, 담화성을 배제한 채 텍스트 연구로 한정하려는 경향을 보인다. '우리가 이야기 연구의 완전히 새로운 장이야!'라고 경계를 지으려는 듯 말이다.

물론 서사학이 텍스트 내적 요소인 스토리 연구를 중심으로 학문적 체계를 세운 것은 맞다. 앞서 언급한 보드웰의 주장대로 서사학이 언어학에 기반 한 구조주의에 바탕을 두어 이야기의 내적 원리에 집중했다는 지적은 타당하다. 그럼에도 불구하고 스토리텔링 이론이 서사학과 같은 기존의 이야기 연구와 대립되는 관점을 가졌다고 보기는 어렵다. 스토리텔링 이론은 기존의 서사 연구와의 단절이 아닌 연결선 위에 위치하고 있다. 기술의 발달과 새로운 매체의 등장에 따라 이야기를 향유하는 과정의 문제는 이야기 연구의 새로운 분야로 부각된다. 스토리텔링 이론이 이 과정을 포괄하는 것은 사실이지만 많은 스토리텔링 연구가들이 지적하듯 스토리텔링 이론에서도 가장 핵심이 되는 것은 여전히 '스토리' 그 자체이다.

기술이 발달하고, 디지털 문화가 일상화되고, 미디어가 변화한다고 해서 이야기를 다루는 문화와 산업에서 스토리의 본질적 중요성이 약화되지는 않는다. 스토리텔링 이론 역시 이야기의 본질적 속성이 변화했다는 입장보다는 미디어 환경의 변화가 끼치는 영향성이 이야기의 전략에 변화를 주는 부분에 주목한다. 이는 이야기가 문학이나 공연, 영상예술에서 좁은 의미의 스토리 역할에 머물렀던 것을 넘어 점차 문화콘텐츠의 핵심 요소로 개념화되는 것과 관련한다. 협의(狹義)의 개별적 텍스트가 아닌 광의의 문화콘텐츠가 스토리텔링의 근간으로 인정되면서 '이야기'의 범주가 이전과 다르게 넓어지는 것이다. 즉 텍스트의 스토리 또는 발화 방식으로서 구분되던 '이야기'의 용례는 문화콘텐츠와 스토리텔링 개념의 등장과 함께 창작 기술과 산업, 전략을 포괄하는 개념으로 범위를 확장한다.

사실 이야기의 전략적 개념은 서사학의 '내러티브'에도 이미 담긴 개념이다. 인과적 시간성에 따라 배열된 사건이라 할 수 있는 스토리, 즉 좁은 의미로 제한된 텍스트 내적 구조인 스토리와 달리 텍스트의 스토리와 화자(narrator), 피화자(narrataire)의 개념을 포괄한 내러티브는 이야기의 전략적 의미를 이미 포함하고 있다. 하지만 앞서 말했듯 서사학의 발달은 구조주의에서 비롯되어 이야기의 내적 요소를 분석하는데 집중하였다. 그리고 과거 서사학의 대상 텍스트가 문자 매체인 문학이었고, 영상 문화라 하더라도 소통의 방향성이 제한되었던 시기의 영화로 제약되었기에 이야기의 텍스트 외부 요소인 산업 영역과 창작 전략 등으로 연구가 확대되기에는 한계가 있었다.

이러한 서사 연구의 맥락을 이해한다면, 스토리텔링 이론이 기존의 서사학과 차별을 두는 개념들인 이야기의 담화 전략, 매체·산업적 특성이 강조되는 문화콘텐츠, 향유 활성화 등의 개념들이 유의미해진다. 스토리텔링은 영화를 포함한 미디어콘텐츠의 전 분야에 적용되는 핵심 요소로 기술화(技術化)된다. 여기서 중요한 것은 디지털 전환과 같은 새로운 기술의 이야기로의 적용과 확장이다. 스토리텔링 시대의 서사는 디지털이라는 매체 기술 변화에 힘입어 가변성과 확장성이 강조되는 새로운 성격의 서사로 변화하고 발전하고 있는 것이다.

영화는 이처럼 변화하는 서사의 흐름 속에 다소 독특한 위치를 차지하고 있다. 새로운 기술의 개발과 미디어 플랫폼의 탄생이 영화에는 큰 영향을 주지 않는다고 받아들일 수도 있다. 스토리텔링 개념과 밀접하게 관련되는 기술 변화의 요인들, 구체적으로 인터넷의 확장과 디지털 기술의 발전과 보급, 미디어 형태 변화에 따른 콘텐츠 형식 변화 등에 영화는 부분적으로는 직접 연관성을 갖지만, 여전히 영화는 고유의 고전적인 서사 방식과 매체 성격을 유지하고 있는 것도 사실이다.

하지만 영화 매체의 이러한 보수적 특성은 점차 희미해질 가능성이 크다. 아날로그에서 디지털로의 기술 변화는 영화 텍스트뿐만 아니라 영화 산업 자체에 변화를 가져오고 있다. 과거에 한정적으로 이뤄졌던 기술 발달은 불가능했던 스토리의 구현을 확장시키는 정도의 효과를 가져왔다. 반면 현재 일어나고 있는 재현의 한계치를 넘어서는 디지털 기술의 급속한 발전은 구현 정도가 아닌 향유자들이 요구하고 영화 매체가 추구하는 스토리 자체를 바꿔 버리며 기술의 목적성을 변화시킨다.

뿐만 아니라 영화 산업의 확장은 새로운 미디어 환경과의 다양한 컨버전스convergence 및 콘텐츠 수익 모델을 만들어 낸다. 독립적 상품이자 작품으로 존재했던 과거의 영화와 달리 현재의 영화라는 매체는 TV, 소설, 게임, 애니메이션, 웹 콘텐츠 등 여러 인접 미디어들과 산업적 연관성을 지닌다. 영화의 매체적 발전이라는 점에서도 뉴 내러티브 기술인 스토리텔링 이론을 받아들여야 하는 필요성이 생겨난다.

이러한 필요성을 염두에 두고, 지금부터 서사 이론의 변화 배경을 토대로 스토리텔링의 주요한 특징들을 살펴보도록 하자.

첫째, 스토리텔링은 디지털 기술의 발달과 문화콘텐츠 산업의 발전과 큰 연관성을 갖는다. 디지털 기술의 발달과 인터넷의 확장은 새로운 미디어 환경을 제공하고 있으며, 이러한 미디어 환경을 채우는 문화콘텐츠 전 분야의 기획, 제작(창작) 과정에 스토리텔링은 유의미한 방법론으로 제시되고 있다. 때문에 현 단계에서 가장 일반적인 스토리텔링에 대한 이해는 문화콘텐츠 산업 전 영역, 예를 들어 영화, 방송, 드라마, 애니메이션, 게임, 캐릭터콘텐츠 분야의 창작 방법론이자, 원 소스 멀티 유즈*One Source Multi Use*를 위한 전략적 기술이라고 할 수 있다.[4] 즉 이야기의 산업적 특성이 스토리텔링에 전략화 되어 나타나는 것이다.

둘째, 향유자의 체험과 같은 향유 요소가 강조된다. 스토리텔링 이론가 박기수의 지적대로 스토리텔링은 참여 중심, 체험 중심, 과정 중심의 향유적 담화 양식이다. 때문에 스토리텔링 논의에서는 서사, 매체, 구현 기술 등의 텍스트 논의와 함께 향유자의 소구 및 향유 활성화 양상과 방안에 대한 향유 중심 논의가 필요하다. 그동안 이러한 향유적 담화 양식이 스토리를 보다 잘 구현하기 위한 종속적 위치였다면, 이제는 그 자체로서 독립적이고 주도적인 위치를 확보하고 오히려 스토리의 형질 변환을 강요하는 양상을 보여 준다. 최근에는 향유자들의 텍스트

---

4) 박기수 외, 「문화콘텐츠 스토리텔링의 현황과 전망」, 『인문콘텐츠』 27호, 2012, 11쪽.

밖의 향유가 스토리에 절대적인 영향을 끼침으로써 스토리텔링의 전체를 재맥락화하고 재의미화하는 역할을 한다.[5] 이처럼 스토리텔링은 참여중심적이고 체험중심적인 향유자의 역할이 강조되는 성격을 갖게 된다. 이는 단순히 수용자의 위치가 적극적 참여자인 향유자로 능동화 되었다는 의미에 그치지 않고, 이러한 담화 양식의 변화가 스토리 자체 형질에도 영향을 주는 주도적 역할을 한다는 점에서 중요하다.

셋째, 스토리텔링은 매체 특성에 민감하며 인터랙티브 속성을 갖는다. 문학이 이야기의 주도적 매체이던 시대에는 문자만이 스토리텔링의 영역이었지만, 영화의 시대에는 문학적 성격의 시나리오를 포함해서 영상 촬영, 음향, 편집 등의 시청각적 언어가 모두 스토리텔링의 영역에 포함된다. 영화에 디지털 패러다임이 등장하면서는 필름은 디지털 신호로 대체되고, 여기에 컴퓨터 그래픽이라는 가상적 이미지가 실제 이미지를 대체하며 스토리텔링이 구현된다. 디지털 기술의 급속한 발전과 함께 새로운 매체, 이야기를 담는 문화콘텐츠의 새로운 플랫폼들이 등장할수록 스토리텔링은 또 다른 영역들을 흡수해야만 한다. 머레이는 스토리텔링에 있어 새로운 기술의 등장으로 인한 이야기의 상호작용성을 강조했다.[6] 디지털의 인터랙티브 속성은 디지털 매체를 통해 구현되는 스토리텔링에 그대로 적용된다. 스토리텔링의 인터랙티브 속성은 앞서 스토리텔링의 특성으로 언급한 구현 기술의 발달, 향유 강화 전략과 유기적으로 연관된다. 스토리텔링은 '무엇을(스토리) 이야기하는가?'만큼, 혹은 그보다 더 '어떻게(매체, 플랫폼) 이야기하는가?'가 중요할 만큼 구현 기술과 매체에 직접적인 영향을 받는다. 또한 디지털의 인터랙티브 속성은 화자와 청자가 소통하

---

5) 박기수, 『문화콘텐츠 스토리텔링 구조와 전략』, 논형, 37~39쪽.
6) 디지털 기술과 스토리텔링의 상호작용성에 대한 논의는 다음의 책을 참고할 것. Murray, Janet Horowitz. *Hamlet on the holodeck: the future of narrative in cyberspace*, New York: Free Press, 1997.

는 이야기의 본질적 성격이기도 하므로 스토리텔링에서 향유자의 역할이 강화되는 것은 당연한 결과이다.

이러한 특성들을 통해 볼 때 스토리텔링 이론은 텍스트 내부 요소라 할 수 있는 '스토리'의 본질적 중요성을 인정하면서도, 내적 구조나 개별적 층위 개념의 분석 요소로서의 스토리가 아닌 '이야기하기 과정'을 중요하게 인지하고 있음을 알 수 있다. 이는 우리가 다루는 주제인 슈퍼히어로 영화를 분석함에 있어 스토리텔링 이론의 적용이 필요한 이유이기도 하다. 기존 영화 서사 연구의 원질적 스토리 연구만을 통해서는 디지털을 통해 파생되는 새로운 매체 특성이 스토리, 텍스트에 결정적 영향을 주는 슈퍼히어로 영화를 설명하는 데 한계가 있을 수밖에 없다. 때문에 '이야기하기 과정'에 대한 연구를 통해 슈퍼히어로 영화에 드러나는 영화의 새로운 매체 성향, 테크놀로지의 적용, 미디어 전환 전략 등이 이야기에 주는 영향성을 살필 때, 텍스트, 창작자, 향유자가 지속적으로 상호작용하는 새로운 영화 서사의 방향성을 읽어 볼 수 있다.

이런 의미에서 스토리텔링이 창작 전략을 비롯해 매체 결합성이나 산업 전략 등의 텍스트 외적 요소들을 포함하는 것으로 개념화되는 점은 영화의 독특한 매체 성격을 감안할 때 상당 부분 유용한 분석 틀이 될 것이다. 영화는 매체의 탄생과 발전 과정이 기술 중심적이며, 문학, 공연, 영상, 디지털 재현 기술 등 다양한 매체 요소가 혼재되어 있다. 또한 영화는 본질적으로 동시대의 여느 콘텐츠보다 자본의 영향성을 강하게 받는 상업적 예술이며, 이러한 산업 속성이 영화의 이야기에 직접 영향을 준다. 디지털 기술의 발달을 통해 영화의 재현 양식에도 변화가 생기는 한편, 비평이나 향유의 장도 새로운 양상을 보이고 있다. 영화의 종합매체적 성격은 다양한 분야의 원천콘텐츠를 활용하게끔 하고 있고, 이런 이유로 영화는 스토리텔링의 미디어 컨버전스, 트랜스미디어 스토리텔링 등에 가장 중요한 매체로 기능하고 있다. 이러한 시대적, 기술적 변화들로 인해 영화 서사는 이제 디지털 시네마텔링으로 대체되고 있다. 영화의 전통적인 방식으로서의 이야기 서사뿐만 아니라 다양한 미디어콘텐츠 기술과 산업 전략이 더해진 매체 특성은 스토리텔링 전략으로서 영화의 이야기를 조명하게끔 하는 것이다.

이러한 스토리텔링 이론의 영화 적용에 있어 가장 익숙하지 않은 것이 '향유'라는 개념일 것이다. 소설에서 작가가 발표한 작품을 독자가 독해 행위를 통해 일방적으로 수용하는 것처럼, 영화 역시 감독으로 대표되는 창작자가 작품을 만들고, 생산자의 생산을 통해 배급과 상영이 이뤄져 관객은 이를 스크린을 통해 받아들이는 일방향 소통의 이야기로 인식되었다. 이처럼 스토리텔링에 있어 영화는 생산자 중심의 일방향 매체이며, 때문에 일반적으로 영화의 관객은 수용자로 인식된다. 물론 상영 기술의 발전, 이를 테면 유성(有聲), 컬러, 와이드스크린 (widescreen), 3D 입체 등의 기술을 통해 영화가 지속적으로 관객의 참여성을 높이기 위한 전략과 노력을 기울여 온 것은 사실이다. 하지만 이러한 기술적 노력은 관객의 몰입감 증대와 같은 관람 행위의 효과 개선을 목표로 한다는 점에서 여전히 관객을 수용자로 받아들인다. 이런 점에서 콘텐츠나 내러티브에 개입하려 시도하고 제2차 콘텐츠를 생산하는 등 콘텐츠 이용자의 능동성이 강조되는 향유와는 차이가 있다.

관객은 영화를 관람하고 난 이후에는 비평 등의 형태로 영화를 해석하려 시도한다. 이와 같은 영화 콘텐츠에 대한 관객의 참여는 미디어 이용자로서의 능동적 작업이며, 이러한 수용자의 능동성은 미디어 해석자로서의 수용자에 가깝다. 문화 연구자인 존 피스크John Fiske는 '신수용자론'을 통해 이와 같은 보다 적극적인 수용자의 접근을 수용자가 텍스트와 인터랙션을 통해 의미를 생산하는 '의미작용(signification)[7]으로 보았다.

피스크는 수용자가 텍스트를 어떻게 능동적으로 해독하는가를 강조하며 사용자를 텍스트의 능동적인 해독자(decoder)로 이름 짓는다. 해독자의 계급적·사회문화적 배경에 따라 동일한 내용의 텍스트도 각각 다르게 의미가 구성되고,[8] 다른 해석이 생산된다. 하지만 수용자의 해석 행위와 관계없이 여전히 텍스트는 고정되어 있다. '해석자' 혹은 '해독자'는 수용자의 해독 행위에 능동성을 부여하지만, 기 생산된 이야기의 후속적 해석 작업에 그친다는 면에서 텍스트에 영향을 주는 능동적 향유 행위라고 보기 어렵다.

감독은 영화를 만들고, 관객은 스크린을 통해 영화를 보는 것으로 종료되는 영화 향유의 고정적 속성은 영화라는 매체가 깨뜨리기 어려운 일방향의 보수적 수용성을 지니고 있다는 이미지를 입힌다. 감독의 창작 의도가 텍스트를 지배하고 관객이 이를 일방적으로 수용하거나, 관객의 비평 행위가 지엽적인 공간에서 이뤄지는 한계 속에서 영화 관객은 스스로의 위치를 가두게 된다. 영화는 오랫동안 붕괴가 쉽지 않은, 변화가 일어나지 않는 고정적인 대중문화예술로, 그리고 영화 관객은 일방적인 수용자로 인식되고 있었던 것이다.

토마스 엘새서*Thomas Elsaesser*는 영화의 향유를 사회적 이벤트로 인식한다. 이 사회적 이벤트는 관객의 영화 관람 행위를 의미한다. '영화 향유의 핵심을 이벤트적 성격(event-character)이라는 영화의 '외적인' 구성 원칙으로 본 것이다. 때문에 그는 영화 향유의 변화가 일어나는 원인을 영화 자체의 변화가 아닌 외부의 영화 관람 참여성 변화에서 찾는다. 그가 특히 중요하게 지적한 것은 스크린 공간의 변화이다. 도시적 멀티플렉스, 교외의 시네플렉스로 바뀐 영화관은 가족 나들이 공간인

---

7) Fiske, J. *Introduction to Communication Studies*, London: Methuen, 1982, p.2.
8) Ibid. pp.1-2.

쇼핑몰, 유원지, 게임 센터 등에 위치한다. 이처럼 새로운 구조물이 가져오는 관람 문화의 변화가 영화의 물질적 정체성을 변화시킨다는 것이다.[9] 영화 관람의 변화가 가져오는 영화의 정체성 변화를 두고 그는 "영화를 바라볼 창이나 읽을 책으로서보다는 항해할 지도나 그 내부로 들어갈 수 있는 환경으로 부를지도 모른다"[10]라는 비유를 사용한다. 즉, 영화를 일방적으로 받아들여야 하는 수동적 텍스트 대상으로 보는 것이 아니라 집단 참여 행동의 대상으로 보는 것이다. 이는 영화 관람의 참여성이 높아지는 영화를 곧 새로운 영화의 향유로 이해하는 것이다. 다만 엘새서는 그 참여성을 영화의 매체 성격 자체의 변화나 텍스트 내적 요소의 문제가 아닌 관람 행위의 이데올로기로 해석한 것으로 보인다. 영화 향유의 변화에서 영화가 아닌 사회적 이벤트로서의 환경 변화가 더 중요한 요인이라고 해석한 것이다.

하지만 매체로서 영화 자체의 변화는 영화의 향유 행위에 변화를 일으킨다. 먼저 기술의 발달이 영화의 매체 속성에 변화를 일으킨다. 디지털로의 전환은 영화 제작, 배급, 상영의 전 부문에 변화를 일으킨다. 필름은 더 이상 영화의 어느 영역에서도 존재하지 않으며, 아카이브에서의 보관 용도마저도 디지털 마스터링이라는 기술이 대체한다. 영화 기술사 연구자 정찬철의 주장대로 영화의 디지털화는 기술적 차원에서의 전환만이 아닌 영화 언어의 차원에 이르는 전반적이고 근본적인 변화가 된다.[11] 기술의 발달은 영화에 근본적인 변화를 가져오고, 이러한 영화의

---

9) 토마스 엘새서 외, 김성욱 외 역, 『디지털 시대의 영화』, 한나래, 2002, 312~316쪽.
10) 위의 책, 319쪽.
11) 다음의 설명을 참고하길 바람. "필름의 입자가 디지털 이미지의 픽셀로 전환되면서, 프레임 단위로 영화적 시간과 공간을 만들었던 영화는 이제 픽셀 단위로 영화적 시간과 공간을 만들고 변형할 수 있게 되었다. 프레임에서 픽셀로의 전환은 영화의 디지털화가 기술적 차원에서의 전환만이 아닌 영화 언어의 차원에 이르는 전반적이고 근본적인 변화임을 상징적으로 그리고 실제적인 층위에서 보여 준다." (정찬철,

변화는 영화의 향유 행위에 영향을 미친다. 디지털 전환과 같은 기술에 따른 영화의 형질 변화는 관객의 영화 해독 행위를 바꾸고, 디지털이라는 향상된 기술적 접근성이 미디어 컨버전스를 가속화한다. 이러한 콘텐츠와 미디어 환경의 변화는 향유의 문화적 속성에 변이를 일으킨다.

여기서 잠시 앞에서 제기한 '향유' 개념과 관련한 질문으로 돌아오도록 하자. '향유'는 미디어 콘텐츠에 대한 긍정적 반응을 가리키는 용어로 일반적으로 사용되어 왔다. 미디어를 통한 향유(media enjoyment)는 사람들의 쾌락적 요구가 미디어 콘텐츠에 의해 만족될 때 얻어진다.[12] 이는 향유가 감정적인 영역과 밀접하게 연관되어 있다는 의미이다. 이를 테면 관객이 좋아하는 캐릭터가 긍정적인 결과를 얻거나 싫어하는 캐릭터가 부정적인 결과를 얻을 때 향유의 즐거움은 상승하지만, 반면에 관객이 좋아하는 캐릭터가 불운을 겪거나 싫어하는 캐릭터가 성공적 결과를 얻으면 향유성이 감소한다.

향유의 감정적 반응은 미디어 소비와 연결된다. 미디어의 소비는 이용자의 감정적이고 즐거운 경험을 요구하기 때문이다. 이 관객의 경험은 향유에 있어 매우 중요한 요소가 된다. 관객의 반응, 경험, 심미적 즐거움 등의 개념으로 인해 향유에 대한 대중문화의 연구는 미디어 콘텐츠에 대한 개인적 반응 경험에 집중한다. 나를 즐겁게 만드는 콘텐츠를 소비하고 이용한다는 것, 즉 미디어 향유를 미디어 만족감, 경험 중심적 개념, 미디어 소비와 순차적으로 연결시키는 것은 향유가 능동적 참여성을 드러내는 행위임을 말하는 것이기에 중요하다.

이러한 향유의 참여 속성은 관객을 능동적 지위로 올린다. 그에 따라

「시네마에서 포스트시네마로의 전환에 관한 연구」, 한양대학교 박사학위논문, 2016, 10쪽.)

12) Lin, Shu-Fang, "Media Enjoyment as a Function of Individual Response and Emotional Contagion," Degree Doctor of The Ohio State University, 2005, p.5.

"향유는 문화 수용 행위에서 능동적인 자세로 참여적 수행과정을 통해서 텍스트를 주체적으로 즐기는 것"[13]이 된다. 향유의 능동성은 디지털 미디어에서 더욱 강화된다. 참여적 수행 과정을 유도하는 비선형적 스토리텔링, 텍스트와의 적극적 대화 과정을 가능하게 하는 인터랙션과 인터넷 커뮤니티의 형성 등이 모두 디지털 미디어를 통해서 가능해진 것들이기 때문이다.

영화의 디지털로의 전환과 미디어문화콘텐츠로서의 영화의 문화적 형질 변화는 영화에 능동적 개념의 '향유'가 반영되도록 한다. 이를 통해 향유자로서 영화 관객은 텍스트를 해석하는 것에 머무르지 않고 텍스트에 주체적으로 참여하고 이 과정을 통해 즐거움을 얻는다. 해석한다는 것은 영화를 완결되고 고정된 텍스트로 보는 것이지만, 향유한다는 것은 텍스트를 완결된 것이 아니라 체험을 통해 지속적으로 확장할 수 있는 것으로 본다. 따라서 향유자인 관객은 소비자인 동시에 텍스트의 의미를 생산하는 생산자가 되고, 반대로 텍스트의 생산자는 관객이 생산한 의미를 받아들이는 수용자가 될 수도 있다. 향유 과정을 통해 의미의 상호작용이 지속적으로 일어나는 것이다.[14]

향유자의 적극성, 능동성이 만들어 내는 이러한 참여 문화는 기존의 수동적 영화 관객성이라는 개념과 대조적인 모습을 나타낸다. 이제는 영화의 생산자와 관객이 서로 개별적인 역할을 수행한다고 표현하기보다, 그 누구도 명확하게는 이해하지 못하는 규칙들에 따라 영화 생산자와 관객이 상호작용을 하고 있다고 볼 수 있다. 물론, 모든 참여자가 평등한

---

13) 박기수, 「대중문화 콘텐츠 서사의 향유 전략 연구」, 『인문콘텐츠』 2호, 인문콘텐츠학회, 2005, 202~203쪽.
14) 이현중, 「필름 느와르의 장르 변화를 통해 본 장르적 관습과 향유 과정의 연관성: 〈LA 컨피덴셜〉, 〈무간도〉, 〈달콤한 인생〉을 중심으로」, 『영화연구』 62호, 한국영화학회, 2014, 244~245쪽.

것은 아니다. 영화를 포함한 여러 미디어의 참여 문화를 보면, 기업들, 혹은 기업 미디어에 속한 구성원들은 개인 소비자들이나, 심지어는 소비자 집단보다 여전히 큰 영향력을 행사하고 있다. 그리고 새롭게 등장한 문화 속에서, 일부 소비자들은 다른 소비자들보다 참여에 있어 더욱 뛰어난 능력을 보여 준다.[15] 이처럼 생산자와 관객의 상호작용의 규칙과 형태가 명확히 규정되기 어려운 이유는 미디어의 기술적 진보, 시대적 변이처럼 눈에 보이는 변화 이외에 가시적으로 잡히지 않는 문화적 문제들이 동반되기 때문이다. 하지만 중요한 것은 참여자로서 관객의 영향력 정도가 다르더라도 소비자가 수동적 관객성이 아닌 능동적 참여자로 개입한다는 것이 지니는 의미이다.

이 의미가 중요한 이유는, 향유 과정을 통해 의미의 상호작용이 발생한다는 것은 향유자가 영화의 텍스트를 변화시키는 것을 뜻하기 때문이다. 즉 향유 행위를 통해 영화의 스토리텔링은 이전과 변화한다. 과거에 새로운 영화는 형식을 파괴하는 영화, 혹은 내러티브를 파괴하는 영화였다. 1930년대의 프랑스 아방가르드 영화부터 이어지는 전위성을 지닌 실험 영화와 인과적 서사성을 부정하는 누벨바그 영화, 디지털 매체를 형식적 실험으로 사용한 1990년대 북유럽의 도그마 선언 등 과거의 새로운 영화는 관객과의 향유성을 배제하며 형식적 예술 매체로서 실험되는 영화였다. 하지만 지금의 시대에 새로운 영화는 스토리텔링의 형질 변화를 통해 영화의 향유성을 변화시키는 영화이다. 영화의 스토리텔링에 있어 향유자의 권한 강화는 영화의 디지털로의 전환이 가속화되며 서서히 드러나는 추세이다. 이러한 변화는 관객에 의해 영화의 스토리가 결정되는 인터랙티브 영화(혹은 쌍방향 영화라고 불리는)라는 새로운 유형의

---

15) 헨리 젠킨스, 김정희원 외 역, 『컨버전스 컬처』, 비즈앤비즈, 2008, 18쪽.

영화를 발생시키기에 이른다.

인터랙티브 영화는 작품이 추구하는 스토리 구성 방식에 따라 약간의 차이가 있긴 하지만, 공통적으로 공유하는 특징은 관객에게 영화의 스토리를 직접 선택할 수 있도록 스토리에 대한 권한을 준다는 것이다. 관객이 영화의 결정적 장면들에 이어질 캐릭터의 행동을 선택할 수 있도록 하고, 관객의 선택에 따라 스토리는 서로 다른 방향으로 진행된다. 그 결과 관객의 스토리 제어에 따라 영화는 상이한 결말을 맞이한다. 반대로 동일한 결말이 맺어지지만 그 구성에서 관객의 경험 과정에 차이를 주는 형식의 인터랙티브 영화 또한 가능하다.

영화의 스토리텔링에 완전히 개입하는 향유자라는 측면에서 인터랙티브 영화는 새로운 스토리텔링의 전형이 될 것 같지만, 그 실제적 모델은 여러 한계를 드러냈다. 미디어 이론가인 피터 루넨펠드_Peter Lunenfeld_는 인터랙티브 영화는 신화와 같다는 말로 그 구현 가능성의 불가능함을 말한다. 시장성의 문제, 텍스트 완성도의 문제(스토리 구성 수의 문제와 그에 따른 러닝타임 문제 등), 기술성의 문제 등 인터랙티브 영화에는 해결이 쉽지 않은 현실적 문제들이 존재하며, 인터랙티브 영화의 신화는 사용자와 기계 사이의 상호작용이라는 특별한 관계가 기술적, 문화적, 경제적 내러티브가 결합될 수 있다는 잠재적 믿음에서 비롯된 것이라고 말한다.[16] 엘새서 역시 기본적으로 인터랙티브 내러티브라는 것은 존재하지 않는다고 주장한다. 내러티브 내의 인터랙티브한 것으로 통용되는 것은 엄밀히 말해서 과잉 선택성(hyperselectivity)이란 것이다. 그의 의견에 따르면 인터랙티브 영화의 스토리의 선택 권한은 반응의 자유라는

---

16) Lunenfeld, Peter. "The Myths of Interactive Cinema." _Narrative Across Media: The Languages of Storytelling_, Ed. Marie-Laure Ryan, University of Nebraska Press, 2004, pp.361-376.

환영에 불과하다.[17)]

　이러한 이유로 현실적으로 영화에 향유자가 영향을 미치는 영역은 향유자의 능동적 참여 행위로서 영화 텍스트를 해석하고, 해석된 정보를 집단 지성을 통해 공유함으로써 영화를 텍스트 밖으로까지 확장하는 것이다. 집단 지성은 커뮤니티, 팬덤 등의 형태로 소비자로서의 권한을 강화시켜 영화 생산자의 경제적 영역에 영향을 끼치고, 확장된 스토리텔링은 텍스트의 지속적인 향유 행위에 영향을 미치게 된다. 이로써 영화에 대한 향유자의 권한은 이전의 고정된 영화 관람 행위에 비해 강화된다.

　인터랙티브 영화의 향유와 참여 문화를 바탕으로 한 영화 향유는 영화 관객의 위치를 일방적 수용자에서 능동적 참여자로 변화시킨다는 점, 그리고 테크놀로지의 영향을 받은 스토리텔링의 영화 적용이라는 면에서 동일하다. 하지만 인터랙티브 영화처럼 관객을 이야기에 즉흥적으로 끌어들이는 직접 참여 방식과 달리, 참여 문화는 인터넷 공간에서 펼쳐지는 커뮤니티 등 집단 참여의 장을 통해 스토리텔링에 간접 참여한다는 점에서 둘은 다른 성격의 미디어로 구분된다.

　인터랙티브 영화의 직접 참여 형태에서는 디지털 미디어 속성이 비선형적 서사와 영화의 상영 기술 등에 적용되는 디지털 기술로 나타난다. 즉 디지털 미디어 속성이 영화의 텍스트에 직접 반영되는 형태로 나타나는 것이다. 반면 참여 문화에 의한 간접 참여 형태는 선형 서사의 고전적 스토리텔링을 사용하지만, 향유 과정에 있어 디지털 미디어의 인터랙티브 속성의 영향을 받는다. 즉 간접 참여 형태에서 디지털 미디어 속성은 텍스트가 아닌 향유성에 영향을 준다. 이는 무엇을 의미하는가. 직접 참여 형태에서는 관객의 스토리 제어가 완벽하게 이루어진다. 반면 간접

---

17) 토마스 엘새서 외, 앞의 책, 320쪽.

참여 형태에서 관객은 스토리 제어를 기대하겠지만 실제적인 예측이 불가능하다. 생산자가 향유자의 스토리텔링 개입을 수용하는가의 문제가 남아 있기 때문이다.

이러한 문제로 두 영화의 향유 방식은 다르다고 말할 수 있다. 그리고 향유 방식의 차이는 각각의 향유 방식을 선호하는 관객의 차이로 연결된다. 디지털 미디어에 익숙한 관객, 비선형적 서사와 자신이 스토리를 제어할 수 있는 환경을 선호하는 관객, 직접 참여에 향유 중심을 둔 관객은 인터랙티브 영화의 스토리텔링을 선호할 것이다. 반면 스토리의 불확정성에 거부감이 있는 관객, 고전적 스토리텔링에 안정감을 느끼는 관객, 관람 행위와 참여 문화 행위에 향유 중심을 둔 관객은 간접 참여 형태의 스토리텔링을 선호할 것이다.

'직접 참여'라는 용어 사용이 나타내듯 인터랙티브 영화가 디지털의 속성인 상호작용성을 온전히 받아들이는 것처럼 보이지만, 과연 인터랙티브 영화의 향유가 참여 문화에 바탕을 둔 영화 향유보다 더 상호반영적이라고 부를 수 있을지는 의문이다. 인터랙티브 영화에 관객의 의사가 보다 반영되어 있다고 단정 짓기 어렵기 때문이다. 인터랙티브 영화는 창작자가 만들어 놓은 다양한 선택된 스토리 안에서 관객이 결정을 내리는 형태로 만들어진다. 여기에는 즉흥성과 관객의 완전한 참여가 보장되지만, 결과적으로는 관객이 창작자가 만들어 놓은 스토리의 궤적을 쫓아야 한다는 한계가 있다.

하지만 참여 문화에 의한 영화 향유에서는 즉흥적 성격이 떨어지고, 관객의 직접 참여 정도가 인터랙티브 영화에 비해 상대적으로 떨어지지만, 오히려 관객의 의사를 (생산자가 수용한다면) 보다 완벽하게 스토리텔링에 반영할 가능성이 있다. 영화 텍스트에 직접 반영이 되지 않더라도, 향유자의 지속적인 향유 행위를 통해 향유자가 원하는 방향으로 텍스트의 스토리텔링은 확장된다. 그리고 이러한 향유 행위를 통해 향유자의 만족도는 높아진다. 때문에 상호반영성이라는 목적에는 인터랙티브 영화보다도 참여 문화에 의한 영화 향유가 더 가까울 수 있다.

이를 통해 알 수 있듯 영화 텍스트 변화에 주도적 위치를 차지하는 것은 기술의 직접적 개입이 아닌 디지털 속성이 내포하는 향유 성격의 변화가 영화에 적용되는 문제이다. 이는 인터랙티브 영화의 목적을 생각해 보면 보다 명확히 알 수 있다. 엘새서의 다음의 설명을 살펴보자.

> 인터랙티브 스토리의 목적은 선형 서사 형태의 스토리를 탐구하는 것이 아니라 스토리의 경로, 구조, 그 분화와 다각적 선택들을 탐구하기 위한 것이다. 이 경우 디지털은 그 목적을 위한 보다 편리한 또는 효율적인 수단이다. 가동성, 운반, 전송, 행위를 제공하는 시간의 공간화라는 점에서 디지털이 인터랙티브 영화에 효율적인 기술이 되는 것이다. 다시 말해, 디지털은 그 자체로 새로운 매체가 아니다. 디지털은 영화가 뉴 미디어로서의 재형상화되는 매개체가 되는 것이다.[18]

즉 기술의 디지털화가 영화의 디지털화를 의미하는 것은 아니다. 기술의 속성 변화가 이야기, 문화를 포함하는 매체 성격의 변화로 이어지려면 중간 단계의 변화들이 필요하다. 바로 이용자 문화, 즉 향유가 핵심이 되는 것이다.

이러한 향유 변화를 고려할 때 영화 역시 더 이상 일방향 매체로 머물지 않을 것이다. 그 변화의 조짐은 이미 시작되었다. 점차적으로 영화에서 향유자의 권한은 강해지고 있으며, 장르나 텍스트에 따라 창작자보다도 향유자의 권한이 강해지는 경향이 나타나기도 한다. 팬덤과

---

18) 위의 책, 321~326쪽.

같은 적극적 향유자에 강하게 영향 받고 디지털 미디어 스토리텔링을 전략적으로 사용하는 슈퍼히어로 영화에서는 이러한 경향성이 더욱 두드러지게 드러나는 것을 이후 분석을 통해 확인하게 될 것이다.

그런데 이러한 향유자의 스토리텔링 영향성이 영화의 경우 다른 매체에 비해 속도가 느린 편은 사실이다. 영화에서 디지털로의 전환이 이미 이루어진 것을 생각하면 그 속도는 더욱 더디게 느껴진다. 참여 문화 중심의 영화 향유에서도 볼 수 있듯, 텍스트 생산에 있어서는 여전히 고전적 스토리텔링이 유지되고 있다는 점에서도 이는 확인된다. 이는 두 가지 관점에서 이유를 찾을 수 있다. 하나는 아직 영화 시장의 억제력이 디지털 패러다임의 힘보다 강력하다는 사실이다. 인터랙티브 영화의 경우에서 확인할 수 있듯, 새로운 스토리텔링으로의 급작스런 전환은 공고화된 영화 시장의 억제력을 넘어서기 역부족이다. 두 번째는 여전히 유지되는 영화의 보수적 향유 속성이 영화의 전통적 스토리텔링을 유지시키는 것이다. 영화는 대중적인 엔터테인먼트 매체로써 연령, 사회적 계급, 디지털 미디어의 경험, 새로운 스토리텔링의 수용 능력 등에서 매우 포괄적 관객들을 대상으로 한다. 이러한 관객 속성이 영화의 텍스트 성격 변화 속도를 늦추는 것이다.

하지만 향유자를 중심으로 하는 매체 성격 변화가 영화의 속성을 점차 변화시키는 것은 분명히 확인되는 사실이다. 그리고 전체적인 영화 향유자의 디지털 미디어의 경험 정도가 높아질수록 그 속도는 가속화될 것이다. 디지털로의 영화의 기술적 전환은 이미 이뤄진 상태이므로 향유자의 변화는 영화의 텍스트 성격을 결정짓는 역할을 하게 될 것이다. 이미 영화는 트랜스미디어 스토리텔링의 한 장르로 기능하고 있다. 이러한 문제는 영화가 디지털 미디어의 범주에 들어서면서 영화의 매체적 활용 범주가 넓어질 것이라는 기대감과 함께, 영화 자체가 유지하고 있던 예술적, 문화적 독립성이 약해질 것이라는 우려 또한 낳는다.

자, 영화 서사가 디지털 시네마텔링으로 변화하였다는 이 길고 길었던 설명을 바탕으로 지금부터 우리는 슈퍼히어로 영화에 대한 본격적인 논의와 분석을 시도할 것이다. 슈퍼히어로 영화에서 드러나는 향유자의 영향력, 즉 향유자가 슈퍼히어로 영화 스토리텔링에 끼치는 상호작용성이 미디어로서 영화의 속성에도 영향을 미치는지를 집중해서 살펴보자. 이를 통해 향유 행위가 영화에 미치는 양가적 해석에 대한 결론을 일정 부분 도출할 수 있을 것이다.

2

슈퍼히어로 장르,
그리고 슈퍼히어로 영화의 역사

앞서 영화, 그리고 영화의 이야기가 변화하고 있다는 화두를 던졌다. 이는 21세기의 슈퍼히어로 영화가 일종의 새로운 영화 스토리텔링 형태를 취함을 전제하기 위한 사전 설명이라 이해하길 바란다. 슈퍼히어로 '영화'를 논의하기 위한 서두였던 것이다.

지금부터는 본격적으로 슈퍼히어로 영화 속으로 들어가기에 앞서 방점을 '슈퍼히어로'로 잠시 옮겨 보고자 한다. 슈퍼히어로 장르는 영화의 역사만큼이나 오랜 역사성과 나름의 사회적 의미, 문화적 가치를 지녀온 문화콘텐츠이다. 슈퍼히어로 장르, 그리고 슈퍼히어로 영화가 지나온 길을 간략하게 살펴봄으로써 현재의 슈퍼히어로 영화에 대한 이해의 폭을 넓혀 보도록 하자.

과거의 슈퍼히어로 영화와 최근의 슈퍼히어로 영화에는 어떠한 차이가 있을까? 1980년대 〈슈퍼맨〉, 〈배트맨〉 시리즈처럼 남성 중심의 1인 주인공 이야기와 2010년대 〈어벤져스〉, 〈가디언즈 오브 갤럭시〉, 〈수어사이드 스쿼드〉 등 팀플레이 캐릭터 영화의 차이. 혹은 과거 슈퍼히어로 영화가 액션 중심이었다면 현재는 정치드라마, 호러, 코믹 등 여러 장르와 결합해 내러티브를 생성한다는 점. 그 밖에도 비주얼 테크놀로지의 차이로 인해 스토리와 스펙터클 이미지의 의존도에 차이가 생기는 점 등 몇몇 차이들이 떠오른다.

반면 처음 슈퍼히어로 영화가 발생하던 시기부터 여전히 모든 슈퍼히어로 영화에 일괄적으로 적용되는 공통점이 있다. 바로 슈퍼히어로 영화는 원작 만화를 바탕으로 제작된다는 것이다. 수십 년의 시간동안 축적된 다양한 캐릭터와 소재, 그리고 콘텐츠의 인지도가 슈퍼히어로 영화에 가장 중요한 요소로 활용되기 때문이다.

그러므로 슈퍼히어로 영화를 이해하기 위해 원천콘텐츠인 슈퍼히어로 만화의 전개 궤적을 살펴보는 것은 필수적이다. 슈퍼히어로 영화에 등장하는 슈퍼히어로들의 탄생 배경과 사회문화적 함의 등 캐릭터 특성을 이해하기 위해 필요하고, 과거의 만화 캐릭터가 만들어 내는 이야기가 현재의 영화에서 문화적 가치와 상품적 가치를 가질 수 있는 이유를 발견한다는 점에서도 중요하다. 또한 슈퍼히어로 영화의 인기가 원작 만화에서부터 비롯되는 팬 문화에서 시작된다는 점에서 슈퍼히어로 콘텐츠의 향유 문화를 살펴보는 배경으로써도 중요하다.

슈퍼히어로 만화의 시작은 1938년에 발간된 〈슈퍼맨〉이다. 당시 미국의 대공황과 제2차 세계 대전의 영향으로 인해 피폐해진 미국인들의 삶을 위안해 주던 것이 슈퍼맨과 같은 슈퍼히어로였다. 불안한 시대성은 강한 영웅, 강한 미국인의 모습을 그려 내는 슈퍼히어로 만화가 인기를 끌 수 있었던 배경이 되었다. 슈퍼맨의 인기를 바탕으로 슈퍼히어로 만화가 끊임없이 등장한 1940년대의 초기 슈퍼히어로 전성기를 골든에이지Golden Age라고 부른다.[1] 슈퍼맨을 비롯해, 범죄와 싸우는 배트맨, 나치와 싸우는 전쟁 영웅 캡틴 아메리카, 그리고 캡틴 마블, 원더 우먼 등이 대표적 골든에이지의 슈퍼히어로들이며, DC 코믹스가 골든에이지의 인기를 주도하였다.

슈퍼히어로의 탄생 배경에는 이처럼 시대와 관련한 사회성이 존재한다. 다만 현대의 영화에서 이러한 슈퍼히어로의 탄생을 재창조할 때 그 사회성을 어떻게 재해석하는가에는 차이가 발생한다. 이를테면, 제2차 세계대전 당시에 캐릭터가 만들어졌던 캡틴 아메리카는 모병제를 독려하는 영웅이었지만, 현재에는 이러한 시대성이 알맞지 않다. 모병제를 독려하는 모습은 현재의 영화에서 우스꽝스러운 홍보단처럼 그려지며 오히려 풍자적 성격으로 변한다. 마찬가지로 1940년대 배트맨이 싸우던 범죄의 형태와 지금의 범죄는 달라졌으며, 원더 우먼이 가지고 있는 여성 슈퍼히어로의 상징성도 당시와 지금은 다르다. 현재의 전환된 텍스트로 슈퍼히어로 캐릭터를 받아들이기 이전에, 골든에이지의 작품들이 표면화하는 슈퍼히어로의 상징성은 발생 당시의 사회적 배경 안에서

---

1) 골든에이지, 실버에이지, 브론즈에이지, 모던에이지 등으로 구분하는 슈퍼히어로 코믹스의 시대 구분은 미국 코믹스의 시대 구분을 따른 것이다.(1897년부터 1937년까지를 Platinum 혹은 Pre-Golden Age로 추가 구분하기도 한다.) 이와 같은 시대 구분은 대부분의 미국 만화사학자들이 일반적으로 따르는 구분이지만 용어 정의의 출처가 명확하지는 않은 것으로 보인다. 다만, 'Golden Age'라는 용어는 미국 SF와 미스터리 소설 작가로 알려진 리처드 A. 루포프Richard A. Lupoff가 1960년 Fanzine's Comic Art라는 잡지의 "Re-Birth"라는 제목의 기사에서 최초로 사용한 것으로 기록되어 있다. (Quattro, Ken. "The New Ages: Rethinking Comic Book History." Archived from the original on September 5, 2015. Retrieved September 12, 2015. 이 기사와 관련한 내용은 Rhoades, Shirrel. Geppi, Steve(AFT). A *Complete History of American Comic Books*, Peter Lang Pub Inc,· 2008, p.4에서 재인용했음.) '골든에이지'의 용어 사용이 시작된 후, 실버에이지, 브론즈에이지 등의 용어는 해당 시기에 맞춰 생성된 것으로 추론된다.

이해할 필요가 있다.

　제2차 세계 대전이 종료된 후, 1950년대 초반에 슈퍼히어로 만화는 쇠락의 길을 걷는다. 슈퍼히어로 만화의 몰락에 결정적 역할을 미쳤던 것은 정신과 의사인 프레드릭 베르탐*Fredric Wertham*이 쓴『순수의 유혹』[2]이란 책이었다. 베르탐은 이 책을 통해 슈퍼히어로 만화를 비롯한 당시 미국 만화의 해악성을 말하며, 만화가 소년 비행의 원인이라고 주장했다. 이를테면 원더 우먼의 능력과 독립적 성격이 레즈비언으로 의심된다고 주장하고, 배트맨과 로빈은 동성애자라는 식의 주장을 통해 슈퍼히어로 만화를 청소년에 위해를 가하는 대중문화로 묘사했다.[3] 이 책은 당시 대중적으로 상당한 인기를 끌었으며, 미성년 범죄에 대한 상원 위원회가 만들어지는 계기가 되었다. 위원회는 부모 세대들의 의견을 청취해 슈퍼히어로 만화를 비롯한 만화 산업 전반에 대해 상당한 규제를 가했다. 그로 인해 슈퍼히어로 만화의 골든에이지는 막을 내린다.

　슈퍼히어로 만화가 유해한 대중문화로 인식된 이후에는 새로운 돌파구가 필요했다. 이에 전쟁이라는 다소 특수화된 시대적 상황을 함의했던 골든에이지의 슈퍼히어로와 다르게 보다 보편적이고 일반적인 시대와 독자를 담으려는 슈퍼히어로 만화가 등장하기 시작했다. 증폭된 신체적 능력이나 초인적인 힘에 초점이 맞추어졌던 골든에이지의 슈퍼히어로와 다르게 다양한 능력을 지닌, 그리고 다양한 출신 배경을 가진 슈퍼히어로들이 등장하기 시작한 것이다. 이러한 슈퍼히어로의 다양화는 다시 독자들의 관심을 불러일으켰고, 1950년대 후반부터 1960년대까지 이어지는 실버에이지*Silver Age*가 펼쳐진다. 슈퍼히어로 실버에이지에서 DC 코믹

---

2) Wertham, Fredric. *Seduction of the Innocent*, Amereon Ltd, 2007.
3) 슈퍼히어로 만화가 청소년에게 해악을 미친다는『순수의 유혹』의 문제 제기에 대한 구체적 해석은 다음의 책을 참고할 것. (Brooker, Will. *Batman Unmasked: Analyzing a Cultural Icon*, Continuum Publishing Group, 2000.)

스는 플래시, 그린 랜턴처럼 SF 장르 성격이 강한 슈퍼히어로 캐릭터를 선보였다. 하지만 이 시대에는 마블 코믹스가 단연 존재감을 드러내며 그동안 슈퍼히어로 만화 시장을 선도하던 DC 코믹스와 어깨를 나란히 하게 된다. 마블 코믹스는 판타스틱4, 아이언맨, 스파이더맨, 토르, 헐크, 엑스맨 등 인기 있는 슈퍼히어로 시리즈들을 실버에이지 동안 만들어 냈다.

실버에이지의 슈퍼히어로들이 능력을 얻는 과정은 과학에 의해서, 혹은 방사능에 피폭돼 우연히 능력을 얻게 되는 형태가 많다. 이 시기의 슈퍼히어로들에게는 냉전 정치체제의 불안감이나 과학 기술에 대한 두려움, 환경 파괴에 대한 문제의식들이 담겨 있다. 전쟁, 국제 관계의 불안정성, 기술 문명의 급속한 발달 등 1960년대 당시의 과도기적 사회 현상 속에서 슈퍼히어로의 '포스트모던한 특성'[4]이 독자들과 공감의 영역으로 연계되었던 것이다.

그런데 흥미로운 것은 이 시기의 슈퍼히어로가 21세기인 현재에도 가장 대중적 인기를 지닌 슈퍼히어로들이라는 점이다. 실버에이지의 슈퍼히어로 만화들은 2000년대 이후의 슈퍼히어로 영화들에서 가장 빈번하게 전환되는 원작들이다. 이는 현재의 시대 상황이 실버에이지 시대의 사회적 고민들을 상당 부분 공유하고 있다는 증거이다. 테러리즘의 확산이나 환경 문제 등 사회의 과도기적 불안감이 여전히 재현되고 있기 때문에 실버에이지의 슈퍼히어로 캐릭터 특성과 현재의 시대성이 합치되는 부분이 많으며, 바로 이 지점에서 현재에 지속되는 실버에이지

---

4) 다음의 글을 참고해 보자. "마블 코믹스를 중심으로, 극심한 경쟁 위주의 산업 사회가 가져온 사회구조적 문제점을 해결하기 위해 다양한 상상력을 통해 탄생시킨 슈퍼히어로들이 대거 등장하게 된다. 일반인들도 후기자본주의와 포스트모던한 사회 현상 속에서 우연성과 함께 슈퍼히어로가 될 수 있다는 상상력은 독자들의 폭발적인 공감대를 이끌어 냈다." (한창완, 『슈퍼히어로』, 커뮤니케이션북스, 2013, 11쪽.)

슈퍼히어로의 인기 이유를 찾을 수 있다.

이러한 사회적 해석이 과도하게 느껴진다면, 평범한 인물이 우연한 계기에 능력을 얻게 되는 우연성과 가능성을 통해 슈퍼히어로가 공감의 대상이 된다는 점에 주목해 보면 어떨까? 골든에이지의 슈퍼히어로가 이미 만들어진 능력을 통해 운명적 영웅으로 그려졌다면, 실버에이지의 슈퍼히어로는 누구나 슈퍼히어로가 될 수 있다는 평범한 공감을 독자에게 전달한다. 그 공감의 영역이 대중성으로 연결되는 것이다.

1970년대부터 1980년대 중반까지의 슈퍼히어로 만화는 브론즈에이지 *Bronze Age*로 분류된다. 이 시기의 슈퍼히어로 만화는 베트남 전쟁, 인종 차별 문제 등의 사회적 이슈를 내포하는 보다 정치적인 성격을 띤다. 또한 퍼니셔, 울버린과 같은 안티히어로가 주인공으로 등장하는 슈퍼히어로 만화들이 이 시기에 만들어지기 시작한다.

1980년대 중반부터 현재까지의 시기는 모던에이지*Modern Age*로 일컬어지는데, 이 시기 슈퍼히어로 만화의 가장 큰 특징은 코믹북*Comic Book*에서 그래픽노블*Graphic Novel*로 전환된다는 점이다.[5] 모던에이

---

5) '코믹북'은 일반적으로 '만화'로 알려진 일러스트레이션의 발전 형태로 이해하면 될 것이다. '그래픽노블' 역시 포괄적 개념에서는 만화의 한 형태이지만, 소설처럼 긴 서사성을 갖고 있고 보다 실험적이고 작가주의 성향을 지닌 작품을 지칭할 때 코믹북과 구별되는 용어로 그래픽노블을 사용한다. 김성필은 코믹북과 변별되는 그래픽노블의 특징으로 서사 구조의 복합성, 주제 의식과 문학적 깊이, 작가주의적 스타일과 아트웍 퀄리티(Artwork quality), 표현 방식의 독창성과 실험성을 말한다. 이러한 이유로 보통 유럽의 작가주의적 만화, 문장이 많은 문학적 형식이 두드러지는 만화를 가리켜 그래픽노블로 부른다. 역사적으로 그래픽노블이란 용어의 시작은 1960년대까지 거슬러 올라가지만, 1982년 마블의 그래픽노블 라인이 발표되면서 용어가 일반화된 것으로 보인다. 흥미로운 것은 슈퍼히어로 코믹북이 범람하던 시기에 그에 대한 반발 작용으로 그래픽노블이 등장했다는 시각이 있으나, 정작 그래픽노블이 대중적으로 알려지게 된 계기는 1980년대 후반 프랭크 밀러의 〈다크나이트 리턴즈〉(1986), 앨런 무어*Alan Moore*와 데이브 깁슨*Dave Gibbson*의 〈왓치맨 Watchmen〉(1987) 등의 슈퍼히어로 그래픽노블이 성공했기 때문이었다. (그래픽노블에 대한 설명은 다음의 책과 자료들을 참고했음을 밝힌다. Schelly, Bill. *Founders of Comic Fandom: Profiles of 90*

지 슈퍼히어로 캐릭터는 브론즈에이지의 안티히어로 경향성이 더욱 강해진다. 보다 어두운 성격의 슈퍼히어로들이 등장하고, 작가주의와 결합한 그래픽노블은 주제적으로는 명확한 사회적 메시지를, 미술적으로는 강렬하면서도 세밀한 이미지를 만들어 낸다.

모던에이지의 슈퍼히어로 만화는 새로운 캐릭터를 창조하기도 했지만, 이전 시대에 만들어진 슈퍼히어로 캐릭터를 재해석해 새로운 캐릭터성을 부여하기도 하였다. 프랭크 밀러*Frank Miller*의 〈다크 나이트 리턴즈 The Dark Knight Returns〉(1986)는 그 대표적 작품이다. 잘 알려졌다시피 이 작품은 크리스토퍼 놀란*Christopher Nolan*이 연출한 영화 '다크 나이트 3부작'[6]의 원작이다. 2000년대에 발표된 이 영화가 새로운 슈퍼히어로 캐릭터를 창조해 냈다고 평가받을 정도였으니 1980년대 당시에 원작이 얼마나 새롭고 놀라운 슈퍼히어로 캐릭터와 장르를 개척했을지 상상해 볼 수 있을 것이다. 이처럼 모던에이지에 나타난 새로운 유형의 슈퍼히어로, 구체적으로 표현하자면 정체성에 대한 혼란, 선과 악의 불명확성, 자경주의에 대한 의문을 품고 자신의 존재 의미를 고민하는 슈퍼히어로를 수정주의 슈퍼히어로라고 부른다. 다크 나이트와 함께 〈왓치맨〉도 수정주의 슈퍼히어로의 대표적 예라고 할 수 있다.

모던에이지 슈퍼히어로 만화의 또 하나의 중요한 특징은 영화를 비롯한 다른 엔터테인먼트 미디어와 결합해 기획과 제작에 획기적 변화를 가져왔으며, 슈퍼히어로 콘텐츠의 시스템을 재구축해 시장을 확장해 가고 있다

Publishers, Dealers, Collectors, Writers, Artists and Other Luminaries of the 1950s and 1960s, McFarland, 2010. 성완경, 『세계만화』, 생각의나무, 2001. 김성필, 「시각적 서사물로서 그래픽 노블의 정체성에 관한 연구」, 『조형미디어학』 17권, 한국일러스트학회, 2014.)

6) 〈배트맨 비긴즈 Batman Begins〉(2005), 〈다크 나이트 The Dark Knight〉(2008), 〈다크 나이트 라이즈 The Dark Knight Rises〉(2012).

는 점이다.

다시 영화로 돌아오도록 하자. 슈퍼히어로 만화가 워낙 오랜 시간 대중적 인기를 구가했기 때문에 슈퍼히어로 영화는 그 인기를 바탕으로 시작되었다고 보는 편이 옳을 것이다. 슈퍼히어로 만화를 바탕으로 제작된 최초의 슈퍼히어로 영화는 1941년 작 〈캡틴 마블의 모험 Adventure of Captain Marvel〉으로 보인다. 캡틴 마블이라는 캐릭터는 슈퍼히어로 만화를 양분하는 DC 코믹스와 마블 코믹스의 작품이 아닌 포셋 코믹스 *Fawcett Comics*라는 중소 규모 만화사에서 만든 슈퍼히어로 만화였다. 하지만 이 캐릭터의 인기가 상당해 캡틴 마블 만화책 판매량이 슈퍼맨을 뛰어넘는 상황까지 벌어졌고, 이러한 인기를 바탕으로 영화가 만들어졌다.[7] 이후 〈배트맨 Batman〉(1943), 〈캡틴 아메리카 Captain America〉(1944), 〈슈퍼맨 Superman〉(1945) 등 골든에이지의 인기 있는 슈퍼히어로 캐릭터들이 영화화되었다.

이후 슈퍼히어로 영화가 본격화되는 때는 1978년 〈슈퍼맨〉 시리즈가 시작되면서부터다. 슈퍼맨은 가장 대표적인 슈퍼히어로 상징이 되고, 전 세계에 걸쳐 영화 슈퍼맨 시리즈가 큰 인기를 거둔다. 1987년까지 총 4편의 슈퍼맨 시리즈 영화가 만들어져 슈퍼히어로 영화를 이끌었고, 1989년 시작된 팀 버튼*Tim Burton* 감독의 〈배트맨〉 시리즈가 그 뒤를 잇는다. 어둡고 음침하지만 자신만의 독특한 작품 세계를 구축하는 팀 버튼의 예술관은 배트맨의 세계관과 절묘하게 어울렸고, 배트맨은 슈퍼맨

---

7) 하지만 캡틴 마블의 인기는 오래 가지 못했고, 후속 시리즈도 제작되지 못했다. DC 코믹스는 캡틴 마블이 슈퍼맨을 모방해 저작권을 침해당했다며 소송을 제기했고, 포셋 코믹스는 이후 제작을 포기한다. 하지만 DC 코믹스가 캡틴 마블의 사용권을 얻었음에도 마블 코믹스가 '캡틴 마블'이라는 상표권을 획득해 DC 코믹스 역시 이후 제작을 포기해 캐릭터는 완전히 사라진다. 2019년 개봉 예정인 영화 〈캡틴 마블〉은 마블 코믹스가 이후 새롭게 만든 여성 슈퍼히어로 캐릭터로 1940년대의 캡틴 마블과는 무관한, 완전히 다른 캐릭터이다.

을 이은 새로운 슈퍼히어로의 상징이 된다. 배트맨 시리즈는 감독을 교체하며 1997년까지 총 4편의 영화가 만들어진다. 슈퍼맨과 배트맨 이외에도 〈슈퍼걸 Supergirl〉(1984), 〈퍼니셔 The Punisher〉(1989), 〈캡틴 아메리카 Captain America〉(1990), 〈팬텀 The Phantom〉(1996), 〈스틸 Steel〉(1997), 〈스폰 Spawn〉(1997) 등 몇몇 슈퍼히어로 영화들이 제작되었지만, 최소한 영화 시장에서만큼은 이 두 슈퍼히어로 캐릭터만큼 영향력을 보여 주진 못했다.

　2000년대에 들어서면서 슈퍼히어로 영화의 지형은 큰 변화를 맞는다. 다양한 슈퍼히어로 캐릭터들이 영화에 등장하기 시작했는데, 이 바탕에는 슈퍼히어로 만화를 사실적인 이미지의 영화로 구현할 수 있게 한 기술력의 발달이 있다. 2000년대 슈퍼히어로 영화를 주도한 영화사는 20세기 폭스*20th Century Fox*와 콜롬비아 픽쳐스*Colombia Pictures*이다. 두 영화사는 슈퍼히어로 양대 만화사인 DC 코믹스와 마블 코믹스로부터 슈퍼히어로 캐릭터의 판권을 경쟁적으로 사기 시작했다. 그 결과 〈엑스맨 X-Men〉(2000), 〈스파이더맨 Spider-Man〉(2002), 〈헐크 Hulk〉(2003), 〈데어데블 Daredevil〉(2003), 〈퍼니셔 The Punisher〉(2004), 〈판타스틱 4 Fantastic Four〉(2005) 등의 슈퍼히어로 영화들이 쏟아지기 시작했다. 이 슈퍼히어로 영화들 중 성공한 작품들은 시리즈 영화 혹은 스핀오프 형태로 이어졌지만, 상업적 성공을 거두지 못한 작품들은 단일 영화를 끝으로 제작이 중단되었다. 전형적인 상업 영화로서의 성격을 보여 준 것이다.

　2000년대의 슈퍼히어로 영화에는 실버에이지의 슈퍼히어로 캐릭터들이 전면에 등장하는 것을 확인할 수 있다. 앞서 언급했듯 실버에이지 슈퍼히어로 캐릭터의 다양성과 관객의 공감을 얻을 수 있는 인물들이 인기를 얻은 것이다. 이는 이전 시대의 슈퍼히어로 영화와의 뚜렷한 차이다. 실버에이지 슈퍼히어로 만화의 사회적 상징성을 차용하고 기술적으로는 표현 양식을 개선한다는 점에서 슈퍼히어로 장르의 재매개가 이뤄지는 것이다.

하지만 2000년대에도 슈퍼맨, 배트맨과 같은 골든에이지의 슈퍼히어로 캐릭터가 등장하는 영화 역시 여전히 제작된다. 다만 과거의 슈퍼히어로를 재창조하는 과정에서 리부트(reboot)[8] 방식이 사용되어 슈퍼히어로 캐릭터의 탄생과 이야기가 처음부터 다시 시작된다. 〈배트맨 비긴즈〉와 〈슈퍼맨 리턴즈 Superman Returns〉(2006) 등은 그 대표적인 예이다.

2010년대에 이르면 슈퍼히어로 영화의 제작 환경은 다시금 변화한다. 보다 정확히는 2008년 〈아이언맨 Iron Man〉을 시작으로 마블이 마블 시네마틱 유니버스*Marvel Cinematic Universe*[9]라는 영화사를 설립하면서 영화 제작에 직접 뛰어든 것이 변화의 시작이다. 이미 거대한 유통망을 갖춘 디즈니*Disney*와 손을 잡은 마블은 단숨에 슈퍼히어로 영화 선발 주자들을 따라잡는다. 마블은 슈퍼히어로 영화의 기획 부문에 큰 변화를 준다. 마블은 개별적 캐릭터 영화가 아닌 전체 프랜차이즈 세계를 지닌 스토리를 기획하고 팬덤(fandom)의 참여를 적극적으로 받아들인다. 다양한 슈퍼히어로 캐릭터가 집합하는 〈어벤져스 The Avengers〉(2012)

---

8) 사전적으로는 기계 장치 등을 '다시 시동한다'는 의미이다. 영화 등의 문화콘텐츠에 사용될 때에는 원작이나 시리즈의 연속성을 버리고 이야기를 새롭게 시작한다는 의미로 쓰인다. 보통 캐릭터와 배경 설정 등만 남겨두고 이야기를 새롭게 시작한다. 리부트 방식을 활용하는 이유는 식상하고 정체된 시리즈를 대중적으로 환기시키기 위한 목적이 강하다. 스파이더맨 시리즈가 배우교체(〈어메이징 스파이더맨 The Amazing Spider-Man〉(2012)), 제작사 교체(〈스파이더맨: 홈커밍 Spider-Man: Homecoming〉(2017)) 등의 이유로 시리즈를 리부트하는 예를 떠올리면 될 것이다.
9) 슈퍼히어로 영화에 대한 논의가 중심이 되므로 이후 '마블 시네마틱 유니버스'는 편의상 '마블'로 줄여서 표기하도록 하겠다. 원작인 '마블 코믹스 *Marvel Comics*' 혹은 마블의 판권 판매 영화와 구분이 필요한 경우에 한해 '마블 시네마틱 유니버스'라는 용어를 풀어 사용하겠다.

는 새로운 슈퍼히어로 영화의 성공적 모델이 된다. 마블의 성공에 자극받은 DC 코믹스는 마블의 모델을 본떠 DC 익스텐디드 유니버스*DC Extended Universe*라는 영화사를 설립하고 새로운 기획 시리즈를 시작하고 있다. 현재의 슈퍼히어로 영화는 슈퍼히어로 만화 원작을 양분하는 마블과 DC가 직접 영화 제작에 참여함으로써 이 두 회사를 중심으로 재편되는 과정에 있다.

3

시대에 따라 영웅의 조건은 달라진다, 영웅주의와 슈퍼히어로

슈퍼히어로 영화가 대중적인 지지를 받는 이유는 무엇일까? 슈퍼히어로 영화가 철학적으로 때로는 사회적으로 해석되는 이유는 또 무엇일까? 슈퍼히어로 영화에 대한 이 상반된 두 가지 질문의 답에는 한 가지 교집합이 있다. 바로 '영웅'이라는 키워드이다. 이름에서부터 알 수 있듯 슈퍼히어로는 '영웅'으로 인정받는 존재이다. Hero 앞의 Super라는 접두사는 영웅 이상의 초월적 존재, 혹은 영웅 이상의 능력을 지닌 존재로까지 이들을 끌어올린다. 또한 슈퍼히어로가 내적으로 품고 있는 영웅으로서의 성격인 영웅성, 그리고 사회와 공동체라는 토대 위에서 영웅과 인간, 영웅과 시민의 관계를 토대로 읽어 낼 수 있는 철학적 주제인 영웅주의까지 슈퍼히어로 영화에서 '영웅'이라는 키워드는 가장 본질적인 요소를 담고 있다.

하지만 남들보다 우월한 신체적 능력을 지니고 있고, 선과 악의 대결에서 결국 승리자가 될 선의 역할을 수행한다는 단순한 이유 등으로 슈퍼히어로를 영웅으로 받아들이는 것은 너무 표피적인 해석이다. 영웅이라는 개념은 고대 그리스 시기부터 축적된 사회적·문학적 개념이다. 따라서 영웅에 대한 사회적 해석이 어떻게 현대적으로 변화해 슈퍼히어로 영화라는 대중문화 속에 침투하였는지를 면밀히 살펴보아야 슈퍼히어로 영화의 핵심적 주제에 접근할 수 있다.

영웅의 원질적 개념은 신화적이다. 인간과 다른 차원의 힘과 능력, 그리고 고결성을 갖고 있는 신적 존재로서 영웅은 추앙의 대상이었다. 문제는 영웅이 인간의 영역에 어떠한 형태로 존재하고 인정받느냐이다. 어쩌면 영웅의 본질을 탐구하는 것보다도 영웅이란 존재가 인간이 구축한 사회에서 어떻게 소비되고 해석되는지를 연구하는 것이 영웅의 실제적 존재 의미를 찾는 데 도움이 될 것이다.

비교신화학자인 조셉 캠벨*Joseph Campbell*은 신화의 주요 기능 중 하나를 인간의 정신을 향상시키는데 필요한 상징을 공급하는 것이라 말했다.[1] 캠벨에 따르면 신화는 고대 사회의 문화에 그치는 것이 아니라 현대적 상징으로 기능하고 있다. 그리고 그 상징은 대중문화로 옮겨와 현대인들에게 체득되며 역할을 하고 있다. 그렇다면 이러한 질문이 가능해 보인다. 고대의 신화 속 영웅들을 통해 현대 영화 속 슈퍼히어로의 영웅적 특징을 반추해 보고, 반대로 이러한 비교를 통해 드러나는 간극을 들여다보면 현재화된 영웅의 문화적 의미가 생성되지 않을까?

이 질문에 대해서 호메로스의 서사시는 좋은 힌트가 될 수 있다. 호메로스의 서사시는 고대의 영웅주의를 살펴보기에 적절한 작품이다. 호메로스의 서사시는 고대 그리스의 영웅주의를 확립한 작품으로 평가받으며,

---

1) 신화의 기능에 대한 캠벨의 논의는 다음의 책을 참고할 것. Campbell, Joseph. *The hero with a thousand faces*, Princeton University Press, 1973.

예술적 성취가 포함된 문학으로서의 가치를 지니고 있다. 무엇보다 호메로스 서사시는 영웅주의 윤리관을 담고 있으며, 당대 그리스 시민을 대상으로 한 교육적 목적을 갖고 있었다. 신화를 인간과 연결시키는 매개체로서 호메로스 서사시가 역할을 하고 있다는 점은 대중문화로서 슈퍼히어로 영화가 현대의 영웅주의를 드러내는 것과 유사하다. 변화가 허용되지 않는 영웅의 신화적 본질이 아닌 인간에 의해 해석되는 영웅의 가치라는 점에서도 호메로스의 서사시는 참고할 만한 의의를 지니는 것이다.

호메로스 서사시에서 "영웅주의 윤리관의 중심축은 덕(arete)의 개념이다."[2] 지금의 시대에 덕은 곧 도덕성을 뜻하며, 이는 인간이 행할 수 있는 '선'의 개념과 의미가 통한다. 그런 면에서 대부분의 슈퍼히어로 영화에서 나타나는 도덕성에 기반한 영웅적 윤리는 고대의 그것과 크게 다르지 않다. 고대에도 지금에도 덕, 즉 도덕성은 교훈성을 바탕으로 하는 보편적 속성을 지니고 있다는 점에서 공통점을 갖는 것이다.

하지만 도덕적인 영역에 한정되어 의미가 지어지는 지금과 달리 "고대 그리스에서 덕은 인간의 훌륭함이 드러날 수 있는 영역에서 발휘되는 역량 일반을 의미하는 말로 쓰였다."[3] 이러한 일반적이고 포괄적 관점에서 보면 고대의 영웅은 앞서 말한 도덕적 성숙함을 지닌 영웅과는 다소 다른 의미로 이해된다. 인간의 훌륭함이 발휘되는 역량이라는 의미는 지금의 개념에서 볼 때 도덕적 영역의 '덕'이라기보다 영웅이 지니는 탁월한 능력을 뜻한다고 볼 수 있기 때문이다.

다음의 예를 살펴보자. 호메로스 서사시에서 영웅에게는 전쟁터에서 무공을 떨칠 수 있는 역량이 요구됐다. 이는 고대 그리스인들이 찬탄했던

---

2) 이태수, 「호메로스의 영웅주의 윤리관」, 『서양고전연구』 50권, 한국서양고전학회, 2013, 10쪽.
3) 위의 논문, 10쪽.

역량이며, 지금 우리가 열광하는 영웅적 대상의 모습과도 닮아 있다. 이를테면, 오늘날 스포츠 스타에 대한 열광은 일반인을 뛰어넘는 그들의 스포츠 능력에서 비롯하며, 이를 전쟁 영웅으로 바꾼다면 다른 이를 능가하는 그만의 무용에서 비롯된다. 그런데 고대에서 영웅의 이러한 무용 능력은 도덕적인 것과는 상관없이 찬탄의 대상이 된다. 영웅의 무대인 전쟁터에서 뛰어난 무용을 선보이지 못하면 찬탄은 곧 식어 버리고 만다는 사실도 영웅의 역량과 도덕성의 관련이 크지 않음을 뒷받침한다.[4] 이는 윤리적인 요소가 중요하게 부각되는 지금의 영웅과는 다른 모습이다.

  이러한 고대 사회 영웅의 조건으로서 무력은 국가적 원질 신화가 존재하지 않던 미국에선 대중문화를 통해 이입된다. 역사를 지닌 문명국들이 고대에 신화를 통해 국가 이데올로기를 정립했던 것에 반해 미국은 척박한 토양 위에 세워진, 신화를 만들어야 하는 국가였다. 그러한 신화의 사회 통합 역할을 미국 대중문화가 대체했고, 그 대표적 장르는 서부극이었다. 백인 남성이, 악으로 표상되는 원주민을 몰아내는 미국식 영웅으로 등장하는 서부극에서 가장 두드러지는 영웅의 특징은 폭력성이다. 폭력을 사용하되 남을 위해 사용하고 공동체를 구원하는 영웅의 모습이 나타나는 것이다. 미국식 '구원의 영웅'은 신화를 바탕으로 한 유럽 영웅의 역사처럼 신, 예언자, 시인, 성직자, 문인, 제왕의 유형 등으로 다양하거나 고상하지 않았다. '미국의 영웅'들은 기본적으로 폭력을 통해 상대방을 압도할 수 있는 물리적인 힘을 지녔다는 점에서 고대 영웅과의 접점을 찾을 수 있었다.[5] 이러한 폭력에 기반을 두는 구원의 영웅으로서의 특징은

---

4) 위의 논문, 10~11쪽.
5) 김기홍, 「미국만화의 신화적 영웅성 연구: 미국만화 작품 『the League of extraordinary Gentlemen』 등장인물의 영웅적 성격 분석을 중심으로」, 『한신인문학연구』 6권, 한신인문학연구소, 2005, 39~40쪽.

〈스타트랙〉, 〈스타워즈〉 시리즈와 〈아바타〉 등 이후의 미국 대중문화를 통해서도 지속적으로 유지된다. 그리고 현대의 가장 대중적 미국문화 중 하나인 슈퍼히어로 영화도 무력이 뛰어난 영웅, 폭력을 통해 악을 응징하는 미국식 구원의 영웅 유형을 여전히 따르고 있다.

다시 신화의 영웅으로 돌아가서, 신화의 영웅들에게는 그들에게 숙명적으로 지워지는 영웅의 운명과 조건들이 있었다. 숙명적 영웅으로서의 조건은 지금까지 이어져 일반화된 것도 있지만, 사회적 변화와 함께 의미가 변하거나 경우에 따라서는 더 이상 인정받지 못하는 조건이 되기도 한다. 그러한 의미 변화의 대표적인 예는 영웅과 '죽음'이다.

희생은 여전히 영웅에게 중요하게 요구되는 가치이다. 오늘날 슈퍼히어로 영화의 영웅에게도 죽음은 그러한 희생을 드러내는 수단으로 표현된다. 이를테면, 〈어벤져스〉에서 아이언맨은 맨해튼에 발사된 핵무기를 막기 위해 직접 핵무기를 짊어 들고 우주로 향한다. 그의 행위 동기와 과정을 생략하더라도 아이언맨이 숭고한 희생을 거둔 것처럼 포장되는 방식은 그가 죽음에 이른 것으로 묘사되기 때문이다. 〈배트맨 대 슈퍼맨: 저스티스의 시작 Batman v Superman: Dawn of Justice〉(2016)은 보다 직접적으로 표현하는데, 슈퍼맨은 자신의 유일한 약점이라 할 수 있는 크립토나이트로 인해 위험에 처할 수 있다는 것을 알고 있음에도 대의를 위한 희생을 택한다. 그리고 그 희생의 결과는 죽음으로 귀결한다.

하지만 신화 속 영웅들에게 죽음은 슈퍼히어로의 희생과는 다른 의미이자 조건이었다. 호메로스 연구가인 그레고리 나지Gregory Nagy에 따르면 고대 그리스 영웅들에게 궁극적인 실제 삶의 경험이란 삶이 아니라 죽음이다. 죽음은 영웅에게는 실제의 순간을 정의하는 것이 되어야만 하며, 두려운 것이 아니라 환영할 만한 것이 되어야 한다. 영웅은 궁극적으로 완벽한 죽음이라는 완벽한 순간에 도달해야 하기 때문이다.[6] 즉 고대의 영웅들에게 죽음은 영웅이 되기 위해 필연적으로 도달해야 하는 목표 지점이자 조건이다.

물론 당시에도 이에 대한 반박이 존재했다. 대표적으로 플라톤은 죽음에 대한 두려움이 호메로스의 내러티브를 성립시켜 주는 기본 전제와도 같다고 이해했다. 플라톤에게 호메로스 서사시에서의 죽음은 삶에 대한 부정이며, 비록 죽음이 영웅의 조건이라 해도 절대 환영할 만한 것은 아니다. 죽음은 영웅에게도 두렵고 피하고 싶은 것이지만, 오히려 그렇게 회피하고 싶은 죽음에 이르도록 전쟁터의 위험에 자신의 몸을 내맡기는 영웅의 모습을 통해 비극적인 주인공으로 그려지는 내러티브를 만들어 낸다는 것이다.[7]

플라톤이 말하는 호메로스 서사시에서 영웅이 죽음을 대하는 태도는 죽음을 두려움 없이 영웅의 숙명으로 받아들이는 신화의 영웅들과는 다른 모습이다. 하지만 바로 이 지점에서 플라톤이 생각하는 영웅의 특징이 드러난다. 아킬레우스, 헥토르, 아가멤논, 오디세우스 등 호메로스 서사시의 영웅들은 인간과 신의 중간 영역에 위치한다. 그들은 인간보다 우월한 존재이며 인간에게 신적으로 추앙받지만, 그들도 결국 죽을 수밖에 없는 존재이다. 때문에 영웅이 인간보다 특별한 존재로서 '반신', '신적인' 존재로 칭해지면서도 신과 다를 수밖에 없는 결정적 차이를 보이게 된다.

죽음을 둘러싸고 영웅이 보이는 이러한 모순적 태도는 플라톤이 호메로스 서사시의 영웅들을 신의 언어가 아닌 인간의 언어로 해석하고 있음을 증명한다. 플라톤은 영웅을 불멸의 존재가 아니라 죽음을 피하고자 하나 비극적으로 맞아야만 하는, 보다 나은 존재로서의 인간으로 바라봤다.

---

6) 그레고리 나지, 우진하 역, 『고대 그리스의 영웅들』, 스그마북스, 2015, 73쪽.
7) 이태수, 앞의 논문, 23~24쪽.

즉 인간의 관점으로 영웅을 해석한 것이다.

이는 영웅에게 신적인 성격을 덜어 내는 것이기도 하다. 그리고 신의 성격이 지워지는 것은 종교적 의미가 지워지는 것과 일정 부분 의미가 통한다. 이러한 해석은 슈퍼히어로 영화의 영웅주의와도 유사하다. 슈퍼히어로들은 인간보다 우수하다고 말하기엔 그 차이가 확연한, 인간을 초월한 신적 존재에 가깝다. 하지만 슈퍼히어로는 죽음의 위협에서 자유롭지 못하며, 이 지점은 슈퍼히어로의 존재성을 신에게서 떼어 놓는다. 만약 슈퍼히어로가 완전한 불멸의 존재로서 영웅화된다면 슈퍼히어로에게 씌워지는 인간의 기대는 종교적인 것에 가까울 것이다.

슈퍼히어로 영화에서 종교가 배제된다는 사실은 흥미롭다. 특히 인간과 돌연변이로 공동체가 나뉘어 그려지는 엑스맨의 경우, 돌연변이들도 인간과 차별이 필요치 않은 똑같은 존재임을 주장하며 인간의 사회에 편입되기를 바라면서도 그들은 종교와 연관을 맺지 않는다. 이는 두 가지 측면에서 생각해볼 필요가 있다. 인간 사회로의 편입을 원하면서 인간 사회의 가장 보편적 문화인 종교가 배제된다는 포괄적 해석과, 차별로 인한 핍박에도 희망, 구원과 깊은 연관을 갖는 종교적 신념이 등장하지 않는다는 종교적 해석이 그것이다.

물론 예외는 존재한다. 이를테면 〈엑스맨: 아포칼립스 X-Men: Apocalypse〉(2016)는 직접적으로 종교를 슈퍼히어로 영화의 중요한 주제로 다룬다. 빌런villain인 아포칼립스는 자신이 '신'임을 공포하기까지 한다. 아포칼립스는 악역이지만 자신이 구원자임을 자처하며, 자신이 수천 년의 긴 잠에 들어 있던 동안 인간이 만들어 낸 폭력적이고 타락한 문명에 분노한다. 다만 아포칼립스가 구원하고자 하는 대상은 인간이 아니라 돌연변이이며, 구원의 방법이 인류를 멸망시키는 것이라는 점에서 영화의 종교적 주제는 한계를 보인다. 인간에게 아포칼립스는 종교적 대상이 아닌 폭력에서 비롯되는 두려움의 대상에 그치고, 엑스맨에게도 그는 인류 공동체를 위협하는 적대적 대상으로 존재의 의미가 변화하며 '종교'적 의미는 자연스레 희석된다. 하지만 종교라는 주제를 슈퍼히어로 영화에 직접적인 소재로 이입했다는 점에서 이 영화는 특이할 만하며, 영화의 주요 캐릭터 중 하나인 나이트크롤러가 반복해서 내뱉는 성경 구절들도 같은 맥락에서 주목할 만하다. 같은 시리즈의 2003년 작 〈엑스맨 2: 엑스투 X2〉에서 등장하는 나이트크롤러는 성당에 살고 있다는 캐릭터 배경을 뒷받침하기 위해 성경 구절을 내뱉곤 했지만, 〈엑스맨: 아포칼립스〉에서는 고대의 초자연적 신과 맞서 싸우는 과정에 나이트크롤러의 성경 구절들이 등장한다. 인간 세계의 종교적 인정이 불가능한 돌연변이 세계의 신에 맞서 인간 세계의 대표적 종교인 가톨릭이 인용되는 것이다.

이러한 예외에도 불구하고 대부분의 슈퍼히어로 영화에서 종교는 그다지 중요한 역할을 하지 않는다. 아주 일반적으로 생각해서 슈퍼히어로의 세계가 인간 세계를 배경으로 함에도 불구하고 인류 문명의 가장 근저 중 하나인 종교가 그 세계에 없다는 것은 매우 특징적인 현상이다. 이는 슈퍼히어로가 포함된 세계의 위치와 더불어 슈퍼히어로가 신적 대상으로서 영웅으로 인식되는지의 문제와 연관될 것이다. 고대의 영웅이 신과 인간의 중간자적 존재로서 신화적 공간에 머물렀다면 슈퍼히어로 영화의 세계는 평범한 인간들이 머무는 통속적이고 대중적인 장소이다. 영웅이 신화의 시간이 아닌 세속적 세계에 있다는 것은 애초에 영웅에게 적용되고 요구되는 기준이 다르다는 점에서 의미가 크다.

어쩌면 슈퍼히어로가 종교에서 벗어나야만 하는 이유는 슈퍼히어로 자체가 지닌 신적 영역 때문일 수도 있다. 이들이 지닌 신적 능력에 종교적 의미들이 더해지면 슈퍼히어로는 오히려 대중들에게 종교적 거부감을 불러일으킬지도 모른다. 인간 세계의 패러다임 속에 존재하기 위해 이들이 지니고 있는 초인적 능력, 영웅성, 도덕적 신념 등의 신적 특성이 의도적으로 종교 이외의 요소로 이미지화될 가능성이 있는 것이다. 이는 곧 슈퍼히어로 영화가 영웅의 과도한 다면성을 피하기 위해 신과 종교라는 키워드를 의도적으로 회피한다는 의미이다.

죽음, 종교와 같이 신화와 슈퍼히어로 영화의 관계 속 논쟁적인 키워드와 달리 신화의 영웅과 슈퍼히어로의 공통된 조건도 있다. 영웅에 이르는 과정에서 숙명으로서 고행을 겪어야 하며, 이 과정이 서사적 장치로 활용된다는 점이다. 그리스 신화에서 가장 잘 알려진 영웅이라 할 수 있는 헤라클레스와 아킬레우스를 예로 들어 보자. '헤라클레스는 모든 영웅들을 능가하는 최고 영웅의 자격을 갖춘다. 그는 모든 인간들 중에서 최고이며, 신의 혈통마저 갖추고 있다. 하지만 헤라클레스의 타고난 이 영웅적 우월함은 에우리스테우스의 사회적 우월함을 이길 수 없다. 에우리스테우스는 태어나면서부터 연장자의 자리를 차지함으로써 왕이 되어 헤라클레스에게 명령을 내리게 된다. 아킬레우스의 경우도 마찬가지이다. 영웅으로서는 아킬레우스가 더 우월하지만 사회적으로 더 우월한 아가멤논에게 밀리는 장면이 등장한다.'[8] 영웅적 우월함이 곧 사회적 우월함을 의미하는 것은 아니다. 오히려 영웅적 우월함과 사회적 우월함은 서로 분리되어 영웅에게 고난을 안겨 주며, 이 '고행'의 과정을 겪는 것이 영웅의 숙명이다. 즉, 이 두 신화 속 영웅 이야기에서 주목할 점은 더 우월한 영웅이 사회적으로는 약자의 위치에 선다는 것이다.

이러한 양상은 슈퍼히어로 영화에서도 마찬가지이다. 슈퍼히어로의 능력에서 비롯한 영웅적 우월함이 사회적 우월함을 담보하는 것은 아니다. 헤라클레스와 아킬레우스의 경우처럼 슈퍼히어로도 사회적으로는 약자의 위치에 설 가능성이 크다. 스파이더맨이 가진 탁월한 능력이나

---

8) 그레고리 나지, 앞의 책, 81~82쪽.

영웅적 우월성은 사회적 우월성과는 아무 관련이 없다. 그는 실생활에서 평범한 학생이고 약자에 가까우며, 스파이더맨 가면을 쓴 후에도 사회적 우월성을 획득하지 못한다. 배트맨은 법과 제도권에서 벗어난 존재로서 오히려 사회적 우월성으로 상징될 수 있는 검찰과 경찰에 쫓기는 신세가 되기도 한다. 엑스맨의 돌연변이들은 그들이 인간보다 훨씬 뛰어나고 우월한 존재임에도 불구하고 사회적으로는 약자이다. 반대편에 서 있는 인간은 사회적 우월성을 앞세워 엑스맨을 압박하고 공격적 태도를 취한다. 토르는 어떠한가. 하물며 그는 진짜 '신'임에도 불구하고 인간 사회의 사회적 우월성에 고난 받는다. 이처럼 슈퍼히어로 영화에서 영웅적 우월성은 사회적 우월성과 그다지 연관되지 않는다.

영웅적 우월성이 사회적 우월성에 제약을 받음으로써 영웅은 고행을 겪게 된다. 역설적이게도 영웅의 이러한 고행은 영웅을 행동하게끔 하는 동기가 되고 영웅의 칭호를 얻게 하는 조건이 된다. 다만 신화에서 영웅이 겪게 되는 고행의 배경이 후천적으로 경험되는 것이 아니라 숙명적으로 지워진다는 점을 기억할 필요가 있다. 예를 들어 "헤라클레스의 고행은 헤라 여신이 개입하지 않았다면 결코 일어날 수 없는 일이었다. 헤라 여신이 개입함으로써 헤라클레스는 그보다 못한 사촌이 태어난 후에야 태어날 수 있게 되었고, 그로 인해 예상치 못한 영웅이 된다."[9] 영웅의 칭호가 이러한 예상치 못한 의외성에서 비롯된다는 점은 다소 모순적이다. 영웅은 반복되는 고행의 과정을 통해 스스로에게 가치를 주며 만들어지는 것인데, 그 고행이 태생적으로 주어지는 점은 영웅의 조건을 운명과 성장의 딜레마에 빠지게 만든다. 그러나 이는 영웅의 서사담을 구성하는 필수 요소이기도 하다. 인간과 다른 존재로서 특별함을 만드는 숙명적 영웅의 존재, 그리고 이 특별함을 구축해 가는 서사

---

9) 위의 책, 83쪽.

과정으로서의 고행이 결합해야 영웅의 조건이 완벽하게 구축될 수 있는 것이다.

사실 영웅을 숙명적 존재로 인식하느냐 아니냐는 영웅의 성격을 규정하는데 커다란 영향을 끼친다. 숙명으로 운명이 지어진, 인간과 완전히 다른 존재로서 영웅을 바라볼 것인지, 경험되고 교육된 존재로서 영웅을 바라볼 것인지에 따라 영웅의 선택과 행동이 다르게 의미지어질 수 있기 때문이다. 영웅의 능력, 그리고 영웅의 정의로움이 고결한 존재로서 당연하게 받아들여지는 것인지, 그들의 정의로움이 힘겨운 고난에도 불구하고 선택을 통해 결정된 것인지는 이야기에서 영웅의 캐릭터를 완전히 다른 종류의 것으로 만든다.

도덕철학자인 제프 브렌젤*Jeff Brenzel*은 특별한 힘과 능력을 지닌 슈퍼히어로의 도덕성과 정의로움을 논하며 플라톤의『국가·정체』에 나오는 '리디아의 기게스 조상'에 관한 이야기를 인용한다.[10]

사실 그는 당시의 리디아의 통치자에게 고용된 목자였다고 하죠. 심한 뇌우와 지진이 있고 나서, 땅이 갈라지더니, 그가 양들에게 풀을 먹이고 있던 곳에도 갈라진 틈이 생겼다죠. 이를 보고, 놀라워하면서 그는 아래로 내려갔죠. 이윽고 그는 사람들이 이야기로 전하는 다른 여러 가지의 놀라운 것도 보았지만, 또한 속이 비고 자그마한 문들이 달린 청동 말 한 필을 보았고요. 그가 그 문 아래로 몸을 구부리고서 안을 들여다보니까, 사람 크기보다도 더 커 보이는 송장이 그 속에 있는 게 보였는데, 이 송장은 다른 것은 아무것도 걸친 게 없이, 다만 손가락에 금반지를 끼고 있었고, 그는 그걸 빼 가지고 밖으로 나왔죠. 한데, 왕에게 양들에 관한 일을 달마다 보고하기 위해서 목자들이

---

10) 이와 관련한 내용은 다음의 글을 참고하길 바란다. 제프 브렌젤, 하윤숙 역,「슈퍼히어로는 왜 선한가?: 만화와 기게스의 반지」,『슈퍼히어로 미국을 말하다』, 2010.

늘 갖는 모임이 마침 있게 되었을 때, 그 역시 참석하였는데, 그 반지를 끼고서였다죠. 다른 사람들과 함께 자리에 앉아 있던 그는 우연히도 반지의 보석받이를 자신을 향해 손 안쪽으로 돌렸는데, 이 일이 있자 그 자신이 동석한 사람들에게 보이지 않게 되어, 그들은 그에 관해서 마치 떠나 버린 사람에 관해서 말하듯 대화를 하였다죠. 이에 놀란 그가 다시 그 반지를 만지작거리면서 보석받이를 밖으로 향하게 돌렸더니, 이 돌림과 함께 자신이 보이게 되었고요. 이를 알아차린 그는 과연 그 반지가 그런 힘을 지니고 있는지를 시험해 보았는데, 역시 그에게 같은 일이, 즉 보석받이를 안쪽으로 돌리면 그가 보이지 않게 되나, 바깥쪽으로 돌리면 보이게 되는 사태가 일어났다고 하죠. 이를 확인하게 된 그는 왕한테로 가는 사자들 속에 자신도 끼이게 곧바로 일을 꾸며서는, 그곳으로 가서 왕비와 간통을 한 후에, 왕비와 더불어 왕을 덮쳐 살해한 다음, 왕국을 장악했다고 합니다. 그러니, 만약에 이런 반지가 두 개 생겨서 하나는 올바른 사람이, 그리고 다른 하나는 올바르지 못한 사람이 끼게 된다면, 그런 경우에 올바름 속에 머무르면서 남의 것을 멀리하고 유지할 사람은 아무도 없을 것같이 생각됩니다. 말하자면 시장에서 자기가 갖고 싶은 것은 무엇이든지 두려움 없이 가질 수 있고, 또 어느 집에든지 들어가서 자기가 원하는 사람이면 누구와도 교접할 수 있다면, 그리고 또 자기가 그러고 싶은 사람이면 누구든 죽이거나 속박에서 풀어 줄 수 있으며, 또한 그 밖의 여러 가지에 있어서 인간들 사이에서 신과 같은 존재로서 행세할 수 있다면 말씀입니다.[11]

평범한 목자였던 리디아의 기게스 조상이 이 특별한 힘을 얻게 되는 방식은 슈퍼히어로가 힘을 얻게 되는 방식과 상당히 유사하다. 심한

---

11) 박종현의 번역을 옮김. (플라톤, 박종현 역, 『국가 · 정체』, 서광사, 1997, 128~129쪽.)

뇌우와 지진이 일어나고 땅이 갈라진 틈에서 얻게 된 금반지를 통해 힘을 얻게 되는 기게스의 조상처럼, 예상치 못한 특별한 사건이 벌어지고 힘을 얻게 되는 슈퍼히어로들이 있다. 대표적으로 방사능에 노출돼 특별한 힘을 얻게 되는 판타스틱 포와 헐크가 있고, 스파이더맨 역시 마찬가지로 방사능 거미에게 물려 능력이 생성된다. 문제는 이러한 능력을 어떠한 방향으로 사용하는가이다. 우연히 얻게 된 엄청난 능력을 자신의 욕망을 채우고 올바르지 못하게 사용한 기게스의 조상과 달리, 익히 알려진 대로 슈퍼히어로들은 그 능력을 올바르고 정의로운 방향으로 사용한다. 인간들 사이에서 신과 같은 존재로 행세할 수 있는 기회에 인간을 보호하는 파수꾼 같은 존재로 행동하는 절제를 보이는 것이다.

슈퍼히어로가 행하는 이러한 도덕적 선택은 어디에서 비롯되는 것일까. 인간과 다른 차원의 존재로서 고결함을 지닌 영웅의 풍모가 슈퍼히어로를 태생적으로 도덕성을 지닌 인물로 만드는 것인가. 아니면 공동체 구성원 중 하나인 개인이 선택을 통해 정의로움을 택한 것인가. 슈퍼히어로의 영웅성을 어떠한 배경에서 바라볼 것인지에 따라 슈퍼히어로의 영웅으로써 의미, 더 나아가 대중문화를 통해 보이는 영웅의 현대적 의미가 해석 가능할 것이다.

과연 영웅은 인간과 다른 차원의 존재인가. 설사 영웅을 인간과 다른 존재로 인정하더라도 인간은 항상 영웅이 되고자 하는 욕망을 품어 왔다. 영웅이 인간에게 동경과 경외의 대상으로 추앙받았던 이유는 영웅이란 인간이 도달해야 할 윤리적 목적지이기도 하지만 동시에 존재의 동일시가 불가능한 명확한 한계가 있기 때문이다. 영웅으로 도달하고자 하는 인간의 이러한 욕구에서 비롯되는, 사회에 영향을 끼치는 영웅의 신념과 행위 양식을 영웅주의라고 할 때 영웅주의는 공동체와 체계, 즉 개인과 사회의 관계 속에서 본 모습을 드러낸다. 영웅은 동경 받는 모범의 존재로서 인간에게 교육되었고, 개인은 사회라는 체계 내에 교육된 모범적 윤리관인 영웅주의를 구현하려 하지만 모순적으로 사회적 제약이 개인의 영웅주의의 구현을 방해한다.

앞서 설명했듯 고대에 영웅주의는 포괄적인 탁월한 능력, 특히 공동체를 위해 싸울 수 있는 의지와 역량을 의미했다. 그래서 영웅주의의 가르침은 공동체를 장악한 지배 집단만을 대상으로 했다. 지배 집단 구성원들에게 있어 영웅적 삶의 태도를 갖춘 피지배 집단의 구성원은 사회의 안녕질서를 무너뜨릴 수 있는 위험한 존재가 된다.[12] 피지배 집단이 자신을 위해, 그리고 공동체를 위해 싸울 수 있는 마음가짐과 역량을 지니게 된다면 지배 집단에게 있어 이보다 더 위험한 세력은 없을 것이다. 때문에 탁월한 능력으로서의 포괄적 영웅주의는 지배 집단으로 대상되는 사회의 일부 세력에 한해 교육되고 적용될 수밖에 없었다.

하지만 현대의 영웅주의는 그 의미가 도덕적인 영역에 국한되어 축소된다. 앞서 예로 든 리디아의 기게스 조상 이야기의 경우 정의로움과 선의 역할이 영웅에게 요구되는 조건으로 인식되기에 이 이야기가 영웅의 힘과 능력에 대한 예시로 받아들여질 수 있다. 반면 탁월한 능력에 방점을 두는 고대의 포괄적 영웅주의의 관점에서 보면 이 이야기는 영웅주의에 대한 이야기가 아닌 정의로운 사람과 그렇지 않은 사람에 대한 논쟁에 그칠 것이다. 이처럼 현대의 영웅주의는 도덕적인 영역에 한정돼 의미는 축소되지만, 반대로 그것이 적용될 수 있는 사회적 범위는 넓어진다. 그에 따라 올바른 도덕주의와 이타주의에 중심을 두는 영웅주의의 성격은 공동체에 긍정적 영향을 끼치는 보편적 이상과 윤리관으로 사회에 퍼져 나간다.

그러나 영웅주의가 모든 인간이 구현할 수 있는 행위가 되기에는

---

12) 이태수, 앞의 논문, 10쪽.

명백한 장애물이 존재한다. 앞서 영웅의 조건으로 제시된 '죽음'이 그것이다. 영웅주의에 있어 이타성의 핵심은 희생이고, 이는 곧 남을 위해 자신의 목숨을 희생할 수 있어야 함을 뜻한다. 하지만 죽음은 두 가지 측면에서 인간에게 받아들여질 수 없다. 일단 인간은 살아 있는 한 자신의 죽음에 부정적일 수밖에 없다. 이는 생명체로서 당연한 본능이다. 도덕적 신념으로써 삶이라는 인간의 가장 본질적 본능을 누르기는 쉽지 않다. 혹여나 이상화된 이성으로써 자기희생이 가능하다 하더라도 사회적 체계가 이를 가로막는다.

인류학자인 어니스트 베커 *Ernest Becker*에 따르면 "사회 그 자체는 부호화된 영웅 체계이며 사회는 생활의 살아 있는 신화이고 의미의 창조"[13]이다. 사회에 만연된 영웅주의는 생활과 문화에 상징화되어 있는 일종의 종교와 같다. 영웅주의에 대한 신념은 개인의 자아에 내재화되고 인간은 문화가 설정해 놓은 사회의 신화, 사회의 종교를 믿도록 훈련된다.[14] 즉, 영웅주의는 개인에게 이상적인 사회적 행동으로 내재화되어 교육된다. 그렇지만 죽음은 이 모든 것이 실제적으로 발현되는 것이 불가능하게 만든다. 죽음은 인간의 본능에서 부정될 뿐만 아니라 사회적으로도 비자발적 자기희생은 환영받을 만한 것이 아니다. 결국 사회적 행동에서 개인은 죽음으로 상징화될 수 있는 영웅주의를 부정하며, 인간은 영웅주의적 신념을 버리려 한다.[15] 이는 영웅주의가 사회적 훈련과 인간 본성의 문제 사이에서 부딪힘을 뜻한다. 죽음학자이기도 한 베커는 『죽음의 부정』을 통해 "인간의 영웅주의는 어린 시절의 죽음에 대한 두려움에서 출발한다."[16]라고 말한다. 인간은 성장하면서도 죽음에

---

13) Becker, Ernest. *The Denial of Death*, Free Press, 1973, p.7.
14) 손장권, 「개인행위와 영웅주의」, 『사회과학논집』 5권, 동아대학교 부설 사회과학연구소, 1987, 136쪽.
15) 위의 논문, 136쪽.

대한 불안을 극복하는 것이 불가능하다. 결과적으로 죽음이 영웅주의의 상징으로 기능하는 한 개인은 살아 있는 한 절대 영웅주의를 실현할 수 없다.

영웅주의가 인간에게 구현될 수 없는 이상이라는 점은 반대로 인간이 영웅을 소구하는 이유가 된다. 인간은 육체적인 면에서 죽음을 극복하는 것이 불가능하고, 사회적 체계 내에서도 영웅주의의 실현은 방해받는다. 때문에 영웅주의는 인간의 정신적인 체계로 이동한다. 외적으로 불가능한 영웅주의의 구현을 개인의 내적 자아, 그 가운데서 문화적 영웅이 되는 행위를 통해 실현하고자 하는 것이다.

이러한 측면에서 슈퍼히어로 영화의 영웅주의는 일부 이해가 가능해진다. 인간이 극복할 수 없는 죽음의 문제로 인해 영웅주의를 실현하는 것이 불가능한 것이 사실이지만, 인간은 이미 내적 자아에 내재화된 영웅주의를 발현해야만 한다. 이러한 부딪힘 속에서 사회적 영역에서 가로막힌 죽음의 상징과 한계가 문화적 영역에서의 영웅주의로 실체화되는 것이다. 슈퍼히어로 영화는 이러한 조건들 속에서 표출되는 하나의 문화적 행위이며, 영웅주의를 구현하고자 하는 인간의 문화적 욕구에서 비롯된다고 이해할 수 있다.

할리우드의 슈퍼히어로 영화는 이처럼 문화적으로 축적된 영웅의 개념과 조건 위에서 탄생한다. 그리고 시대에 따라 영웅의 의미 해석이 변화하는 역사적 과정처럼 지금의 영웅주의도 대중의 정의(定義)에 따라 또 다른 의미로 정리되고 있다. 신화적 개념에서의 숙명론적 영웅을 비롯해 희생하는 인물로서 이타적 영웅, 사회적 인정을 받는 영웅, 도덕적으로 성숙한 영웅, 절대적 '선'을 의미하는 영웅, 공동체의 가치를 실현하는

---

16) 제프 로엡 외, 하윤숙 역, 「영웅과 슈퍼 히어로」, 『슈퍼 히어로 미국을 말하다: 슈퍼 히어로를 읽는 미국의 시선』, 잠, 2010, 30쪽.

영웅 등 영웅주의는 여러 측면에서 해석이 가능하다. 문제는 이러한 영웅주의가 어떠한 현대적 개념과 맞닿아 있고, 기존의 슈퍼히어로 문화가 취했던 영웅주의 혹은 기존의 사회가 취했던 영웅주의를 변화시켜 표현하는가이다.

제프 로엡*Jeph Loeb*은 슈퍼히어로가 대체로 평범한 인간의 능력을 훨씬 뛰어넘는 힘과 능력을 갖고 있고, 정의를 추구하고, 방어 능력이 없는 사람을 지키며 선한 힘으로 악을 물리친다고 말한다. 이 정의에 따르면 오늘날 대중이 생각하는 영웅이란 다른 사람을 구하고자 신체와 생명의 위험을 감수하는 사람이라고 할 수 있다.[17] 그런데 이러한 이타성이 조건화된 영웅은 현실과 동떨어진 존재가 아니다. 우리는 이제 소방관, 경찰관, 간호사 등 남을 위해 헌신적으로 자신을 희생하는 사람들에게도 영웅이란 호칭을 사용한다. 이는 영웅을 규정하는 대중들의 태도 변화를 엿볼 수 있는 단면이다. 고대 신화의 영웅, 그리고 불과 몇 십 년 전까지 슈퍼히어로 영화를 지배했던 슈퍼맨 등과 같은 영웅은 인간과 다른 초월적 존재였다. 하지만 지금은 더 이상 그런 초월적 존재에 의해 대중이 구원되기를 바라지 않는다. 지금의 슈퍼히어로 영화에서는 영웅을 인간의 영역으로 끌어들인다.

영웅이 신화의 세계에 머무른다는 것은 허구의 세계, 즉 현재와 연관이 없는 차원에 존재함을 뜻한다. 그렇게 되면, 영웅에게 적용되고 요구되는 조건들, 이를테면 윤리적 기준과 신체적 능력 등이 인간 세계의 것과는 분리되어 적용될 수 있다. 하지만 지금처럼 영웅이 인간의 영역으로 들어온다는 것은 인간 세계의 기준이 적용됨을 뜻한다. 전적으로 인간에게 모범이 되는 윤리적 기준이 요구되는 것이다. 다만, 'super'라는 접두사

---

17) 제프 로엡 외, 하윤숙 역, 「영웅과 슈퍼 히어로」, 『슈퍼 히어로 미국을 말하다: 슈퍼 히어로를 읽는 미국의 시선』, 잠, 2010, 30쪽.

가 인간을 뛰어넘는 초인적인 능력을 지닌 존재로 의미를 부여하며 일반화된 영웅적 개념과 차별성을 준다고 할 수 있다.

슈퍼히어로 영화를 통해 드러나는 변화된 영웅주의, 이른바 현대적 영웅주의는 크게 두 가지 면에서 조건화될 수 있다. 하나는 내재적으로 슈퍼히어로가 품고 있는 도덕성, 선, 정의로움 등의 자의식과 관련된 문제이고, 다른 하나는 슈퍼히어로가 공동체 혹은 남에게 얼마나 기여할 수 있는가의 사회적 문제이다.

슈퍼히어로 영화에서 중요한 것은 영웅의 힘이 얼마나 강한가의 문제가 아니라 강력한 힘을 어느 곳에 사용하는가의 문제이다. 물론 이는 지금의 시대에만 차별화된 특징이 아니라 오랜 시간 동안 유지된 보편적 도덕이기도 하다. 신화와 고전 소설, 슈퍼히어로 영화를 비롯한 어느 영화에서도 악의적인 목적으로 권력을 추구하고 힘을 남용하는 악역은 파멸의 결말을 맞게 된다. 반대로 영웅에게는 도덕성, 선을 추구하는 목적의 고결함, 힘에 대한 자제력 등이 자질로 요구된다. 이는 적절한 동기와 자제력을 갖추지 못한 목적 지향형 악당과 차별화되는 점이다. 어찌 보면 슈퍼히어로와 악당이 내재적으로 가지고 있는 출발점은 같으나 그것이 발현되는 사회적 차이가 이들을 선악으로 완전히 가른다고 할 수 있다. 다시 말해 슈퍼히어로에게 선천적이고 숙명론적인 고결성이 요구된다고 보기는 어렵다. 문제는 힘이 발휘되는 순간에 그 도덕적 지향점이 어느 곳으로 향하는가이다.

제임스 B. 사우스 *James B. South*는 개인의 도덕적 성장과 관련 있는 서사 구조를 설명하며 '도덕적 완전주의'라는 용어를 사용한다. "도덕적 완전주의의 핵심 주제에 따르면 자아는 개선될 수 있으며, 진정한 도덕적 삶은 자아가 항상 나아지려고 노력하는 삶이다. 간단히 말해서 도덕적 완전주의에서 중요하게 다루는 것은 개별적인 도덕적 자아가 어떻게 발전하는가 하는 문제이다."[18] 이 개념을 빌리자면 슈퍼히어로 영화는 숙명론적 영웅이라 할 수 있는 신화적 영웅이 도덕적 완전주의와 결합하여 새로운 영웅상을 만들어 낸다고 볼 수 있다. 슈퍼히어로는 그 초월적 능력과 선을 행해야 하는 영웅의 숙명을 지니고 있다는 면에서 신화적 영웅의 모습을 일부 띠고 있지만, 신화의 영웅과는 다르게 세속적 세계에 위치한다. 결국 신화적 영웅에게 요구되지 않았던 윤리성과 도덕성은 현실 세계의 영웅으로 변화한 슈퍼히어로에게는 적용되는 기준이 되면서 도덕적 완전주의와 결합한다. 결과적으로 슈퍼히어로는 숙명론적 인물이 아닌 성장하는 인물이 된다.

슈퍼히어로가 성장하는 인물, 사회적으로 만들어지는 영웅이라고 할 때 보다 본질적인 의문이 든다. 그렇다면 슈퍼히어로는 왜 선해야 하는가. 앞서 언급했던 '리디아의 기게스 조상' 이야기처럼 엄청난 능력이 주어졌을 때 슈퍼히어로는 왜 사람의 본성과 다른 정의로운 행동을 보이는 것인가.

브렌젤은 슈퍼히어로가 개념 정의상 그저 무조건 착한 행동을 하는 것은 아니라고 말한다. 초인적인 능력을 가진 개인이 설득력 있는 인물로 그려지려면 착한 일을 '선택'해야 하며 아울러 폭넓은 계층에게 인정받을 수 있는 방식으로 착한 삶을 살아야 한다.[19] 즉, 슈퍼히어로가 초인적인 능력을 가졌음에도 이 능력을 정의로운 방향으로 사용하는 '선택'을 한다는 점은 중요하다. 이는 역시나 슈퍼히어로가 스스로의 선택과 결정을 통해 성장하는 인물임을 뜻한다. 그리고 더욱 중요한 것은 그 선택이 폭넓은 계층에게 인정받는 방식으로 이뤄진다는 점이다. 이는 곧 슈퍼히어로가 행하는 착한 일, 정의로운 일, 선을 향한 선택이 공동체와 사회의

---

18) 제임스 B. 사우스, 하윤숙 역, 「바바라 고든과 도덕적 완전주의」, 『슈퍼 히어로 미국을 말하다: 슈퍼 히어로를 읽는 미국의 시선』, 잠, 2010, 158~159쪽.
19) 제프 브렌젤, 앞의 책, 251쪽.

연관성 위에서 이뤄진다는 것을 뜻한다. 하지만 여기서 다시 질문. 그런데 대체 왜 그래야 하는 것일까?

'리디아의 기게스 조상' 이야기를 두고 소크라테스와 논쟁한 글라우콘은, 특별한 능력을 가지고 있음에도 끝까지 정의로운 삶을 살고자 하면 나머지 평범한 사람들이 그를 얕잡아 보고 경멸할 것이라고 주장했다. 자 이제 슈퍼히어로는 대단한 힘을 가졌다는 이유로, 수천 년의 시간 동안 철학자들이 풀지 못했던 질문에 답을 해야 한다. 정의로운 사람의 삶이 정의롭지 못한 삶보다 훌륭하다는 것을 입증해야 하는 문제가 그것이다.

이는 내적 성찰이 아닌 사회적 동의를 통해 입증되어야 하지만 쉽지 않다. 〈어벤져스〉 시리즈와 〈캡틴 아메리카: 시빌 워 Captain America: Civil War〉(2016)에서 슈퍼히어로는 사람들의 부정적인 시선에 대면해야 한다. 슈퍼히어로의 행동이 사회적 동의를 얻지 못한 독단적인 행동들로 사람들에게 인식되기 때문이다. 슈퍼히어로가 선하다는 점은 분명하지만, 그들은 사회적 눈총을 견디면서까지 정의로움을 유지해야 하는지에 대한 의문을 품을 권리가 충분히 있다. 이런 상황에서 정의로운 삶이 정의롭지 않은 삶보다 사회적으로 훌륭하다고 인정받는다고 결론을 내리기는 쉽지 않다. 그렇다면 아예 자신에게 주어진 힘을 회피하는 방법도 생각해 볼 수 있다. 하지만 스파이더맨이나 엑스맨의 울버린을 통해 볼 수 있듯 그 힘의 거대함 때문에 슈퍼히어로가 자신의 능력을 외면하는 것은 불가능하다. 그렇기 때문에 슈퍼히어로 영화는 슈퍼히어로의 선택과 관련한 개인적 고민의 이야기를 담고, 그 고민은 사회적 견해에 기댄다.

슈퍼히어로가 거대한 힘을 도덕적이고 정의로운 방향으로 사용하는 선택을 해야 할 의무는 없다. 슈퍼히어로가 이러한 선택을 하기 위해서는 개인적 이기심을 이겨 내야 하며, 자신의 욕망과 타인의 욕망이 부딪칠 때 자신의 욕망을 포기하는 이타적 선택을 해야 한다. 그리고 이런 내적 문제를 넘어서더라도 〈캡틴 아메리카: 시빌 워〉의 예처럼 정의로운 의도가 실행에 옮겨지는 것을 막는 외부의 위험에 부딪힌다.

과거의 슈퍼히어로는 이러한 위험에서 자유로웠다. 슈퍼맨으로 대표되는 기존의 슈퍼히어로는 진실과 정의를 위해 헌신하는 인물이고, 주변인들 또한 슈퍼히어로에게 지지를 보내기 때문이다. 하지만 지금의 슈퍼히어로 영화는 내재적 위험과 외부 위험, 양 쪽 위험 모두 이중으로 노출된 슈퍼히어로를 등장시킨다. 헐크는 개인의 이기심이라기보다 파괴하고자 하는 또 다른 자아의 본성과 다퉈야 한다. 그리고 헐크의 파괴 본능은 주변인들의 위협과 충돌하며 내적 위험과 외적 위험, 즉 이중 위험을 만든다. 헐크는 이 이중 위험 사이에서도 흔들리지 않고 정의를 추구해야 하는 어려움과 맞닥뜨린다. 헐크가 의도치 않게 변화된 생물학적 본능 때문에 위험을 만들어 내는 것이라고 이 논쟁에서 비켜나갈 여지를 줄 수도 있다면, 엑스맨은 보다 선명하게 '이중 위험'에 노출된 슈퍼히어로이다. 엑스맨은 자신의 힘을 선한 곳에 사용해야 하는지 선택의 문제에서 내재적 위험에 빠진다. 그리고 선택의 방향이 다른 곳을 향한 뮤턴트들과 충돌할 때, 그리고 인간 사회와의 충돌이 이뤄질 때 외부의 위험에 노출된다.

반면 악한 속성을 지니고 있는, 다른 표현으로 보다 인간 본성에 가까운, 슈퍼히어로들은 이러한 이중 위험과 직접적으로 대면한다. 정의롭고 선한 선택을 해야 하는 슈퍼히어로의 영웅주의가 다소 추상적이고 모호한 개념들을 통해 영웅성을 밀어붙인다면, 거대한 힘을 사용함에 있어 개인의 욕망과 이기심을 드러내는 것은 대중들이 생각하기에 인간 본성과 가깝기에 오히려 훨씬 명확하게 표현이 가능하다. 〈토르〉와 〈어벤져스〉시리즈에 등장하는 로키가 대표적인데, 로키는 개인의 이기심으로 인해 첫 번째 위험인 내재적 위험에 직면하고, 결과적으로 첫 번째 위험에 굴복하며 악역이 되지만 혹여나 이를 넘어선다 해도 치타우리 종족으로 대표되는 외부 위험인 두 번째 위험과 직면할 수밖에 없다. 결국 이러한 인간적 속성을 지닌 슈퍼히어로는 선역과 악역을 넘나드는 모호한 역할을 할 수밖에 없으며, 이러한 인물은 영웅으로 받아들여지지 않는다. 영웅의 문제가 아닌 인간의 문제, 인간이 구축한 사회의 문제가 슈퍼히어로에게 한계가 될 수 있는 것이다.

스파이더맨은 수많은 슈퍼히어로들 중에서도 가장 인간의 실생활과 밀접한 관련을 맺고 있는 슈퍼히어로이다. 스파이더맨의 가면을 벗은 피터 파커일 때 그는 학교라는 사회적 제도권 내에 소속된 인물이다. 하물며 스파이더맨의 모습을 하고 있을 때에도 그는 또래의 청년들이 갖고 있는 고민들, 이를 테면 미래의 불안함이나 자신의 정체성에 대한 현실적 고민들을 한다. 이처럼 스파이더맨에게 주어지는 첫 번째 유혹은 다른 영웅들처럼 이기심을 극복하느냐의 내재적 위험과는 조금 결이 다르다. 스파이더맨은 자신의 놀라운 능력을 타인을 위해 사용할지 아니면 이를 포기하고 개인적 삶을 살 것인지에 대한 선택의 문제에 빠진다. 다른 슈퍼히어로가 빠졌던 문제, 이기심을 극복하고 주어진 힘을 사회적으로 올바르게 사용할지 아니면 올바르지 않게 사용할지 선택의 방향을 결정해야 하는 유혹과는 다른 문제이다. 하지만 절대적으로 타인을 위한 삶을 살며 선과 정의를 실현하는 보통의 슈퍼히어로의 입장에서 보면 이러한 고뇌 역시 사회적으로 옳은 행동을 할 것이냐 아니냐의 문제로 해석될 수도 있다. 스파이더맨이 자신의 능력을 포기하고 개인적 삶을 산다고 할 때, 스파이더맨의 부재가 범죄의 증가와 시민의 불안감 증대와 같은 사회적 악영향을 끼침에도 스파이더맨이 이를 의도적으로 무시하고 있다고 해석될 수도 있기 때문이다.

마찬가지로 외부적 위험에 관련된 문제도 스파이더맨의 경우는 조금 다른 성격을 띤다. 대표적인 외부 위험이라 할 수 있는 것은 스파이더맨을 악인으로 묘사하는 신문사 편집자이다. 그는 신문을 많이 팔고자 하는 개인적 이익을 추구하는 인물로, 첫 번째 위험인 개인의 이기심을 극복하지 못한 현실적인 사람이다. 하지만 이런 언론에도 불구하고 시민들은 여전히 스파이더맨에게 지지를 보낸다. 이러한 사회적 인정은 스파이더맨의 두 번째 위험인 외부 위험마저 아주 일부의 것에 그치게 만든다. 결국 슈퍼히어로가 대중으로부터 환영을 받을 수 있는가 없는가의 문제는 이들이 주어진 힘을 올바른 방향으로 선택하는 데 있어 걸림돌이자 해결해야 하는 중요한 과제가 된다.

영웅이 우월성을 바탕으로 추앙받는 존재가 아니라 대중으로부터 인정받는 존재가 된다는 것은 과거의 영웅 개념을 완전히 뒤집는 것이다. 이는 현대적 영웅주의가 대중이 속하는 공동체와 연관성을 지님을 의미한다. 영웅의 지위가 고대의 영웅처럼 대중 위에 군림하는 신적, 혹은 신에 준하는 존재가 아닌 대중이 구성하는 공동체에 귀속된 존재가 되는 것이기 때문이다. 슈퍼히어로가 자신의 존재를 인정받을 수 있는 방법은 그들의 초인적인 힘과 능력을 사용해 영웅으로서의 정체성을 공동체에서 확인하는 것이다. 슈퍼히어로가 살아가는 세상은 신화의 세계가 아닌 우리가 살아가는 세상이다. 평범한 고등학생인 피터 파커, 군수업자 토니 스타크, 과학자인 브루스 배너는 현실에서 각각의 사회적 역할을 수행하겠지만, 이들이 특별한 능력을 발휘해 스파이더맨, 아이언맨, 헐크로서 행동할 때 슈퍼히어로는 진정으로 공동체에 기여하고 존재를 인정받을 수 있다. 이는 영웅이 공동체에 어울려 살아가기 위한 존재 드러내기, 혹은 정체성 발견하기라고 할 수도 있다.

대중은 관객의 입장에서 슈퍼히어로에 감정을 이입하며 동일시하지만,

실제적으로 슈퍼히어로들의 존재 목적은 우리가 사는 세상을 보호하는 보호자의 역할이다. 슈퍼히어로는 특별한 힘을 사용해 타인에게 도움을 줄 수 있을 때 공동체 내에서 입지가 더욱 확실해 진다. 그런데 이들이 그 보호자의 역할을 버리고 자신의 정체성을 찾기 시작하면 어떠한 일이 벌어질까? 공동체에 기여하는 바가 줄어들수록 슈퍼히어로의 공동체 내 입지는 줄어들고 인간 세계와 충돌하고 위험을 겪게 될 것이다. 결국 공동체와의 연결이 느슨해질수록 슈퍼히어로의 영웅성은 감소할 수밖에 없다.

지난 시대의 슈퍼히어로 상징이었던 슈퍼맨은 이런 문제를 고민할 필요가 없었다. 슈퍼맨은 남을 돕는 과정에서 자신의 초월적 능력을 사용하고, 이 과정에서 개인적 이상을 실현한다. 그리고 슈퍼맨의 이러한 자아실현 과정은 사회에도 이득을 가져다준다. 개인적 욕망을 성취하는 과정이 결과적으로는 남을 돕고 공공의 이익에 기여하는 것이다. 때문에 슈퍼맨에겐 개인의 정체성과 공동체의 이익 사이에 아무런 충돌이 발생하지 않는다.

하지만 지금의 슈퍼히어로 영화에는 자아와 사회 사이에 충돌할 거리가 너무도 많다. 어벤져스가 다른 사람을 돕기 위해 그들의 능력을 사용하면 사유 재산을 해치며, 그 능력이 더욱 강하게 발휘되면 국가 간 동맹 관계에도 영향을 미친다. 인간을 돕기 위한 토르의 행동은 외계의 적을 지구에 끌어들이는 결과를 일으킨다. 〈다크 나이트〉 시리즈에서 배트맨은 사회의 악을 없애려는 자신의 행동이 더 강한 악을 불러 모으고 사회를 혼란에 빠뜨리는 아이러니에 빠진다. 그러므로 지금의 슈퍼히어로에게는 사회적 충돌을 감수하면서까지 행해야 하는 이들의 이타적 희생에 대한 이유가 필요하다. 또한 이러한 이유가 대중의 존중을 받을 수 있어야 하며, 그렇기 때문에 이 이유가 영웅의 조건이 된다.

〈스파이더맨〉의 유명한 대사인 "Great powers always comes with great responsibility."(큰 힘에는 큰 책임이 따른다.)는 이에 관한 중요한 실마리가 될 수 있다. 슈퍼히어로는 분명 영웅적인 행동을 하기 위해 많은 것을 희생해야 한다. 인류 역사를 통해 볼 때 일반적인 사람이 강한 힘을 가질수록 그것은 권력이 되며 자신의 이욕을 위해 그 힘을 사용하려 한다. 영웅은 이와 다르다. 영웅은 힘을 사용함에 있어 절제할 줄 알며, 정의와 선을 위해, 그리고 남을 위해 힘을 사용하는 것이 가치 있는 것임을 안다.

거대한 힘을 두고 슈퍼히어로가 이타적 선택을 할 수 있는 이유는 사회의 변화와도 연관된다. 과거에는 정의가 승리한다는 도덕적 법칙은 관념적으로 교육되는 것이었다. 앞서 이야기한 헤라클레스와 아킬레우스의 예처럼 영웅적 우월성이 사회적 우월성을 뜻하는 것이 아니며, 오히려 영웅적 우월함은 사회적 약자가 되도록 만들기도 한다. 이는 영웅의 개인적 고행과 내적 유혹의 문제와 연결된다. 그에 따라 정의와 선의 실행이 가능한 것인지는 인간의 본성에 관한 논쟁의 문제였다.

하지만 지금의 사회는 선을 위한 선택과 정의가 존재한다는 믿음을 사회적으로 명확하게 확인한다. 실제 사회에서 이러한 도덕적 믿음이 정말로 구현되는지와 관련 없이 말이다. 슈퍼히어로의 강한 힘이 악당의 더 큰 힘과 부딪칠 때, 상대방의 정의롭지 못한 힘의 남용에 대항하지 못할 만큼 위기에 처하더라도 이러한 정의를 향한 믿음은 슈퍼히어로에게 끝까지 싸울 명분과 의지를 제공한다. 그리고 잘못된 힘의 사용에 의한 권력은 파멸에 이르는 방식으로 슈퍼히어로의 투쟁은 옳았음이 증명된다. 슈퍼히어로의 희생과 투쟁은 대중들이 구현한 사회적 믿음 속에서 영웅화된다. 이러한 영웅을 규정하는 사회적 약속은 사회적 우월성에 굴복했던 영웅적 우월성을 일정 부분 극복하게 만들며, 영웅을 공동체 내에 존재

가능하도록 한다. 결국 사회가 규정하는 영웅인 슈퍼히어로는 숙명화된 신화의 영웅과는 본질적으로 다르다.

그러므로 지금의 슈퍼히어로는 사회적 체계 내에 존재하는 상대적 영웅이다. 이는 절대 선을 상징화했던 기존의 영웅과는 다르며, 때문에 최근의 슈퍼히어로 영화에는 고뇌하는 영웅, 경우에 따라서는 반영웅 성격을 지닌 인물도 등장한다. 이들이 내적 고민의 문제를 해결하고 사회 공동체에 필요한 존재로 정착하는 과정은 슈퍼히어로를 영웅으로 이끄는 과정이 된다.

보수적 영웅주의의 퇴색, 미국식 영웅주의의 쇠퇴 등으로 키워드화 되는 현대 슈퍼히어로의 영웅주의는 이러한 사회적 변화의 맥락에서 읽을 수 있다. 절대 선을 향한 맹목적 지지, 모든 능력을 갖춘 백인 남성으로 대표화되었던 지난 영웅이자 과거의 슈퍼히어로는 사회적 다양성, 세계정세의 변화 등의 문제와 얽혀 새로운 영웅으로 대중적으로 소구된다. 이러한 사회 변화의 맥락과 그 위에 상징화되는 슈퍼히어로 영화는 다음에서 이어지는 미국적 이데올로기 문제, 역사성의 변화, 사회적 다양성 문제 등을 통해 살펴보게 될 것이다.

4

정치적 역학 관계로 읽는 슈퍼히어로 영화

　슈퍼히어로 영화는 일반적으로 미국적 이데올로기의 표상으로 평가되었다. 잘생긴 백인 영웅이 강력한 힘을 발휘해 세계를 구하는 과거 슈퍼히어로의 이미지는 이른바 '팍스 아메리카나*Pax Americana*'로 일컬어지는 미국 주도의 세계 평화를 상징한다고 인식되었다.

　이러한 평가는 상당 부분이 사실이기도 하다. 슈퍼히어로 장르의 역사에서 살펴본 것처럼 슈퍼히어로의 탄생과 성장은 전적으로 미국 중심적 사고를 바탕으로 미국 대중문화에 뿌리를 내린다. 그리고 아주 오랜 시간 유지되었다.

　만약 미국의 국제사회에서의 지위에 부침이 있었다면 어땠을까? 미국이 세계의 패권 국가로서 지위를 차지하고, 상실하고, 다시 되찾는 등의 사회적 변화 과정을 거쳤다면 그에 따라 슈퍼히어로의 성격이 변화했을 것이다. 아마도 각각의 시대상에 따라 대중이 요구하는 바대로 말이다. 하지만 모두가 알 듯 미국은 패권 국가로 올라선 이후 약간의 삐걱거림은 있었을지언정 그 왕좌를 내어 준 적이 없었다. 때문에 미국 대중문화의 상징이기도 한 슈퍼히어로 문화는 절대적 힘과 선을 상징하는 단순한 영웅의 모습을 상당 시간 동안 유지했다. 그러한 편협한 영웅주의에 대한 비판이 미국 내부에마저 존재했음에도 말이다.

하지만 2000년대 이후 슈퍼히어로 장르가 영화로써 할리우드에서 본격적으로 제작되면서부터 그 성격은 조금씩 변화한다. 할리우드 영화의 수익 구조에서 미국 내부 수익보다 세계 시장에서 거둬들이는 수익 비중이 점점 더 높아지면서 할리우드 블록버스터 영화는 이전처럼 미국식 이데올로기를 전면(前面)에 드러내는 방식보다는 이면에 상징화시키는 전략을 사용한다. 지금의 슈퍼히어로 영화는 원작의 태생적인 팍스 아메리카나 신화의 영향성과 영화화 단계에서 일어나는 이데올로기 지우기 과정이 부딪치는 흥미로운 지점에 있다.

물론 그럼에도 불구하고 슈퍼히어로 영화는 여전히 대단히 이데올로기적이다. 슈퍼히어로 영화는 명확한 원작을 바탕으로 한다는 점, 그리고 마블 시네마틱 유니버스처럼 원작사가 직접 영화 제작에 참여하면서 원작의 세계관이 영화에서도 더욱 비중 높게 존중된다. 원작인 슈퍼히어로 만화에서부터 유지된 슈퍼히어로 장르의 미국 대중문화로서의 문화적 속성은 미국인이 지향하는 미국적 이미지를 대변하는 정치적 속성으로 연계되어 드러난다.

원작의 연계성과 함께 슈퍼히어로 영화에 이데올로기적 성격을 강화하는 또 다른 요인은 자본이다. 이미 세계 영화 시장은 국적을 따지는 것이 무의미하게 국가가 아닌 자본을 중심으로 재편되었다. 그중에서도 힘과 영향력이 가장 강력한 할리우드의 자본은 여전히 미국 중심이다. 슈퍼히어로 영화처럼 수익성이 증명된 블록버스터 영화에 대한 미국 자본 점유율 정도는 더욱 높아진다. 거대한 자본의 투입은 그만큼 자본을 지배한 집단의 지배적 이데올로기의 투입을 의미한다. 슈퍼히어로 영화의 수익이 전 세계적으로 창출됨에도 불구하고 자국 내 수익은 여전히 높은 비중을 차지한다. 또한 슈퍼히어로 영화가 세계적으로 인기를 끈다는 것은 반대로 미국의 지배 이데올로기를 대외적으로 드러낼 수 있는 기회가 된다. 과거처럼 직접적인 방식으로 슈퍼히어로 영화에 미국식 이데올로기를 표출할 수는 없겠으나, 이면화나 상징화 같은 우회적 방식으로 미국의 지배 이데올로기가 여전히 주입된다는 해석은 설득력이 있다.

다만 관객들은 상업 영화에 드러나는 이러한 정치적 속성에 대해 불편함을 드러낼 것이다. 대중의 불편함은 점차적으로 문화적 반작용으로 나타나며 슈퍼히어로 영화의 성격에도 변화를 가져오게 된다. 관객은 슈퍼히어로 영화의 메시지를 어떻게 받아들이는가? 이 질문은 메시지가 텍스트에 드러나는 문제, 즉 이데올로기와 사회성이 슈퍼히어로 영화에 반영되는 문제와는 성격이 다른 것이다. 그러므로 슈퍼히어로 영화가 원작에서부터 지니고 있는 사회문화적 함의와 이후 영화로 콘텐츠가 전환되며 함유되는 사회 반영성을 순차적으로 살펴봐야 슈퍼히어로 영화 안에 담긴 미국적 이데올로기와 사회적 특징들을 보다 면밀하게 확인할 수 있다.

슈퍼히어로 중에는 탄생에서부터 미국의 국가적 이데올로기를 의도적으로 드러내는 캐릭터들이 있다. 대표적으로 캡틴 아메리카는 히틀러에게 주먹을 날리는 장면으로 첫 표지를 장식하며 등장했다.[1]

---

1) 캡틴 아메리카가 히틀러를 쓰러뜨리거나 가격하는 이미지는 이어지는 〈캡틴 아메리카〉 코믹북 시리즈의 표지로 반복해서 등장한다. 〈캡틴 아메리카〉뿐만 아니라, 슈퍼히어로가 히틀러에게 주먹을 날리는 1호 표지의 이미지는 이후 여러 코믹북, 팬 아트에서 패러디된다.

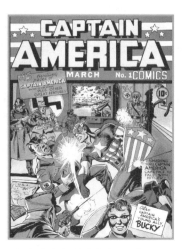

〈그림 1〉〈캡틴 아메리카〉코믹북 1호 표지
출처: https://en.wikipedia.org/wiki/Captain_America

    캡틴 아메리카 코믹북은 1941년 3월에 처음 발간되었는데, 이 시기는 미국이 제2차 세계 대전의 참전을 거의 결정지을 시기였다. 캡틴 아메리카는 반(反)나치 슈퍼히어로로 시작하였으며, 흉악범죄를 저지르는 뒷골목의 악당들이 아닌 국가적 사안들을 대상으로 싸우는 최초의 슈퍼히어로라 할 수 있다. 1940년대 초 당시 캡틴 아메리카를 창조한 조 사이먼 *Joe Simon*과 잭 커비 *Jack Kirby*는 '자유, 정의, 애국의 표상이 될 수 있는 슈퍼히어로를 만들고자 캡틴 아메리카를 구상했다고 한다. 제2차 세계 대전 시기에 애국심 고취와 사기 증진을 위해 태어난 만큼 캡틴 아메리카의 캐릭터 콘셉트는 매우 뚜렷하다. 캡틴 아메리카는 미국의 성조기를 온몸에 두른 듯한 이미지를 형상화해 마치 미국 그 자체가 영웅인 것 같은 느낌을 강하게 준다.[2] 전쟁 영웅, 애국심, 성조기, '캡틴 아메리카'라는 이름 등 미국의 국가성을 드러내는 워낙 뚜렷한 원작 캐릭터의 이미지

---

2) 한창완, 앞의 책, 38~39쪽.

때문에 영화에서도 캐릭터의 핵심적 상징성은 그대로 이어진다.

영화 〈퍼스트 어벤져 Captain America: The First Avenger〉(2011)에서 캡틴 아메리카는 영웅이기 전에 엄청난 신체적 능력을 지닌 군인이며 항상 전장에 뛰어들기를 희망하는 전사이다. 이러한 전쟁 영웅이 나치를 무찌르고 전쟁에서 승리하는 장면을 보여 주는 것은 제2차 세계 대전에서 미국의 승리를 직접적으로 상기시킨다. 때문에 〈퍼스트 어벤져〉는 슈퍼 히어로 영화 중에서도 유별날 정도로 미국의 이데올로기를 직접 드러내는 영화이다. 캡틴 아메리카가 여러 영화들을 통해 보이는 국가에 대한 충성심이나 미국 국민에 대한 애정, 미국 국민을 보호하고자 하는 태도는 영웅적 태도의 발로로 일반화시켜 이해할 수도 있다. 하지만 미국의 국가성이 명확히 드러나는 그의 이름³⁾과 이미지, 실존하는 전쟁을 배경으로 탄생한 점 등은 캡틴 아메리카의 등장과 행동을 바라봄에 있어 미국적 이데올로기의 의미를 투영시킬 수밖에 없다.

이를테면 〈어벤져스〉에서 로키가 독일에 등장하는 장면이 대표적이다. 로키가 광장의 한복판에서 독일인들에게 무릎을 꿇고 복종하라고 강요하는 모습은 독재자 히틀러의 모습을 떠오르게 한다. 그런데 이 독재자로부터 독일인을 구하러 온 영웅은 어벤져스의 수많은 슈퍼히어로 중 제2차 세계 대전의 전쟁 영웅 캡틴 아메리카다. 이 장면은 제2차 세계 대전

---

3) 어떤 연유에서인지 캡틴 아메리카 시리즈의 첫 번째 영화인 〈Captain America: The First Avenger〉는 원제와 다르게 '캡틴 아메리카'가 빠진 〈퍼스트 어벤져〉라는 제목으로 한국에 개봉되었다. 슈퍼맨이나 배트맨과 달리 당시 국내에 잘 알려진 캐릭터가 아니어서 그런 선택을 했을지도 모르지만, '캡틴 아메리카'라는 국가명이 직접 포함된 이름에 대한 대중적 거부감에서 (그것이 정치적으로 과하다고 생각하든지 혹은 유치하다고 생각하든지 간에) 비롯된 마케팅이었을 것이라는 추측 또한 가능하다. 하지만 〈어벤져스〉의 대중적 성공은 한국 시장에서도 캡틴 아메리카의 대중적 위상을 격상시켰으면, 이후 속편부터는 〈캡틴 아메리카: 윈터 솔저〉, 〈캡틴 아메리카: 시빌 워〉처럼 '캡틴 아메리카'라는 캐릭터 이름이 국내 개봉작의 제목에서도 전면에 등장한다.

당시 미국의 참전이 독일에 군사적 피해를 입히는 것이 아니라 히틀러라는 포악한 독재자로부터 독일인을 구하기 위함이었다는 미국적 이데올로기를 대변하고 있다고 해석할 수 있다. 이러한 해석에서라면 캡틴 아메리카는 곧 미국을 상징하며 미국의 이데올로기를 의미하는 것이다.

어벤져스에서 캡틴 아메리카와 가장 대립하는 슈퍼히어로로는 아이언맨이다. 아이언맨은 캡틴 아메리카처럼 국가에 대한 충성심이 높지 않으며, 절제된 인물이라기보다 자유분방하고 개인의 의지에 따라 행동하는 인물이다. 아이언맨은 캡틴 아메리카와 신념이나 가치관 등에서 대척점에 서 있는 인물이라 할 수 있다. 그렇다면 미국의 국가 이데올로기를 드러내는 면에서도 두 인물은 대립적 양상을 보일 것 같지만, 실상은 그렇지 않다. 아이언맨 역시 캐릭터가 탄생하는 데 있어 미국의 국가적 이슈가 배경화된다. 아이언맨은 원작 코믹북에서 토니 스타크가 베트남에 갔다가 베트남 반군에 붙잡혀 공산군이 쓸 무기를 만들라는 지시로 아이언맨 슈트를 만들게 된 것으로 설정되어 있다.

'아이언맨' 원작이 시작된 1963년은 당시 미국이 베트남전에 참전한 시기이며, 원작은 베트남 반군을 상대로 싸우는 미국의 국가 이데올로기를 드러내는 슈퍼히어로로서 아이언맨을 탄생시킨 것이다. 코믹북의 시리즈가 이어지며 아이언맨은 이후에도 주로 소련과 대결을 한다. 1960년대와 70년대를 배경으로 베트남전, 냉전 시대의 영웅으로 캐릭터가 설정되었던 것이다.

영화화되는 과정에서 기존의 설정을 그대로 따랐다면 원작의 배경 설정이 반영되었다는 정도로 국가 이데올로기에 대한 의미가 축소되었을지도 모르지만, 아이언맨은 영화화되며 배경을 아프가니스탄으로 옮긴다. 중동 내전 지역에 납치된 토니 스타크가 테러 집단에 대항해 싸우는 인물로 그려지는 것은 현재 미국의 대외적 국가 태세와 같은 모습이다.

영화에서도 아이언맨은 미국의 국가 이데올로기를 여전히 반영하고 있는 것이다.

다만 원작자 스탠 리Stan Lee는 아이언맨이 베트남, 소련 등에 대항해 싸우는 미국의 국가적 영웅으로 단순화되는 것에 아쉬움을 갖고 있었다. 리는 아이언맨에 덮인 국가성을 벗어나기 위해 자기중심적이고 즉흥적인 성격을 지니고 있는, 아이언맨 슈트를 벗은 토니 스타크에 주목했다. 토니 스타크는 베트남에서의 사건 후(영화에서는 아프가니스탄의 사건 후), 그의 부를 축적하게 한 군수 산업에 회의감을 느끼고 폭력의 확장에 대한 내면적 고뇌를 갖는다. 자유분방하면서도 내면적 고뇌를 하는 양면화된 토니 스타크의 성격을 강조함으로써 아이언맨 캐릭터에 차별성이 생겨난다.

영화에도 토니 스타크라는 제멋대로인 군수 사업 재벌가 캐릭터가 중점화되면서 아이언맨의 주제 의식은 다른 양상을 보인다. 영화는 원작처럼 국가적 적에 대항해 싸우는 슈퍼히어로의 이야기에 머물지 않는다. 영화 〈아이언맨〉 시리즈에서 토니 스타크는 자신이 만든 무기가 부메랑처럼 되돌아와 만들어 내는 피해에 대해 괴로워하며 죄의식을 갖는다. 이는 현재 미국이 행하고 있는 테러와의 전쟁에 따른 부작용, 그에 대한 경고와 두려움을 드러내는 메시지이다.

영화에서 아이언맨은 캡틴 아메리카처럼 시대적 배경에 따른 명확한 캐릭터 정체성을 갖지는 않는다. 하지만 토니 스타크의 성격화를 통해, 경쾌한 캐릭터성이 가지고 있는 매력이 아이언맨을 가장 대중적인 슈퍼히어로로 만든 것은 사실이다. 그렇지만 캡틴 아메리카가 과거의 실존하는 전쟁을 배경으로 국가 이데올로기를 드러내는 전쟁 영웅으로 성격을 공고히 했다면, 아이언맨은 반대로 현재의 진행형 전쟁을 배경으로 전쟁과 그 반대급부로 발생하는 사회적 부작용까지 이야기한다. 즉 아이언맨은 미국의 현재적 시대 현상을 나타내는 슈퍼히어로라 할 수 있다.

슈퍼히어로 영화에 미국의 국가 이데올로기가 드러난다는 것은, 비현실적 초능력을 가진 영웅들이 등장하는 이야기가 역설적이게도 현실성에 기반하고 있음을 증명하는 것이기도 하다. 슈퍼히어로는 강력한 미국의 힘을 상징하고 영화를 통해 직접적인 이미지로 이를 증명한다. 미국은 과거 냉전 체제에서 소련과 세계 권력을 양분했다면, 냉전 체제 붕괴 이후에는 동등한 대립자 혹은 카운터 파트너가 존재하지 않은 실제적인 하나의 권력으로 군림하게 된다. 세계정세에서 미국은 1인자로서 때로는 지도자, 때로는 경찰국가의 의지를 어김없이 드러내려 하는데, 슈퍼히어로 영화는 미국의 이와 같은 힘에 기반 한 세계정세에서의 단독적 지위를 우회적으로 표현하고 있다. 1930년대 슈퍼맨으로부터 시작된 슈퍼히어로와 세계열강 미국의 연결성은 이후의 슈퍼히어로 영화에서도 지속적으로 연결된다. 대중문화 속에서 새롭게 변형된 팍스 아메리카의 상징으로 슈퍼히어로가 부상한 것이다.

2010년대 현재 미국이 국제 사회에서 단독적 지위를 누리고 있다는 말에 의문이 들 수 있다. 2000년대 중반 이후 등장한 G2(group of 2)라는 용어가 가리키듯 현재 국제 정세에서 중국은 미국의 가장 강력한 경쟁국으로 발돋움했기 때문이다. 다만 신흥강대국인 중국과 절대 열강 미국의 경쟁은 아직은 경제 분야에 집중되어 있는 측면이 강하다. 두 국가의 경쟁은 점차 군사, 외교, 정치적으로 확대되고 있지만 그 바탕에는 경제 논리가 우선되고 있는 것이다. 슈퍼히어로 영화를 분석함에 있어 미국에 대항하는 중국의 부상이 흥미로운 이유는 영화에 나타나는 상대국으로서의 이미지 때문이다. 1970년대, 1980년대의 슈퍼히어로 영화, 대표적으로 〈슈퍼맨〉 시리즈는 냉전 체제 미국과 대립했던 소련과 동구권의 공산주의 국가들을 적으로 설정했다. 그에 반해 지금의 슈퍼히어로 영화에서는 현재 미국의 가장 강력한 적이라 할 수 있는 중국이 적이라기보다 우호적 관계로써 등장한다. 〈아이언맨 3 Iron Man 3〉(2013)에서 생명의 위험에 빠진 토니 스타크를 치료하는 중국 의사, 빌런이 아닌 슈퍼히어로로 등장하는 〈엑스맨: 데이즈 오브 퓨처 패스트 X-Men: Days of Future Past〉(2014)의 중국 배우 판빙빙 등 중국은 주된 경쟁 상대의 모습이 아니다.(실제로는 우호적 관계라기보다는 무관심에 가깝다.) 이는 힘의 논리를 다루는 슈퍼히어로 영화의 특성을 생각해 볼 때 중국이 군사적으로 그리고 국제 사회에서의 영향력이라는 측면에서 아직 미국과 대등한 위치에 오르지 못한 것으로 인식되고 있다고 해석할 수도 있다.

혹은 다른 의미의 경제적 논리가 슈퍼히어로 영화에 영향을 끼친다고 볼 수도 있다. 중국은 할리우드 슈퍼히어로 영화의 주요한 소비자이자 투자자, 즉 슈퍼히어로 영화의 핵심 수익 산출국이다. 때문에 중국과 관련한 부정적 이미지를 슈퍼히어로 영화에 의도적으로 주입함으로써 불필요한 부작용을 야기하지 않는 것이다. 공산주의 국가에서 미국의 문화가 정치적인 이유로 소비되지 않았던 냉전 체제와는 영화 소비에 대한 그 성격 자체가 다른 것이다.

이처럼, 그것이 정치적인 것이든 아니면 철학적인 것이든 슈퍼히어로 영화에 미국적 색채를 입힌다는 것은 슈퍼히어로 영화가 만들어 낼 수 있는 긍정적 영향력에 대한 미국 관점의 기대가 전제되기 때문일 것이다. 그렇다면 슈퍼히어로는 정치적 존재들인가? 정치적 행위로 읽힐 수 있는 슈퍼히어로의 행동들이 개인적 이익이 아닌 공동체를 위한 도덕적 행동으로 이해되기 위해서는 무엇보다 동기의 순수성이 대중들에게 이해되어야 한다. 이를테면 어벤져스는 공동체에 기여하며 도덕적으로 옳은 선택을 하는 일종의 집단을 구성한다. 이 집단은 더 큰 힘과 권력을 위한 집단이 아닌, 선을 위한 변화를 목적으로 한 공동체라 할 수 있다.

즉, 동기의 순수함이 어벤져스라는 거대한 힘을 가진 집단의 유지를 외부의 견제 없이 묵인하게 만드는 핵심 요인이 된다.

이러한 모습을 적대 국가와 대적하는 미국의 모습으로 대입시킨다면 어떨까? 만약 동기가 적절하고 윤리적이라고 주장할 수 있다면 미국에게는 다른 사람의 이익을 위해 힘과 영예를 이용하는 영웅의 모습이 대입될 수 있다. 문제는 그 동기를 어떻게 덧씌우는가이다. 슈퍼히어로 영화는 폭력을 정의와 힘으로 치환하고, 악당의 모습을 활용하는 방법을 주로 사용하는 것으로 보인다. 적대자의 행위와 이에 대응하는 슈퍼히어로의 행위가 폭력적으로 유사하더라도 그 동기의 차별성을 강조함으로써 자신들의 행위가 윤리적이라 주장하는 것이다. 마찬가지 방법으로 슈퍼히어로가 상기시키는 미국이, 이러한 과정을 통해 스스로 힘과 영예를 회복하려는 것은 아닐까 하는 유추가 가능하다.

다만 이러한 해석들이 슈퍼히어로 영화가 정치적 의도로써 만들어졌음을 증명하는 것은 아니다. 당연히 대중적 상업 영화인 슈퍼히어로 영화들은 대중들이 가장 선호할 만한 이야기와 가치관을 영화에 담아내는 데 초점을 맞추고 만들어질 것이다. 하지만 역으로 생각해 보면 슈퍼히어로 영화가 집중하는 대중들이 선호할 만한 이야기와 가치라는 것은 당대 사회의 군상과 사람들의 가치관의 반영에서 비롯된다고 볼 수 있다. 그리고 수십 년 전 원작이 발표된 때부터 이어졌던 슈퍼히어로의 속성들이 지금의 시대에 적용될 수 있는 부분들과 만나면서 현재의 슈퍼히어로 영화가 환영받을 수 있는 조건이 만들어졌다고 할 수 있다. 때문에 거대한 힘의 사용으로부터 인물의 가치가 드러나는 슈퍼히어로 영화는 현재 세계정세에서의 미국의 단독적 위치와 맞아떨어지기에 정치적 의미의 확장이 가능하고, 그로 인해 이데올로기적 해석이 연장될 수밖에 없다.

반대로 슈퍼히어로 영화는 현상에 대한 반영으로 미국적 이데올로기를 영화에 담아내는 결과를 만들어 내기도 한다. 이 과정에서 미국의 국가적 목표와 슈퍼히어로 개인의 판단들이 부딪치는 일들이 발생한다. 슈퍼히어로 영화에서 이러한 갈등이 해소되는 과정을 살펴보면 과연 슈퍼히어로가 미국적 이데올로기를 일종의 현상에 대한 반영과 풍자적 의미로 사용하는지 아니면 반대로 편향성을 지니고 지지하고 있는지 파악이 가능하다.

아이언맨은 미국 군대와 지속적으로 관계를 맺는다. 이 관계는 토니 스타크가 아이언맨이 아닌 군수업자일 때부터 이어진 관계이고, 토니 스타크가 아이언맨이 된 이후에는 단순히 상호간의 이익을 위한 관계가 아닌 가치를 공유하는 보다 협력적인 관계로 강화된다. 하지만 〈아이언맨 2 Iron Man 2〉(2010)에서 미국 정부는 아이언맨 슈트를 국가의 재산으로 환수하려 한다. 이 과정은 자발적 환수가 아닌 강제적 착취에 가깝게 그려진다. 보다 공익적인 목적을 위해 사용하겠다는 신념에 의해 슈트를 회수하는데 직접적 역할을 하는 로드 중령의 바람과 달리, 아이언맨 슈트는 일종의 국가 선전 장치로 사용되게 된다. 슈트를 회수하고 공군 기지로 돌아온 로드 중령은 슈트를 제대로 활용하기 위해서 시간을 갖고 슈트를 완전히 파악하길 원한다. 하지만 그의 상관은 무기 엑스포에서 전 세계에 슈트를 공개할 수 있도록 서두르라고 지시한다. 그리고 회수해 온 슈트는 온 몸에 성조기를 두른 디자인으로 변화해 아이언 페트리어트*Iron Patriot*[4]라는 이름으로 공개된다. 미국의 군사적 우월성을 과시하기 위한 목적으로 아이언맨 슈트가 이용되는 것이다. 이러한 정치적 행위는 토니 스타크가 아이언맨 슈트를 만들고 활동하는 목적과 다르며, 때문에 슈트를 둘러싸고 개인과 국가의 다툼이 벌어진다고 할

---

4) '아이언 페트리어트'의 다른 닉네임인 '워 머신*War machine*'도 슈트가 미군을 위해 전쟁과 군사적 목적으로 활용될 것임을 직접적으로 드러낸다. 슈트의 운전자 역시 미 공군 중령이다.

수 있다. 그리고 토니 스타크의 동의 없이 슈트를 가져가는 과정의 문제, 또한 윤리성과 공익성을 의심할 수밖에 없는, 국가 이데올로기를 강화하기 위해 동기의 순수함이 훼손되는 모습 등은 미국의 정부와 군대로 대변되는 미국 이데올로기에 대해 비판 의식을 드러내는 것이라 할 수 있다.

하지만 중요한 것은 이렇게 제기된 갈등이 해소되는 과정이다. 〈아이언맨 2〉에서 적대자인 '위플래시'는 러시아 출신의 과학자인 '이안 반코'이다. 그는 스타크 가문에 기술을 빼앗긴 선대의 복수를 위해 개인적 목적에서 아이언맨을 공격하지만, 그의 아버지 세대는 과거 미국의 군사적 적대국이었던 소련을 상징하며 이는 곧 냉전의 잔상을 만들어 낸다. 개인과 국가의 가치 대립, 미국적 이데올로기의 비판과 같은 영화에 내포된 주제 의식이 이미 사라진 과거의 적과 싸우며 희석되는 것이다. 반대로 이미 사라졌다고는 하지만 과거에 실존했던 미국의 가장 강력한 적의 등장은 미국의 국가적 이데올로기를 도리어 강화시킨다.

이러한 맥락들에서 볼 때, 마블 시네마틱 유니버스의 작품들 가운데 아이언맨 다음으로 선택된 영화가 캡틴 아메리카라는 점은 다시금 의미를 상기해 볼 만하다. 두 슈퍼히어로는 이후 어벤져스에서도 가장 중심적인 두 축이 되며, 어벤져스 내의 내부 갈등을 일으키는 두 축이기도 하다. 군인인 캡틴 아메리카의 국가적 충성심과 절제력, 아이언맨의 개인주의적 성향은 이념과 가치관 등 여러 면에서 상충하며 갈등을 만든다. 하지만 앞서 살펴보았듯 캡틴 아메리카와 아이언맨 모두 허구의 전쟁이 아닌 제2차 세계 대전과 베트남전(영화에서는 아프가니스탄 내전)이라는 미국이 참전했던 실제 전쟁을 배경으로 미국의, 특히 군사적 의미에서의, 정체성을 지니고 태어났다. 뿐만 아니라 두 슈퍼히어로는 전쟁 영웅과 군수 재벌, 애국심과 대(對)테러리즘, 군사와 자본 등 미국적 상징과 이미지의 총아들이라 할 수 있다. 현대 미국의 이데올로기를 드러내는 이러한 이미지들의 다양한 해석과 풍자가 영화 안에서 이뤄지기도 하지만, 결과적으로는 미국을 합리화시키는 방식으로 논의는 종료된다.

영화 〈어벤져스〉에서 실체를 드러내는 '쉴드[5]'라는 조직의 초기 형태는 초인적인 힘을 가진 슈퍼히어로들을 통제하는 일종의 국가 조직으로 설정된다. 쉴드는 상부 기관인 위원회의 결정에 따라 움직이는데, 위원회는 미국 국가 산하 기관으로 설정되어 있다. 즉, 국가와 하부 기관인 쉴드, 그리고 국가 하부 기관의 조직원인 어벤져스는 상하 관계로 이어지며, 국가의 영향력과 통제력이 슈퍼히어로들에게 연결되는 모습을 보인다. 개인주의적 성향이 강한 아이언맨, 힘에 대한 통제가 불가능한 헐크, 하물며 지구 밖의 생명체(신 혹은 외계인)인 토르까지도, 국가라는 이름 아래 제약하는 것이 불가능할 것 같지만 놀랍게도 영화 안에서 이들은 국가가 만들어 놓은 통제 안에서 경계를 유지한다.

하지만 어벤져스가 지닌 거대한 힘은 물리적으로 언제든지 한 나라의 군사력마저 뒤집을 수 있는 강력한 것이다. 슈퍼히어로가 가지고 있는, 통제가 거의 불가능한 거대한 힘과 개별적 개성들은 국가 조직이 품고 있기에는 위험성이 너무 높다. 때문에 〈어벤져스〉에서도 위원회는 쉴드라는 국가 조직에 슈퍼히어로를 포함시키는 것에 반대하는 입장을 취한다. 쉴드의 수장인 닉 퓨리는 슈퍼히어로가 통제 가능한 존재들이라고 설명하지만, 위원회는 슈퍼히어로가 상부의 명령을 제대로 따를 것이라 믿지 않는다. 흥미로운 것은 슈퍼히어로를 어벤져스에 끌어들이는 문제에 대해 찬성하는 입장의 닉 퓨리와 반대하는 입장의 위원회가 같은 근거를

---

5) 쉴드의 의미는 시대별 작품에 따라 차이가 있다. 마블 시네마틱 유니버스 어벤져스 시리즈 영화에서의 쉴드는 Strategic Homeland Intervention, Enforcement, and Logistics Division의 앞 글자를 딴 것으로, '전략적 국토 개입 및 집행 병참국' 정도로 해석할 수 있다.

내세워 상반된 주장을 펼친다는 점이다. 닉 퓨리는 슈퍼히어로들이 지니고 있는 초인적인 힘이 국가를 보호하는 데 도움이 될 것이라 주장하지만, 위원회는 그 힘이 너무 거대하기 때문에 국가 안보에 위험 요소가 될 것이라고 주장한다. 즉 슈퍼히어로의 강력한 힘이 각자의 이해에 따라 국가의 위협이자 안보에 도움이 되는 군사력으로 양가 해석되는 것이다.

위원회가 슈퍼히어로의 힘을 경계하는 이유는 슈퍼히어로들이 국가 조직에 완전한 소유물로 인정되지 않기 때문이다. 이러한 이유로 어벤져스가 적에 맞서 시가전을 벌일 때에도 위원회는 어벤져스를 지원하는 대신에 핵무기를 발사하는 결정을 내린다. "위원회는 정부 산하의 국가기관으로서 미국의 안보에 문제가 생긴 이상, 문제를 해결하는 임무에 국가 장치에 속한 요원을 투입하고 싶은 것이다. 위원회는 자신들의 통제와 명령으로부터 직접적인 관계를 맺지 않고 있는 슈퍼히어로들을 이용하기 보다는 한 번에 적을 제압할 수 있는 가공할 무기의 힘을 더 신뢰"[6]하는 태도를 보인다. 위원회의 이러한 태도는 국제 사회에서 군사적 분쟁에 대응하는 미국의 현실적 모습과 유사하다. 미국은 강력한 군사 무기를 통해 적대국을 제압하는 결정을 취해 왔고, 이를 통해 외부의 적과 내부의 분열을 함께 통제하는 효과를 누려 왔다.

이런 이유에서 핵무기라는 대량 살상 무기가 아닌 어벤져스를 신뢰하는 닉 퓨리의 결정은 두 가지 의미로 슈퍼히어로 영화의 이데올로기성을 해석하게 한다. 하나는 슈퍼히어로의 힘을 물리적인 힘으로 이해하는 것이다. 이럴 경우 강력한 슈퍼히어로의 힘은 강한 군사력을 가진 강한 미국을 의미하며, 슈퍼히어로 영화는 미국의 지배 이데올로기를 표면화시킨다고 평가할 수 있다. 다른 하나는 슈퍼히어로의 힘을 군사력이 아닌

---

6) 최영진·유준석, 「〈어벤져스〉에 나타난 미국적 이데올로기의 양상들」, 『비교문학』 62호, 한국비교문학회, 2014, 309쪽.

대안적 해결 방식으로 이해하는 것이다. 위기를 해결함에 있어 힘을 구사한다는 행위는 같지만, 어벤져스와 위원회의 행위 동기에는 차이가 있다. 적을 제압하기 위해 핵무기 사용을 허가하는 위원회의 결정은 원자 폭탄을 사용했던 제2차 세계 대전이나 엄청난 양의 폭격을 퍼부었던 이라크전과 같은 과거 미국의 군사적 행동과 같다. 하지만 위원회와 대척점에서 서 있는 어벤져스의 행동은 군사력의 과시나 적을 파괴적으로 제압하겠다는 목적보다 적으로부터 시민을 보호하겠다는 동기가 우선되게 그려진다. 이러한 해석에 기반 한다면, 어벤져스의 힘은 국제 분쟁 문제에 있어 군사적 힘을 토대로 적을 제압하는 기존 미국의 패권주의적 태도에 비판을 가하는 것으로 읽을 여지가 생긴다.

후자의 관점으로 보면, 닉 퓨리의 쉴드는 국가를 상징하는 위원회가 강요하는 이념성에 반기를 듦으로써 국가 조직의 형태를 벗어난다. 이처럼 〈어벤져스〉에서 국가의 폭력적 이념성에 대항하는 쉴드와 슈퍼히어로들의 모습은 동기의 선명함으로 인해 대중적 지지를 가능하게 하지만 여전히 국가로 상징될 수 있는 위원회의 명령과 통제를 벗어난다는 문제에 빠진다. 하지만 이를 통해 쉴드와 어벤져스가 국가를 배신하는 행위를 했다는 비난보다는 스스로를 헌신하면서까지 국가 이데올로기성에 올바른 문제 제기를 했다는 가치 부여가 이뤄진다. 이는 미국의 이념적 행위의 부정성을 희석하는 긍정적 행위이다.

미국 내부의 입장에서는 슈퍼히어로 영화가 이러한 문제들을 제기함으로써 미국적 이데올로기의 부정적 이미지들을 정화하는 긍정적 역할을 했다고 평가할 수 있다. 하지만 외부의 시각에서 보면 슈퍼히어로 영화에는 여전히 힘에 의한 패권적 지배, 미국의 국가적 이데올로기 행위들이 담겨 있다고 보일 것이다. '팍스 아메리카나'로 대변되는, 내부가 아닌 외부에서 바라보는 미국적 이데올로기의 부정적 시각은 해소되지 않는 것이다.

이에 최근의 슈퍼히어로 영화들은 '팍스 아메리카나'에 대한 외부의 거부감과 반작용들을 영화에 본격적으로 담아내며 비판에 직접 대응한다. 〈캡틴 아메리카: 시빌 워〉는 슈퍼히어로 등록제를 두고 생기는 슈퍼히어로들 사이의 대립을 그린다. 슈퍼히어로 등록제의 필요성이 제기된 이유는 어벤져스의 무력행사가 가져온 피해들에 대해 주변국들이 문제를 제기했기 때문이다. 그 동기의 선함과 상관없이 어벤져스가 세계를 보호하기 위해 취하는 무력 행동들이 주변국들의 입장에서는 불필요한 피해가되고, 어벤져스의 힘이 강하면 강할수록 주변의 피해 역시 기하급수적으로 커지는 결과를 초래한다. 대의를 위한 피해라고 덮어 두기에는 재산적 피해를 넘어서는 윤리적 피해들이 문제가 된다. 민간인 피해자와 적의 보복성 공격으로 인한 피해자들이 양산되며 어벤져스에 대한 국제 사회의 비난 여론은 커져 간다. 미국 주도의 세계 평화를 의미하는 팍스 아메리카나의 부작용이 현실화되는 모습이 영화를 통해 드러나는 것이다.

〈캡틴 아메리카: 시빌 워〉는 슈퍼히어로들이 서로 대립하며 싸우는 상업적으로 흥미로운 이미지를 던지지만, 그 원인이 되는 슈퍼히어로 등록제는 여러 이유에서 정치성을 강하게 드러낸다. 앞서 말했듯 국제 사회에서 주변국들에 의해 미국의 주도권이 흔들리고, 반대로 미국이 힘으로 다시 주도권을 획득하려 하는 현재적 상황이 영화에 묘사된다. 내부적으로 보면 슈퍼히어로 등록제는 실제적 통제가 불가능한 슈퍼히어로들을 제도적으로 통제하기 위한 법안이기도 하다. 중요한 것은 통제를 하는 상위 집단이 미국 정부가 아닌 국제기구라는 점이다. 실질적으로 미국의 무력이라 할 수 있는 슈퍼히어로의 힘을 국제 사회로 이양하는 것은 미국의 영향력을 제약하는 정치 행동이라 할 수 있다.

이런 맥락에서 살펴보면 캡틴 아메리카가 슈퍼히어로 등록제를 반대하는 이유가 설명 가능하다. 〈캡틴 아메리카: 시빌 워〉에서 법안을 두고 갈등하는 큰 축은 캡틴 아메리카와 아이언맨이다. 두 슈퍼히어로의 갈등은 어벤져스부터 이어져 오는 줄기이고 앞서 살펴본 것처럼 이념과 성향이 대조적인 캐릭터들이므로 당연해 보인다. 하지만 슈퍼히어로 등록제를 찬성하는 인물이 아이언맨이고 반대하는 인물이 캡틴 아메리카라는 점이 독특하다. 그동안 축적된 캐릭터성으로 보면 캡틴 아메리카는 상부의 명령에 충실한 군인이고, 아이언맨은 명령에 휘둘리지 않는 개인주의적 성향이 강한 인물이다. 이를 바탕으로 한다면 슈퍼히어로의 행동에 제약을 주는 슈퍼히어로 등록제에 아이언맨이 반대, 캡틴 아메리카가 찬성을 해아 하지만 반대의 양상을 보이는 것이다. 영화에서는 캡틴 아메리카에게 애증의 친구인 윈터 솔저와의 이야기와 아이언맨 때문에 희생된 군인이 토니 스타크를 변화시킨 것으로 표면적으로 말한다. 즉 두 슈퍼히어로의 개인적 문제들이 행위 동기를 뒤집는다는 것인데, 시리즈를 통해 캐릭터성이 축적된 슈퍼히어로 영화에서 이처럼 갑작스런 캐릭터의 변화는 설득되기 어렵다.

하지만 앞서 설명한 정치적 함의를 적용하면 이야기가 달라진다. 슈퍼히어로 등록제는 국제 사회에서 미국의 힘을 제약하는 법안이므로 미국의 입장에서 보면 받아들이길 원하는 바가 아닐 것이다. 미국의 처지는 주변국들의 여론에 의해 어쩔 수 없이 받아들이는 것이다. 그런데 미국적 이데올로기를 직접적으로 상징하는 캡틴 아메리카는 자신을 규정하는 국가적 충성심과 명분으로 인해 이 법안을 받아들일 수 없다. 그는 여전히 팍스 아메리카나를 지지하는 미국의 보수적 이념을 지지하는 것이다. 반면 아이언맨은 자신이 본래 지니고 있던 개인주의적 성향, 그리고 아이언맨 시리즈에서 지속적으로 보여 준 태도인 주어진 임무나 명령이 아닌 스스로 정의를 규정하는 방식에 따라 새롭게 가치를 정한다.

이렇게 해석하면 두 슈퍼히어로 모두 기존의 캐릭성을 유지하게 된다.

이처럼 슈퍼히어로 영화는 미국의 패권주의, 팍스 아메리카나와 같이 국제 사회에서 제기하는 미국의 문제점들에 대해 언급하긴 하지만 결과적으로는 영화를 통해 그 부정적 이미지들을 긍정적으로 순화시키며 미국적 이데올로기를 대변하는 역할을 한다. 그러나 한편으로 2000년대 이후의 슈퍼히어로 영화들을 통해 반복적이고 일관되게 유지되는 기조가 있다. 그것은 바로 폭력에 대한 문제 제기, 보다 정확히는 미국이 폭력을 옹호하는 방법에 대한 문제 제기이다.

이는 2000년 이전 슈퍼히어로 영화와의 비교를 통하면 더욱 명확해진다. 과거의 대표적 슈퍼히어로 영화인 슈퍼맨 시리즈에서 볼 수 있듯 슈퍼히어로는 미국적 이데올로기, 팍스 아메리카나의 신화를 영위하는 존재였다. 세계 평화를 위한 수호자로써 질서를 유지하기 위한 절대적 힘은 필수적이었고, 적을 제압하기 위한 힘의 사용은 납득할 수 있는 것이었다. 무력의 사용이 적대국을 제압하는 방식이었고, 이를 통해 미국의 안보가 유지되었기 때문이다. 덧붙여 세계의 평화를 지키는 경찰 국가 역할은 국제 사회에서 미국의 절대적 힘을 용인하게 하는 이유가 되었다. 슈퍼히어로의 '큰 힘'은 절대적 능력이자 권력이었고, 영웅으로써의 가치였으며, 사회적으로 다른 존재임을 일컫게 하는 차별성을 주었다. 즉 슈퍼히어로의 힘은 압도적 존재로서의 미국을 뜻하는 상징이었다.

반면 2008년부터 시작되는 마블 시네마틱 유니버스의 작품들은 슈퍼히어로 영화에서 제기될 수 있는 '부정적 주제로서의 폭력'에 집중한다. 폭력은 슈퍼히어로의 힘과 능력, 패권 국가로서의 미국의 힘, 그리고 테러리즘과도 연결되는 주제이다. 마블의 슈퍼히어로 영화들은 테러를 상기시키는 폭력의 이미지를 영화에 직접적으로 배치시키고, 이전에는 슈퍼히어로의 능력으로 상징될 수 있었던 무력의 충돌을 폭력이라는 부정적 주제로 해석하기도 한다.

　한동안 미국이 과도하게 외부 분쟁에 개입하며 돌아온 반작용, 그리고 9.11 이후 테러와의 전쟁을 선포하며 더 많은 테러가 일어난 부작용에 대한 경고와 두려움은 슈퍼히어로 영화 곳곳에 나타난다. 〈캡틴 아메리카: 시빌 워〉에서 국제기구 회의 중 테러로 인해 아프리카 와칸다[7]의 국왕이 살해된 뒤 국왕의 아들인 블랙 팬서와 어벤져스가 대립하는 장면은 국제 사회에서 미국이 테러와의 전쟁으로 인해 주변국들에게 끼치는 부정적 시선을 은유적으로 표현하기도 한다.

　폭력의 부정적 해석은 슈퍼히어로 영화에 있어 별로 달가운 것은 아니다. 미국이 국제 사회에서 최강국으로 군림하는 이유나 테러와의 전쟁을 해결하는 방식 또한 여전히 힘, 즉 폭력에 기반하고 있기 때문이다. 슈퍼히어로에게는 국가적 질서와 국제 사회의 평화를 지킨다는 이유로 법의 테두리 밖에 위치한 자경단의 모습이 엿보인다. 이러한 슈퍼히어로의 강력한 힘의 권한은 마치 부시 정권의 '애국자법(Patriot Act)'[8]을 연상케 한다. '대(對)테러'라는 명분 아래 광범위한 권한이 국가의 일부 부서에 집중되는 것은 사실상 경찰국가의 부상을 의미하는 것이며, 권한 남용으로 인한 기본권 침해가 이뤄질 소지가 있는 것이었다.'[9] 실제로

---

7) 마블 코믹북과 영화에 등장하는 허구의 국가임.
8) 정식 명칭은 '테러의 저지 및 방해에 필요한 적절한 수단의 제공에 의한 미국의 통합 및 강화법'(Uniting and Strengthening America by Providing Appropriate Tools Required to Intercept and Obstruct Terrorism Act: USA PATRIOT Act)이다. 부시 정권은 2002년 대테러기능을 전면적으로 통합하기 위해 기존의 22개 정부 기구를 통합한 거대 조직인 행정부처급의 국토안보부(Department of Homeland Security)를 출범시킨다. 국토안보부 장관은 미국 안의 모든 테러 위협과 관련한 정보에 대한 접근권, 비자발급 및 거부권한을 갖는다. 9.11 사건에서 비롯된 테러리즘 과의 전쟁이라는 명분이 있었지만 광의적 테러 개념 속에 전례 없는 강력한 권한이 행정부에 부여된 것이다. 권한 남용과 위헌 시비 끝에 이 법안은 2015년 사라졌다. (애국법에 관한 내용은 다음의 논문을 참고했음. 김진현, 「테러리즘에 대한 국제법적 규제와 USA PATRIOT Act」, 『외법논집』 39권, 한국외국어대학교 법학연구소, 2015.)

애국자법에 의해 미국 정부는 범죄 행위의 증거가 없어도 종교 단체와 정치 단체를 감시할 수 있었고, 국민을 기소되지 않은 단계에서도 구치할 수 있었으며, 테러리즘의 수사를 위하여 근거가 없이도 서류나 소유물을 수색, 압수할 수 있게 되었다. 기본법적 권리가 상당 부분 침해되는 것인데, 생각해 보면 슈퍼히어로 영화에서도 그 표현의 정도가 약화될 뿐이지 슈퍼히어로는 정의의 구현, 사회적 적과의 대립이라는 명분 아래 이처럼 강력한 권한을 남용하는 양상을 보이는 것이 사실이다.

예를 들어 〈아이어맨〉에서 아이언맨을 상대자의 입장으로 바라볼 경우 그도 역시 테러리스트에 가깝다고 볼 수도 있다. 다음의 해석을 살펴보자.

> 아이언맨이 소개되는 첫 장면인 아프가니스탄 시퀀스에서 토니 스타크는 슈트를 자신을 납치하고 감금했던 게릴라군을 쓰러뜨리는 데 사용한다. 그의 행동은 그 지역에서는 불법이고 시민들의 봉기를 일으키므로 스타크도 상대의 시각에서는 테러리스트이다. 스타크가 억류되었다는 기존의 상황을 뒤집는 것은 그의 입장일 뿐이고, 아이언 맨이 아프가니스탄의 문제를 해결한다고는 절대 보이지 않는다. 대신에 그는 단지 잔인하게 악당들을 쓰러뜨린다. 그가 아프가니스탄에서 테러리스트로 간주된다는 것은, 반대로 미국의 시각에서 보자면 완벽히 영웅이 되는 조건이 된다. 그리고 영화의 마지막에 일급 군사 조직인 쉴드에 들어가는 것이 허용되는 장면이 이를 증명한다.[10]

---

9) Bergen, Jennifer Van. "Homeland Security Act, The Rise of the American Police State." 2002. 12. 2,3,4. http:// www.ratical.org/ratville/CAH/HSA_RoAPS.html (김진현, 앞의 논문, 49쪽에서 재인용.)

10) Moody, Kyle Andrew. ""Why so serious?" Comis, Film and politics, or the comic book film as the answer to the question of identity and narrative in a post-9/11 world." Miami University MA, 2009, p.63.

이러한 해석은 지금의 슈퍼히어로 영화가 폭력을 대하는 방식을 잘 드러낸다. 슈퍼히어로 영화가 폭력을 대하는 그 첫 번째 입장은 지금의 슈퍼히어로 영화도 여전히 미국의 지배 이데올로기를 대변하고 있다는 것이다. 〈어벤져스〉에서 "닉 퓨리는 테서렉트를 이용한 무기 개발이 외계의 침략과 같은 잠재적 위협에 대한 대처 방안을 마련하기 위한 것이라며 지구 방위의 정당성과 명분을 슈퍼히어로 팀원들에게 역설한다. 이러한 닉 퓨리의 입장은 세계 평화라는 명목으로 핵억지력을 위해 자국의 핵개발과 핵무기 보유가 필요하다고 주장하는 미국 정부의 논리를 대변하는 듯하다."[11] 반면에 어벤져스 멤버들은 이를 비난하고 반대한다. 캡틴 아메리카는 이러한 행동이 나치와 다를 바 없다고 비난하고, 브루스 배너는 세계 평화라는 명분에 따른 무분별한 무기 개발이 실제적 위협을 초래할 수 있음을 경고한다. 토르는 서로 믿지 못하고 무기 개발에만 매달리는 인간의 어리석음을 지탄한다.

영화에서 외계의 침략으로 일컬어지는 잠재적 위협은 지금의 테러리즘, 보이지 않는 위협을 의미한다고 할 수 있다. 이라크전 당시 현실로 드러나지 않았던 중동 지역의 위협에 대응하기 위한 미국의 살상 무기들이 결국 테러라는 폭력적 반작용으로 드러난 것에 대한 비판인 것이다. 실존하지 않는 위협이지만 국가 안전을 위한다는 명분으로 힘을 키우는 것에 대한 문제 제기인데, 중요한 것은 이러한 문제 제기를 해소할 수 있는 방향으로 이야기가 진행되는 것이 아니라 결과적으로는 시선의 환기를 통해 다른 방향으로 이야기가 전환된다는 것이다. 〈어벤져스〉의 경우도 무기 개발에 대해 논쟁하던 중에 적의 기습이 발생하고 어벤져스는 이에 대항하여 힘을 모아 싸운다. 결국 잠재적 위협은 실제 위협이 되어 나타나고, 적의 위협으로부터 국가 안전을 지키겠다는 명분이 힘을

---

11) 최영진·유준석, 앞의 논문, 315쪽.

얻게 되는 것이다.

슈퍼히어로 영화가 폭력을 대하는 두 번째 입장은 슈퍼히어로가 행하는 폭력의 부정적 이미지를 희석시키기 위한 노력이다. 앞서 슈퍼히어로와 영웅주의의 논의에서 살펴본 것처럼 고대의 영웅주의는 현대에서 새로운 조건의 영웅주의로 변화한다. 영웅으로서의 힘과 우월적 능력의 중요성보다 희생의 가치가 중요하게 부각되는 것이다. 한편 팍스 아메리카나로 상징되는 미국적 이데올로기 속에서 슈퍼히어로는 여전히 강인한 영웅, 완벽한 백인 영웅의 이미지를 고수했던 것이 사실이다. 하지만 9.11 테러를 기점으로 미국 내에서도 이상적 영웅상은 변화한다. 강하고 완벽한 영웅보다 희생하는 영웅이 각광받는 것이다. 이는 9.11 테러 당시에 부상자들을 위해 헌신했던 소방관, 경찰관, 구조대원의 이미지가 대중들에게 강인하게 인식됐던 것에도 영향을 받았다. 강한 영웅보다 공감하는 영웅, 아파하고 땀 흘리는 영웅, 힘겨워하면서도 남을 돕는 영웅이 진정한 영웅으로 인정되었던 것이다. 슈퍼히어로 영화에서도 이러한 이미지들이 차용된다. 완벽하게 적을 제압하던 슈퍼맨과 달리 〈어벤져스〉에서 캡틴 아메리카는 적의 공격에 아파하고 시민들 앞에서 고통에 괴로워하는 모습을 보인다. 그럼에도 그는 계속해서 사람들을 보호하기 위해 뛰어든다. 슈퍼히어로가 가진 힘, 폭력으로 비춰질 수 있는 이미지를 배제하면서 현대적 영웅상을 가져가는 것이다.

슈퍼히어로 영화가 폭력을 대하는 세 번째 태도는 동기에 차이가 있음을 강조하며 폭력적 행위에 변별성을 짓는 것이다.

많은 철학자는 인간이 습관의 동물이라고 파악한다. 어떤 문제를 해결하기 위해 일단 폭력에 의지하고 나면 장차 또 다른 경우에도 정말로 폭력이 요구되든 그러지 않든 간에 똑같이 폭력을 쓸 가능성이 크다. 예전에는 절대로 받아들일 수 없던 것이지만 낯선 영역에서 조금씩 깊숙이 들어가다 보면 후회스럽고 애석한 일일망정 반드시 필요한 일로 받아들이고 마침내는 더할 나위 없이 좋은 것이라고 생각한다. 용인되는 형태의 폭력이 점차 시간이 흐를수록 끔찍한 잔혹 행위로까지 발전하는 전쟁 시기에 이런 현상이 목격된다. 선량한 사람은 폭력이나 힘을 한 번 사용하고 난 뒤 영혼에 어떤 영향을 미칠까 봐 두려워하는데 이는 매우 올바른 태도다. 이 점에서 슈퍼히어로는 선량한 사람의 좋은 모범이 된다. 슈퍼히어로는 폭력적인 방법 이외에 다른 방법으로는 결코 막을 수 없는 경우 힘을 사용하여 악을 물리치고 억누른다. 그렇지만 폭력이 자신의 통제를 벗어나 제멋대로 날뛴다든가 혹은 자신에게 나쁜 영향을 미쳐 자멸적인 결과를 낳는 것을 경계한다. 이들은 악인이 되지 않고도 악과 싸울 수 있었다. 이 과정에서 우리 모두의 공통된 두려움을 해소해 준다. 이들은 우리가 고결한 동기와 가장 소중한 가치를 확실하게 붙들고 있는 한 악에 맞서는 일이라면 무엇이든 할 수 있다는 사실을 보여 주었다.[12]

로엡의 글은 슈퍼히어로의 폭력이 용인될 수 있는 이유를 말해 준다. 또한 이러한 논리는 9.11 테러와 관련해 폭력이 폭력을 부를 수 있다는 두려움과 경찰국가로서 미국이 행하는 폭력을 향한 비난에 대해 대답할 수 있는 변명이 된다. 분명한 목적과 고결한 동기, 신중한 자제력을 지닌 슈퍼히어로는 폭력의 사용에 따른 부작용의 두려움을 해소할 수 있는 대상이 되는 것이다.

폭력에 대한 슈퍼히어로 영화의 이러한 태도들은 국제 사회에서 미국이 행하는 힘의 지배, 전쟁과 폭력의 행사와 같은 무겁고 부정적인 주제를 영화를 통해 연성화시키는 효과를 만든다. 결론적으로 슈퍼히어로 영화에

---

12) 제프 로엡 외, 앞의 책, 40~41쪽에서 발췌 인용.

서 제기되는 미국의 국가 이데올로기의 문제들은 적과의 대결을 통해 희석되고 내부의 단결을 통해 봉합된다. 그 결과 미국적 이데올로기는 강화된다. 〈어벤져스〉에서 닉 퓨리의 쉴드는 국가 조직으로서 슈퍼히어로 개인들과 대립하지만, 상부 기관인 위원회의 결정을 따르지 않고 어벤져스를 지원하며 슈퍼히어로와 화해할 수 있는 계기를 만든다. 마찬가지로 어벤져스의 일원들도 각자 적과 맞설 힘을 지니고 있지만, 쉴드와 어벤져스라는 공적 집단을 통해 힘을 모으면서 공동체적 가치를 실현한다. "이렇게 두 대립된 입장을 화해의 과정으로 이끄는 서사 구조는 개인적 가치와 공동체적 가치의 접점을 통해 두 가치의 공존을 재현하는 할리우드 영화의 오래된 주제적 패러다임이라고 볼 수 있다. 그리고 이것은 팍스 아메리카나로 대변되는 당대 미국의 패권주의적 모습을 개인과 공동체의 조화로운 공존이라는 전통적인 가치로 전치시키는 효과를 발휘한다."[13] 슈퍼히어로 영화에서 개인적 가치와 공동체적 가치의 대립은 개인과 국가 이데올로기의 대립을 의미한다. 이 복잡한 문제가 적과의 대립을 통해 사라지고 봉합되는 것을 통해 갈등 이전의 전통적, 보수적 가치로 되돌아가는 것, 즉 미국적 가치가 재확인된다.

뿐만 아니라 슈퍼히어로가 적의 위협에 대항하고 우리가 사는 세계를 수호하는 모습을 통해 대중은 일종의 안정감을 경험하게 된다. 슈퍼히어로가 개별적 영웅이 아닌 조직으로 존재하는 것, 특히 국가 조직의 일원으로 활동한다면 국가에 대한 대중적 신뢰도에도 도움이 될 것이다. 구체적으로 말하자면 미국의 대외 정책이나 대테러 행동들에 대해 미국인들이 갖는 불안감 해소에 도움 된다. 미국이 행하는 폭력이 동기의 순수함으로 인해 합리화되고, 9.11 테러 이후 흔들릴 수 있었던 패권 국가로서의 정체성이 슈퍼히어로의 집행자로써 성격과 함께 경찰국가인 미국의 성격

---

13) 최영진·유준석, 앞의 논문, 317쪽.

으로 다시 강화된다. 이러한 "슈퍼히어로의 가상적 대안 체험은 사회적 여론을 연성화시키고, 국가와 기관이 그러한 문제를 해결해 낼 수 있다는 잠재적 기대감을 키운다. 슈퍼히어로 캐릭터는 미국 사회가 갖는 사회적 한계를 미리 예견하고 재조명해 줌으로써 사회의 안정적인 여론 관리의 비상구 역할을 하기도 한다."[14] 그리고 이제 그 역할은 미국을 넘어 전 세계로 영향력을 미치는 모습을 보여 주고 있다. 미국 사회 내의 사회적 한계를 해결할 수 있다는 잠재적 기대감을 넘어서, 지금의 슈퍼히어로 영화는 세계의 관객들에게 세계 속에서 미국이라는 국가가 국제적 사회 문제들을 해결할 수 있다는 기대감과 국제 분쟁에 미국이 유일한 대안이라는 인식을 은유적으로 강화시킨다. 슈퍼히어로의 행위 동기는 완전한 선에 가깝게 순수하며 이들의 거대한 힘에 바탕으로 하는 결과 역시 영화 속에서는 완벽하다.

슈퍼히어로는 타인을 위해 희생하는 영웅이며, 외부의 위협을 해결하는 영웅이다. 이 슈퍼히어로들은 미국을 배경으로 영어를 구사하는 미국인들이 주축이며, 미국의 군대와 국가 조직과 함께 일을 한다. 이처럼 단순화시킨 문장으로 온전히 슈퍼히어로 영화를 정의할 수는 없지만, 이처럼 슈퍼히어로 영화가 미국적 이데올로기를 강하게 드러내는 것은 사실이다. 그리고 이를 통해 미국적 이데올로기의 내·외적 비판에 대한 상쇄, 국제 사회에서의 미국의 부정적 이미지 재고에 기여를 한다.

---

14) 한창완, 앞의 책, 14~15쪽.

5
슈퍼히어로의 문화적 다양화: 여성, 인종, 종교, 사회 계층

이제부터는 슈퍼히어로 영화의 변화에 관해 이야기해 보자. 슈퍼히어로 영화는 변화하고 있다. 슈퍼히어로 영화는 새로운 기술, 새로운 이야기, 새로운 미디어 전략으로 변화했다. 때문에 어떠한 의미, 아마도 기술과 새로운 스토리텔링의 적용이라는 점, 에서 슈퍼히어로 영화는 새로운 영화이다. 하지만 4장에서 살펴본 것처럼 다른 한 편으로 슈퍼히어로 영화는 여전히 그리고 대단히 보수적인 영화이다. 그동안 슈퍼히어로 영화는 백인, 남성 중심의 영화였고, 미국적 이데올로기가 강하게 드러나는 영화였다. 그런데 최근 들어 슈퍼히어로 영화에 다양성을 기반으로 하는, 이전과 다른 문화적 경향성이 나타나기 시작하고 있다. 이러한 현상은 아직 보수적 대중성에 기반을 두는 영화에 비해 원천콘텐츠인 슈퍼히어로 만화에서 보다 혁신적으로 나타나고 있다. 슈퍼히어로 영화에는 이러한 움직임들, 다시 말해 사회적 요구나 원작의 변화에 영향을 받은 변화의 조짐들이 부분적으로 나타나고 있다.

그 새로운 움직임은, 당연한 말이지만 시대의 변화와 그에 따른 사회적 변화에서 비롯한다. 80여 년에 이르는 오랜 시간 동안 지속된 슈퍼히어로 콘텐츠의 역사성은 사회적 변화를 받아들이고 변화해 온 미국 대중문화의 변화 과정이기도 하다. 또한 현재의 영화, TV, 만화, 게임 등을 통해 재현되는 슈퍼히어로 콘텐츠는 새로운 시대의 문화적 현상을 나타내는 것이기도 하다. 향유 세대의 변화는 콘텐츠에 대한 문화 관점의 차이를 유발할 수밖에 없다. 그러므로 슈퍼히어로 영화와 만화를 중심으로 텍스트에 드러나는 슈퍼히어로의 문화적 다양성과 새로운 트렌드를 살펴보고, 이를 사회적 변화, 시대적 변화, 세대의 변화라는 측면으로 확장해 분석하면 슈퍼히어로 영화에 드러나는 새로운 사회문화적 양상을 발견할 수 있을 것이다.

과거의 슈퍼히어로는 내적으로 구분되는 상징 의미의 차별성을 지니고 있었을지 모르지만, 표면적으로는 모두 공통점을 갖고 있었다. 그들은 모두 남성이고, 백인이었으면, 미국인을 상징했다. 하지만 현재의 슈퍼히어로 영화, 슈퍼히어로 콘텐츠에서는 이러한 규칙이 깨지고 있다. 이러한 변화는 사회의 변화가 가져오는 문화적 변화를 슈퍼히어로 콘텐츠가 받아들이고, 새로운 문화를 향유하는 새로운 세대가 슈퍼히어로 영화의 주 소비자가 되는 것에서 비롯된다.

21세기, 지금 시대의 문화는 획일적 문화가 아닌 다양성이 가장 중요한 가치로 인정되는 문화이다. 일률적 슈퍼히어로의 모습은 더 이상 지금의 세대들에게 통하기 어렵다. 그들은 자신들의 문화적 다양성을 드러낼 수 있는 더 다양한 모습의 슈퍼히어로를 원한다. "때문에 슈퍼히어로 콘텐츠를 만드는 제작자들은 이제 성적 다양성을 비롯해 21세기 관객의 다양한 모든 얼굴을 포함할 수 있는 영웅을 도입함으로써 젊은 관객들의 변화하는 요구를 충족시키기 위한 시도들을 하고 있다."[1] 슈퍼히어로 만화에서부터 시작해 영화에 점차 확대되는, 사회적 분류 기준으로 본 다양한 슈퍼히어로들의 등장은 일면으로는 슈퍼히어로의 보수적 성격이 퇴색되는 것이다. 하지만 다른 일면으로는 문화적 다양성의 발로이며, 숨겨진 이면(裏面)으로는 슈퍼히어로 콘텐츠의 국제화 전략으로 읽을 수 있다.

새로운 슈퍼히어로, 그 첫 번째 양상은 여성 슈퍼히어로의 부각이다. 대중문화 연구가인 레베카 하우젤Rebecca Housel은 여러 슈퍼히어로 중 〈엑스맨〉 시리즈에 등장하는 스톰, 미스틱, 진 그레이, 이 세 명을 통해 여성 슈퍼히어로의 역할과 그 신화적 상징에 집중한다.[2] 지금부터 하우젤이 지적한 세 여성 슈퍼히어로에 대한 추가 분석과 코믹스에 새롭게 등장하는 여성 슈퍼히어로의 경향성을 따라가며 슈퍼히어로와 젠더에 관한 화두를 던지고자 한다.

슈퍼맨, 배트맨, 캡틴 아메리카, 아이언맨, 헐크, 그린 랜턴, 토르, 울버린 등 사람들이 슈퍼히어로하면 떠올리는 인물들은 대부분 남성이다. 그동안 이 유명한 남성 슈퍼히어로들을 중심으로 영화가 만들어졌고, 남성 중심의 세계관이 이 영화들에서 전개됐던 것 역시 맞다. 물론 과거에도 여성 슈퍼히어로는 존재했다. 대표적으로 원더 우먼이 있었고, 판타스틱 4의 수, 어벤져스의 블랙 위도우도 유명한 여성 슈퍼히어로이다. 하지만 이 여성 슈퍼히어로들, 특히 영화상에서 이 인물들에게는 사회적으로 인식된 전형적인 여성성이 슈퍼히어로 캐릭터에도 이식된다. 반면 엑스맨 시리즈의 몇몇 여성 슈퍼히어로들은 이와 다른 양상을 보인다.

---

1) Housel, Rebecca. "Myth, Morality, and the Women of X-Men." *Superheroes and philosophy: truth, justice, and the socratic way*, Pub Group West, 2005, pp.75-76.
2) 다음 책을 참고할 것. Housel, Rebecca. (edt), *X-Men and Philosophy: Astonishing Insight and Uncanny Argument in the Mutant X-Verse*, John Wiley & Sons, 2009.

이들은 더 강하고 독립적인 여성의 모습을 보여 준다.

일반적인 슈퍼히어로 영화에서 여성은 남성 중심의 이야기를 지원하는 보조 캐릭터로 혹은 남성 주인공의 이성애를 위한 장치로 등장하는 경우들이 잦았다. 그러한 영화들에서 여성 슈퍼히어로의 성적 역할은 지극히 제한적이다. 이를 테면 어벤져스의 블랙 위도우는 아주 직접적이지는 않지만 호크 아이, 캡틴 아메리카, 헐크, 아이언맨 등의 남성 슈퍼히어로와 이성애적 관계를 암시하는 장면들을 만든다. 이를 두고 영화에서 호크 아이와 캡틴 아메리카를 연기했던 제레미 러너*Jeremy Renner*와 크리스 에반스*Christopher Evans*는 인터뷰 중 블랙 위도우를 지칭해 여성 비하 발언을 해 물의를 일으키기도 했다.[3] 이는 영화 어벤져스 초기 시리즈에서 유일한 여성 슈퍼히어로인 블랙 위도우가 어떠한 식으로 소비되었는지를 보여주는 극단적인 예라고 할 수 있다.

이 밖에도 〈배트맨 대 슈퍼맨: 저스티스의 시작〉의 다이아나 프린스도 슈퍼히어로 캐릭터인 원더 우먼으로서의 정체성을 드러내기 전까지는 배트맨인 브루스 웨인과 묘한 성적 긴장감을 만드는 역할로 반복해서 등장한다. 판타스틱 4의 수 역시 그룹의 리더인 리드의 아내이며, 엑스맨의 진 그레이는 울버린과 사이클룹스과 고전적인 삼각관계를 형성한다. 스칼렛 요한슨*Scarlett Johansson*, 제시카 알바*Jessica Alba* 등 아름답고 성적 매력이 돋보인다고 평가되는 여배우들이 이들 여성 슈퍼히어로 캐릭터 역할을 맡은 것, 그리고 이 여성 슈퍼히어로들이 몸매를 드러내는

---

3) 〈어벤져스: 에이지 오브 울트론 The Avengers: Age of Ultron〉(2015) 인터뷰 중 크리스 에반스와 제레미 러너는 블랙 위도우 캐릭터가 〈어벤져스〉(호크 아이), 〈캡틴 아메리카: 윈터 솔저〉(캡틴 아메리카), 〈어벤져스: 에이지 오브 울트론〉(헐크)에서 각각 다른 남성과 러브라인을 형성한 것을 두고, 'slut'(난잡한 여자), 'whore'(매춘부)라는 여성 비하 비속어를 쓰며 이야기했다. (참고 기사: 〈크리스 에반스, 여성 비하 발언 "블랙 위도우는 매춘부" 사과〉, 서울신문, 2015년 4월 24일.)
(출처: http://entertain.naver.com/read?oid=081&aid=0002550702)

딱 달라붙은 슈트를 입고 이미지를 만드는 것도 이런 맥락에서 이해할 수 있을 것이다.

하지만 엑스맨의 스톰은 앞의 다른 여성 슈퍼히어로들과 그 궤가 다르다. 스톰은 독립적인 인물이고, 그 누구와도 이성(異性)적 관계로 연결되지 않는다.4) 그녀는 오로지 자신의 힘과 능력, 그리고 강하고 올바른 가치관을 통해 슈퍼히어로로써 자신의 정체성을 확립하고 적과 대적한다. 흥미로운 것은 영화에서 스톰이 이처럼 이성애적 관계에서 배제된 독립적 인물로 그려지는 것에 반해 원작 만화에서는 블랙 팬서와 결혼과 이혼까지 한 경험이 있는 인물이라는 점이다. 슈퍼히어로 만화는 텍스트의 양이 방대하고 현재까지 수백 명의 슈퍼히어로 캐릭터들이 복잡하게 관계를 맺고 있긴 하다. 하지만 영화에서는 이러한 서사적 맥락보다 사회적 관점에서 보다 다양한 영웅을 보여 주려는 시도를 스톰을 통해 실행하는 것처럼 보인다. 때문에 영화에서의 스톰은 새로운 여성 슈퍼히어로에 대한 요구를 일정 부분 반영한 것으로 해석할 수 있을 것이다.

그렇다고 스톰이 기존의 사회적 여성상을 완전히 전복하는 인물은 아니다. 영화에서 스톰은 남성 중심의 이성애 관계를 만드는 장치로 소모되지는 않지만, 그녀는 전형적인 여성상의 또 다른 모습인 모성애를 영화 곳곳에서 드러낸다. 〈엑스맨 2: 엑스투〉에서 스톰은 악당인 스트라이커의 본거지에 잠입했을 때, 적을 공격하는 것보다 납치된 아이들을 구하는 데 집중한다. 그녀는 감시 모니터를 통해 학교에서 납치된 돌연변

---

4) 그렇다고 스톰이 이성애적으로 매력이 없는 여성으로 묘사되는 것은 아니다. 영화 〈엑스맨〉의 초기 시리즈에서 스톰을 연기한 배우는 아름다운 혹인 여배우로 평가받는 할리 베리Halle Berry였다. 그럼에도 영화에서 스톰은 그 어떤 남성 슈퍼히어로와도 이성애적으로 관계되지 않는다. 그녀의 여성적 매력은 남성 중심의 성적 장치로 소모되지 않는 것이다.

이 아이들이 철창에 감금된 것을 확인하자마자 아이들을 향해 달려간다. 이런 면에서 스톰은 상당히 고전적이고 사회적으로 규정된 여성상, 모성애적 행동을 보여 준다. 아이들을 돌보는 데, 그리고 엑스맨의 리더인 찰스 자비에를 돌보는 데 상당한 애착을 보이는 스톰의 행동은 그녀가 이 조직에서 어머니와 같은 역할을 하는 것으로 보이게끔 한다.

하지만 그녀를 전통적인 여성상과 차별화시킬 수 있는 이유는, 스톰은 의존적인 인물이 아니라 위기의 순간 스스로 명확하고 원칙적인 판단을 내리기 때문이다. 그녀는 결단력과 합리성을 보인다. 스톰은 동정심과 같은 감정에 따라 행동하는 성향이 있지만 자신의 가치관과 행동 권한에 대해 중심이 잘 잡힌 인물이다. 즉 스톰은 현대적 관념에서 이상화된 완벽한 여성상에 가까운 여성 슈퍼히어로로 영화에서 묘사된다 할 수 있다.

엑스맨의 또 다른 여성 캐릭터인 미스틱은 자유자재로 외형을 바꿀 수 있는 인물이다. 미스틱의 본 모습은 여성이지만, 그녀는 남성으로, 아이나 노인으로, 백인이나 흑인으로 자신의 겉모습을 변화시킬 수 있다. 이러한 외적 특성으로 인해 얼핏 보면 미스틱은 다양성을 상징하는 캐릭터처럼 보이기도 한다. 하지만 미스틱에게는 오히려 고정적인 편견이 주어지는데, 그것은 바로 부정적인 여성의 이미지이다. 미스틱이 가짜 외형을 흉내 내지 않을 때, 그녀의 본 모습은 푸른 비늘에 뒤덮인 모습으로 마치 뱀을 연상시킨다. 성서에서 비롯되는 것 같은 뱀의 부정적 이미지와 뱀과 이브의 악연, 그리고 미스틱의 극단적인 목적 지향성은 오랜 시간 가부장적 사회에 축적된 여성에 대한 부정적 편견을 드러내는 듯하다. 스톰이 현대적 관념에서 올바른 여성상으로 그려지는 것에 반해 미스틱은 과거의 관념에서 부정적 여성상을 드러내는 악녀의 이미지로 영화에 등장하는 것이다.

엑스맨의 또 다른 여성 슈퍼히어로 진 그레이는 보수적인 시각으로 볼 때 가장 전형적인 여성상이다. 〈엑스맨〉에서 그녀는 누구보다 뛰어난 힘과 능력을 지녔음에도 불구하고 주변인들에게 의존적이고, 특히 남성 슈퍼히어로들에게 의존적이다. 그녀는 자신의 멘토인 찰스 자비에에게 정신적으로 의존하고, 연인인 사이클롭에는 감정적으로, 그리고 강력한 남성성을 드러내는 울버린에게는 물리적인 힘의 측면에서 의존한다. 하지만 진은 자신의 능력을 깨닫고 점점 독립적인 인물이 된다. 〈엑스맨 2: 엑스투〉의 마지막 부분에서 그녀는 주변의 만류에도 불구하고 자신의 선택으로 다른 이들을 살리고 자신을 희생한다. 의존적인 인물에서 독립적 인물로 진의 캐릭터가 발전하고 변화하는 여성상의 모습이 영화 시리즈를 통해 드러나는 것이다. 그러나 시리즈 3편인 〈엑스맨: 최후의 전쟁 X-Men: The Last Stand〉(2006)에서 진의 캐릭터는 다시 부정적 여성 이미지로 회귀하는 한계를 보이게 된다.

엑스맨의 여성 슈퍼히어로들이 새로운 여성상을 제시하기는 하지만 영화에서 여전히 여성은 남성 슈퍼히어로의 조력자 혹은 보조적 관계를 형성하는 역할에 머물 뿐 이야기의 중심인물로 기능하지는 않는다. 그렇지만 다양한 슈퍼히어로를 원하는 영화 관객의 요구, 새로운 슈퍼히어로 캐릭터를 확장하고자 하는 제작사의 목적은 여성 슈퍼히어로가 주인공인 영화를 제작하게끔 만들고 있다. 〈캡틴 마블 Captain Marvel〉(2019년 개봉 예정)은 TV 시리즈를 제외하고 마블 시네마틱 유니버스에서는 최초로 여성 슈퍼히어로가 주인공인 영화가 될 예정이다. DC의 〈원더 우먼 Wonder Woman〉(2017)은 이미 엄청난 흥행 스코어를 기록하며 여성 슈퍼히어로 영화가 가능성이 아닌 확실한 시장성을 지닌 영화임을 입증했다. 특히 해외 시장보다 미국에서 상당히 좋은 평가를 받은 〈원더 우먼〉의 성공은 여러 가지 생각할 과제들을 던져 준다. 부드럽지만 강인한 여성 영웅에 담긴 정치적 함의,[5] 여성 감독이 만든 여성 슈퍼히어로 영화의 성공이라는 측면, 여성에 대한 사회적 차별과 이를 실력으로 뒤집는 젠더 편견을 영화의 전면에 등장시켰다는 점 등 독립된 여성 슈퍼히어로 영화에 필요한 요소들을 일정 부분 제시한 것이다. 사회문화적 변화, 여성 관객의 증대, 슈퍼히어로 영화의 양적 증가와 다양화 등 이 영화 이후에 여성 슈퍼히어로를 주인공으로 하는 슈퍼히어로 영화가 점차 증가할 것이라는 사실을 예측할 수 있는 이유는 쉽게 찾을 수 있다.

마블 코믹스는 새 아이언맨 캐릭터를 여성으로 발표했다. 이 여성은 15세의 학생이며, 또한 흑인이기도 하다. 백인 남성 군수 재벌이었던 슈퍼히어로가 십대의 흑인 여성 학생 아이언맨으로 바뀐 것이다. 슈퍼히어로 콘텐츠가 얼마만큼 대중들의 요구와 문화적 변화에 민감하게 반응하는지 엿볼 수 있는 부분이다. 코믹북의 설정은 현재 마블이 진행하고 있는 영화 시리즈가 종료되고 새로운 시리즈가 시작될 때 적용될 가능성이 크다. 보통 6~7년의 기간을 두고 시리즈 라인업을 기획하는 마블의 전략으로 볼 때, 여성 슈퍼히어로의 증가 등 향후 더욱 적극적으로 요구될 팬들의 요구와 가속화될 문화적 변화는 기획적으로 반영될 것이다. 이러한 성 역할의 교환은 최근 대중문화의 주요 트렌드라고 할 수 있는 '젠더 스와프(Gender swap)'로 이해할 수 있다. 대중문화를 소비하는 여성의 파워가 커질수록 젠더 스와프가 활성화됨을 생각할 때, 슈퍼히어로 영화 및 콘텐츠에서도 점차 여성 소비자의 영향력이 확대되어 가고 있음을 알 수 있는 대목이다.

---

5) 문화콘텐츠에서의 왕, 대통령, 지도자의 캐릭터는 의도적이든 그렇지 않든 당대의 정치 지도자와 연관성을 갖게 된다. 막말과 독단성으로 무장한 2017년의 미국 대통령을 떠올리면 미국 관객들이 영화 〈원더 우먼〉에 열광하는 정치적 함의가 일부 해석될 것이다.

성별의 문제만큼 가장 가시적으로 보이는 다양성의 문제는 인종이다. 슈퍼히어로 영화가 백인 영웅주의를 대표한다는 비판은 인종 차별의 문제로 확대 해석될 가능성이 있었다. 자연스레 흑인 슈퍼히어로 영화에 대한 요구들이 존재했고, 〈스폰〉, 〈핸콕 Hancock〉(2008) 등의 흑인 슈퍼히어로가 주인공인 영화들이 등장했다. 그런데 스폰과 핸콕은 주류 슈퍼히어로 영화의 영웅들과는 다른 성향으로 등장한다. 스폰은 어둠의 세계에서 지옥의 군대를 지휘하는 전사이고, 핸콕은 사람들이 기피하는 까칠한 슈퍼히어로이다. 둘 모두 정의감이나 윤리의식, 책임감 등 긍정적으로 인식되는 사회적 가치에 따라 행동하는 주류 백인 슈퍼히어로들과는 다른 모습을 보이는 것이다. 스폰과 핸콕에게는 이들이 흑인이라는 차별 의식이 심어져 있다. 이로 인해 주류 슈퍼히어로와 경계를 만드는 반영웅성이 강하게 드러나는 한계를 갖는다.

반면 마블의 슈퍼히어로 영화에 등장하는 흑인 슈퍼히어로들은 백인들이 점유했던 주류 슈퍼히어로의 가치를 동일하게 공유한다. 가장 대표적인 캐릭터는 워머신과 팔콘이다. 워머신은 아이언맨의 조력자이고 팔콘은 캡틴 아메리카의 조력자 역할을 하며, 둘 모두 어벤져스의 일원으로 활동한다. 워머신과 팔콘은 모두 흑인이지만, 이들이 흑인이라는 점이 어떠한 차별을 만들지 않으며 둘은 모두 다른 동료들과 같은 가치관을 공유한 슈퍼히어로로 등장한다. 하지만 오히려 이러한 점이 흑인 슈퍼히어로만의 가치를 드러내지 못한다는 한계로 지적되기도 한다. 백인 영웅주의에 흡수된 형태로 흑인 슈퍼히어로가 소모된다고 해석되는 것이다.

이러한 점들에서 블랙 팬서는 매우 중요한 흑인 슈퍼히어로이다. 〈캡틴 아메리카: 시빌 워〉에서 마블 영화에 처음 등장하는 블랙 팬서는 아프리카인이지만 다른 슈퍼히어로들보다 뛰어난 지능을 갖고 있고 부유하며 왕족으로 높은 사회적 계급을 가지고 있기까지 하다. 즉, 그는 여러 방면에서 백인보다 우월한 흑인이다. 그는 논리적인 사고를 하며 일국의 왕으로써 품위 있는 언어를 사용한다. 그동안 할리우드 영화에서 교육이 부족하고, 범죄 환경에 내몰린 부정적 모습으로 그려지는 흑인들과는 완전히 다른 인물로 묘사된다. 블랙 팬서는 단순히 차별에 저항하는 흑인 영웅을 넘어 인종의 문제를 초월한 완전한 슈퍼히어로이다.

〈캡틴 아메리카: 시빌 워〉에서 블랙 팬서는 주인공의 조력자가 아닌 독립적 캐릭터로 서사에 중요한 전환점들을 만드는 역할을 한다. 또한 마블은 블랙 팬서를 주인공으로 한 캐릭터 영화를 만들 계획을 이미 밝힌 바 있다. 블랙 팬서는 캡틴 아메리카, 토르, 아이언맨 등 인기 있는 백인 슈퍼히어로들과 같은 위치에서 서게 될 것이다. 〈원더 우먼〉이 여성이 주인공인 슈퍼히어로 영화의 편견을 넘어선 것처럼 블랙 팬서도 인종이란 측면에서 슈퍼히어로 영화의 문화적 다양성을 넓히는 역할을 하게 되는 것이다.

그런데 블랙 팬서가 흑인 슈퍼히어로로써 중요성을 갖는 이유는 비단 이 캐릭터가 영화에서 차지하는 비중의 문제뿐만이 아니다. 영화에서의 역할이 현대의 문화적 다양성을 반영하는 하나의 모습이라면, 원작 만화에 나타나는 블랙 팬서의 탄생 배경에는 인종 문제와 관련한 사회적 함의가 폭넓게 담겨 있다. 원작에서 블랙 팬서가 등장한 1960년대의 미국은 인종 문제로 심각한 사회적 분열을 겪던 시기이며, 흑인 인권 운동이 사회 전면에 등장했던 시기이기도 하다. 코믹북 〈판타스틱 4〉에 블랙 팬서가 처음 등장한 때가 1966년임을 생각할 때, (비록 원작자인 스탠 리가 명확히 밝힌 바는 없지만) '블랙 팬서'라는 이름이 1965년에 결성된 미국의 급진적 흑인운동단체 '흑표당(Black Panther Party)'[6)]에서

---

6) 블랙팬서당은 1960년대 흑인 해방 운동의 두 흐름 가운데 마틴 루터 킹*Martin Luther King*의 비폭력 노선이 아닌 급진적 저항 노선인 말콤 엑스*Malcolm X*의 블랙파워운동 (Black Power Movement)을 상징하는 단체이다. 이들은 흑인들에 대한 불평등을

따온 것이라는 추측은 어렵지 않다. 온 몸에 검은 갑옷을 두르고 악당과 싸우는 블랙 팬서는 인종 차별에 대한 비판, 그리고 당시 미국의 사회상을 보여 주는 슈퍼히어로의 상징적 모습이라 할 수 있다.

원작 만화에서의 블랙 팬서의 탄생이 미국 내 인종 차별에 대한 함의를 담고 있다면, 슈퍼히어로 영화에서 재탄생하는 블랙 팬서에는 흑인에 대한 긍정적 이미지가 반영되어 있다. 블랙 팬서가 영화에 등장하는 2016년의 미국 대통령은 바로 미국 역사상 최초의 흑인 대통령인 버락 오바마*Barack Obama*이다. 오바마는 미국 역사상 이례적으로 50퍼센트를 상회하는 높은 인기를 구가하며 대통령 2기 임기를 마쳤는데, 슈퍼히어로 영화 속 블랙 팬서에도 그 이미지가 투영되었던 것으로 보인다. 〈캡틴 아메리카: 시빌 워〉와 2018년 개봉 예정인 〈블랙 팬서〉의 책임프로듀서인 네이트 무어*Nate Moore*는 인터뷰를 통해 직접적으로 블랙 팬서와 오바마를 비교하기도 했다.

우리는 블랙 팬서를 오바마처럼 생각했습니다. 마치 제임스 본드와 같은 오바마 말이죠. 블랙 팬서는 한 나라를 이끄는 지도자일 뿐 아니라 그 나라에서 가장 싸움을 잘하는 사람이기도 합니다. 그는 정말로 위험한 상황에 뛰어 들어가 그 문제를 풀어야만 하죠. 그는 단지 사람들의 얼굴에 주먹을 날리는 것으로 사건을 해결하려 하지 않습니다. 그는 정치적인 지식과 요령을 사용하려 합니다. 그는 현명하며, 독창적이기까지 합니다.[7]

종결지을 수 있는 수단으로 무장저항을 주장했다. 블랙팬서당의 무장 저항은 '자기 방어'라는 조건을 내걸고 있었으나, 과격한 폭력성은 대중들의 우려를 받은 것도 사실이다. (이춘입, 「미국의 블랙파워운동과 제3세계: 블랙팬더당과 흑인 여성을 중심으로」, 『서양사론』 128권, 한국서양학회, 2016, 321~350쪽 참조.)

7) Deggans, Eric. "2016: Age Of The On-Screen Black Superhero." NPR, 2016. 5. 7.

흑인 슈퍼히어로의 등장과 역할이 미국 내 인종 차별 문제에 관한 것이라면, 최근에 들어서 슈퍼히어로 콘텐츠는 미국 밖의 문화권에 대한 접근을 시도하고 있다. 2014년에 캐릭터 교체가 이뤄진 미즈 마블은 그 대표적 예이다. 미즈 마블은 기존 금발의 백인 미녀에서 십대 무슬림 소녀 '카밀라 칸'으로 캐릭터가 교체되었다. 테러리즘 등의 이유로 그동안 미국, 그리고 슈퍼히어로가 적대적으로 대했던 무슬림을 슈퍼히어로로 등장시켰다는 점은 혁신적인 변화로 읽힐 만하다.

하지만 코믹북 〈미즈 마블〉을 통해 무슬림에 대한 심도 깊은 종교적 고찰, 문화 차이에 대한 논의가 이뤄지는 것은 아니다. 카밀라 칸은 미국에 살고 있는 파키스탄 이민자이며, 이민자 2세인 십대 소녀 카밀라에게 무슬림으로써의 정체성은 뚜렷이 드러나지 않는다. 오히려 그녀는 돼지고기를 먹고 싶어 하고, 평소에 히잡(hijab)이나 차도르(chādor)를 거부하는 등 종교에 얽매이지 않고 싶어 하는 자유분방한 성격을 갖고 있다. 따라서 카밀라는 보수적인 그녀의 어머니와 잦은 부딪힘을 겪는데, 이러한 모습은 전통적인 가치관을 가지고 있는 부모 세대와의 갈등이라는 미국 이민자 가족들의 일상적 고민을 드러내는 것이기도 하다. 카밀라가 자신이 갖게 되는 초인적인 힘과 능력으로 인해 정체성의 혼란을 겪는 모습은 이민자 2세로서의 고민과 닮아 있다. 자신이 살아가는 사회와 부모가 유지하는 사회 사이에서 정체성의 고민을 겪는 이민자 2세의 혼란성이 평범했던 십대 소녀가 미즈 마블이라는 슈퍼히어로가 되는 과정의 정체성 고민과 연계되는 것이다.

하지만 미즈 마블에는 주류 문화가 문화적 다양성을 인정하고 그 차이를 받아들이는 과정들이 담겨 있다. 아래의 그림에서 알 수 있듯

---

http://www.npr.org/2016/05/07/477089249/2016-age-of-the-on-screen-black-superhero

과거의 미즈 마블 캐릭터는 금발의 백인 여성으로 노출이 많은 의상을 입으며 여성의 성적 매력을 강하게 드러내는 이미지를 갖고 있다. 하지만 새로운 미즈 마블 캐릭터는 유색 인종이며, 히잡을 쓴 것까진 아니지만 최대한 노출을 자제하고 있는 것을 확인할 수 있다. 비록 카밀라가 무슬림으로써 정체성을 보이지는 않지만, 그녀의 문화적 배경을 슈퍼히어로 콘텐츠가 충분히 반영하고 있는 것이다.

〈그림 2〉 미즈 마블 캐릭터의 변화
출처: http://marvel.wikia.com/wiki/Ms._Marvel
http://realitysandwich.com/216306/ms_marvel/

이처럼 인종과 성별을 초월한 슈퍼히어로의 등장은 문화적 다양성의 반영으로 해석할 수도 있다. 반면에 미국적 대중문화인 슈퍼히어로 콘텐츠의 캐릭터에 무슬림을 사용한다는 점에서 미국이 타 문화를 인정하지 않고 자신의 문화를 강요하며 취하는 보수적인 자세에 대한 풍자로도 읽힐 수 있다. 하지만 다른 문화의 인물, 더군다나 적대시하는 민족의 인물을 미국적 슈퍼히어로로 만든다는 것은 이전의 슈퍼히어로들과 확연히 차별되는 문화적 다양성에 대한 새로운 시도들임에는 분명하다. 새로운 미즈 마블의 원작자인 G. 윌로 윌슨*Gwendolyn Willow Wilson*이 이슬람으로 개종한 미국 여성이라는 점도 자신의 경험을 바탕으로 종교와 문화를 넘어서는 슈퍼히어로를 만들어 내고자 했음을 뒷받침한다고 할 수 있다.

하지만 다양성을 지닌 슈퍼히어로의 등장에는 시장의 확장이나 문화적 다양성의 적용과 같은 긍정적 결과와는 별개로 사회적 약자와 소수자에 대한 주류 사회의 차별이라는 문제의식이 바탕이 되는 것 또한 사실이다. 슈퍼히어로는 엄청난 힘을 가진 초인적 존재이고, 인간보다 우월한 존재이며 영웅이다. 하지만 다른 성별, 피부색, 종교를 가진 비주류 슈퍼히어로의 등장은 사회적 관념에서 슈퍼히어로의 우월성을 훼손하는 것이 될 수 있다. 때문에 이들이 주류 사회로 흡수되는 과정은 자신들의 정체성 문제, 공동체에서 자신의 소수성을 극복해 가는 고난의 과정을 그림으로써 슈퍼히어로의 존재 가치를 확인해야 한다. 그러나 대부분의 슈퍼히어로 영화는 이 복잡한 사회적 주제를 회피한다.

그런 점에서 엑스맨 시리즈는 이 차별의 과정을 담은 거의 유일한 슈퍼히어로 영화라 할 수 있다. 엑스맨 시리즈는 표면적으로 프로페서 X와 매그니토가 대립하지만, 그들이 맞서는 이유는 인간을 대하는 생각의 차이 때문이다. 프로페서 X는 인간과 돌연변이가 공존할 수 있다고 믿지만, 매그니토는 인간을 돌연변이의 적으로 규정한다. 때문에 궁극적으로 엑스맨 시리즈는 돌연변이와 인간의 대결을 그리는 영화이다. 이는 사회적 다수와 소수자의 분쟁이 상징화된 것으로 해석할 수 있으며, 이런 이유로 엑스맨 시리즈는 사회적 차별에 대한 주제 의식을 담고 있다고 평가된다. 다만 엑스맨이 돌연변이의 시각으로 바라보는 세상에 대한 이야기라는 점을 기억해야 할 필요가 있다. 사회적 다수에 해당하는 일반 관객은 소수자의 입장에서 본 차별을 체험해야 하며, 이를 통해 다수의 폭력적 횡포에 대한 경각심을 얻게 된다.

하지만 엑스맨의 사회에는 실제 사회와 큰 차이가 존재한다. 실제 사회에서 사회적 소수자는 그냥 약자일 뿐이며, 따라서 소수자는 다수의 관용에 기대야 생존이 가능하다. 하지만 엑스맨의 돌연변이는 소수이고 사회적 약자임에도 다수를 압도하는 힘을 지니고 있다. 이는 명확히 현실과 구분되는 다른 점이다. 엑스맨의 세계에서는 오히려 사회적 약자가 다수에게 관용을 베풀어야 하는 아이러니가 발생하는 것이다. 이는 인간을 공존의 대상으로 보는 프로페서 X의 생각과 일치한다. 때문에 프로페서 X와 매그니토의 대립은 화합과 분열의 대조라 할 수 있다. 매그니토는 거대한 힘을 가진 소수자(돌연변이)를 바라보는 다수(인간)의 불편한 시선을 위협으로 받아들이며, 이들에게 관용을 베푸는 것을 부당하게 생각하기 때문이다.

이러한 모습은 우리 사회가 소수자를 바라보는 불편한 시선과 닿아 있다. 장애인, 성 소수자와 같은 사회적 약자들에 대한 차별은 물론이거니와 점차 사회적 힘을 얻어 가는 소수자에 대한 경계가 공격적 행동들로 드러나는 것에 대한 비판인 것이다. 미국 사회가 유색 인종을 대하는 태도, 여러 국가들에서 이민자와 난민을 바라보는 불편한 시선이 예가 될 것이다. 이민자와 일자리 문제, 그리고 이민자의 증가에 따른 그들의 정치적 권한의 생성 등은 백인으로 대표되는 다수의 주류 계층이 그동안 누려 왔던 권리를 빼앗긴다고 생각할 수 있는 문제이다. 혹은 이슬람 이민자와 같이 다수에게 불편한 힘을 지닌 존재처럼 인식되는 소수자에 대한 이야기이자 불안감의 표시일 수도 있다.

결국 엑스맨의 차별은 나와 다르다는 이유에서 생겨나는 차별이다. 전혀 다른 능력을 지니고 있는 존재를 대할 때 우리는 그들을 부정하려 하거나 심지어 경멸하려 할 것이다. 이는 대단히 현실적인 반응이다.

그럼에도 불구하고 어벤져스 시리즈 영화에서 시민들은 슈퍼히어로의 티셔츠를 입고 그들에게 환호하지만, 엑스맨에서 인간들은 돌연변이들을 박해한다. 이러한 차이를 만드는 핵심은 우리가 엑스맨은 우리와 '다른' 존재로, 어벤져스는 우리보다 '나은' 존재로 인식하기 때문이다. 엑스맨이 공동체에 기여하는 존재로 인정되더라고 그들이 다르다고 규정되는 한 엑스맨에 대한 사회적 인식은 개선되지 않을 것이다. 따라서 슈퍼히어로 영화에서 사회적 차별을 받은 소수자들이 등장해 다수보다 나은 존재로써 능력을 발휘하고 사회적 인정을 받는 모습은 의미를 갖는다. 그들이 차별적 존재에서 벗어날 수 있음을 뜻하는 것이기 때문이다.

인종, 성별, 국적의 문제처럼 겉으로 드러나는 문제가 아닌 사회 내의 문제, 이를 테면 사회적 계급이 다른 슈퍼히어로도 21세기의 슈퍼히어로 영화에는 등장한다. 아이언맨은 군수 재벌이고, 배트맨 역시 재벌이며, 블랙 팬서는 한 국가의 왕이고, 헐크인 브루스 배너는 천재 과학자, 캡틴 아메리카는 전쟁 영웅인 군인이다. 이들처럼 사회 지도적 위치에 있는 인물들이 있는 반면, 고등학생 토니 파커(스파이더맨)처럼 평범한 인물들 혹은 상대적 약자들이 슈퍼히어로 영화에 등장하고 있는 점 역시 다양성이라는 측면에서 주목할 만하다.

그러한 경향에서 마블 시네마틱 유니버스 이후의 슈퍼히어로 영화들 중 영웅의 조건화란 측면에서 가장 차별화된 영웅은 〈앤트맨〉이라고 할 수 있다. 앤트맨은 성별이나 인종과 같은 외형적, 문화적 조건의 다양성이라기보다 사회적 의미에서 차별화된 슈퍼히어로이다. 지극히 평범하고, 소시민적인 인물을 통해 관객들의 공감을 이끌어 내도록 유도하는 최초의 대중화된 슈퍼히어로라고 할 수 있다.

앤트맨이 되기 전 스콧 랭은 사회적으로 바닥에 떨어진 인물이다. 영화의 시작은 랭이 교도소에서 출소하는 장면으로 시작한다. 그의 주변

인물이라곤 교도소에서 만난 히스패닉 친구뿐이다. 랭은 전과자라는 이유로 취직에 어려움을 겪는데, 아이스크림 가게에서마저도 전과자란 이유로 해고를 당한다. 그는 이혼을 당했고, 양육권을 상실했으며, 양육비가 체납 상태라 딸을 만나는 데도 어려움을 겪는다. 이처럼 랭이 처해진 상황은 지극히 현실적이다. 그의 상황, 고민, 장애물은 전쟁, 권력 등의 문제와는 동떨어져 있다. 랭에게는 이데올로기와 관련한 아무런 연관성도 찾기 어렵다. 그의 문제는 일반적인 현실의 문제이고 평범한 사람들이 고민할 수 있는 문제이다. 군사 과학 기술이나 신권 분쟁 문제, 정치 이데올로기와 같이 여타의 슈퍼히어로 영화의 도입부에 제시되는 장애 요소와는 확연한 차이를 보인다.

하지만 랭은 원래 능력 있는 엔지니어이며 공학 석사 학위자이기도 하다. 그가 전과자가 된 이유는 회사 내부 고발자로 해고를 당하고 경제 사범으로 구속됐기 때문이다. 랭은 회사의 비리를 알게 되자 사장의 집에 침입해 비리로 축적된 자금을 피해자인 소액 주주들에게 돌려준다. 개인적 이득을 위한 행동이 아닌 이타적 행위를 하지만 그 절차의 문제로 전과자가 되고 사회적 지위를 상실하는 것이다. 영화 속 이야기에서도 '로빈 훗'에 비유하며 약자들을 위해 권력자를 공격하는 그의 행동을 언급한다.

이처럼 랭은 본래 영웅적 기질을 가지고 있지만, 영화는 이를 의도적으로 가린다. 현재 처지에 랭은 군인도 전사도 아닌 그냥 전과자일 뿐이다. 랭이 했던 행동은 공동체에 기여했던 이타적 행위이지만 영화에서는 괴팍스런 도둑질 행위로 묘사된다. 이마저도 아주 짧게 서술되며, 영화의 초반에 랭을 설명하는 대부분은 그가 현재 처한 밑바닥의 삶에 대해서이다. 의도적으로 그의 영웅적 기질을 현재의 초라한 삶으로 가려 버리는 것이다. 이를 통해 랭은 보다 평범한 소시민의 모습을 갖추고 그 영향으로 관객이 이 인물에 공감할 영역은 넓어진다.

이러한 부분은 스콧 랭이라는 인물을 영화의 주인공으로 설정함으로써 이미 전략화된 것으로 볼 수 있다. 원작 만화에 등장하는 1대 앤트맨은 영화에서 랭의 멘토 역할을 하는 과학자 행크 핌이다. 핌은 앤트맨의 기술을 발명한 엘리트 과학자이다. 핌에게는 우월성을 바탕으로 한, 과거부터 유지되어 온 영웅주의가 대입된다. 반면 영화에서는 원작의 2대 앤트맨인 스콧 랭의 캐릭터를 원작에서보다도 더 사회적 약자로 변모시켜 앤트맨의 이야기를 시작한다. 엘리트 천재 과학자의 역할을 가난한 전과자에 옮겨 원작과 달리 차별화된 대중적 영웅상을 영화에 투영하는 것이다.

결국 핵심은 관객의 공감을 이끌어 낼 수 있는 인물을 영웅으로 만드는 것이다. 랭은 우리가 사는 세계와 동떨어진 인물이 아닌 평범한 사람이다. 이러한 점은 그를 호감 가고 공감하기 좋은 인물이 되게끔 하는 조건이 된다. 본래 고대의 신화적 영웅은 일상 세계와 모험의 세계로 이원화해 영웅의 여정을 진행한다.[8] 이는 슈퍼히어로 영화의 서사 구조 속에서도 반복되는 특징이었다. 일상 세계를 벗어나 영웅이 모험의 세계로 진입할 때, 관객은 현실적 공감 능력을 상실하고 영웅의 여정에 대한 다른 향유 장치들을 작동한다. 〈앤트맨〉 역시 서사 구조라는 측면에서는 이러한 특징이 반복된다. 하지만 영웅이 평범한 인물로 지위가 내려올 때 그 이원성은 어느 정도 해소된다. 영웅이라는 인물에 대한 공감성이 일정 부분 유지되는 것이다.

인물의 외적 조건, 사회적 조건 외에 행위 동기에서도 이와 같은 평범함, 공감성은 발견된다. 랭의 행동 선택 과정과 목적은 대부분 딸과 연관되어

---

8) 영웅 세계의 이원화에 대한 내용은 다음의 책들을 참고할 것. 조셉 캠벨, 빌 모이어스 대담, 이윤기 역, 『신화의 힘』, 이끌리오, 2002. 크리스토퍼 보글러, 함춘성 역, 『신화, 영웅, 그리고 시나리오 쓰기』, 무우수, 2005.

있다. 그의 목적은 거창한 국가적, 사회적 기여를 위한 것이 아니라 개인적인 목적일 뿐이다. 랭이 앤트맨이 되겠다고 결정하는 동기는 경제적 능력을 갖춰 딸의 생일 때까지 멋진 아빠가 되겠다는 개인적인 이유이다. 물론 개인적 동기에서 시작하지만 랭이 앤트맨이 된 이후에 그의 태도는 점차 대의적 정의를 실현하기 위한 행동으로 변화해 간다. 하지만 이러한 움직임도 딸을 위한 영웅이 되겠다는 의지에 바탕을 둔다. 여전히 개인적 동기가 강하게 작동하는 것이다. 부성애와 같은 평범한 주제를 통해 관객의 공감을 유도하는 전략은 유지된다. 영화의 대사에 등장하듯 랭이 앤트맨의 슈트를 입는 것은 가족에 대한 속죄의 기회이자, 딸을 볼 수 있는 기회가 되는 것이다.

랭의 평범함은 대척점에 서 있는 악당 대런 크로스와 여러 면에서 대조된다. 크로스가 최첨단의 기술과 거대 자본을 갖춘 자라면 랭은 스스로를 좀도둑이라 칭하듯 범죄, 절도 기술을 가진 가난한 전과자일 뿐이다. 이 역설적 환경에서 둘을 영웅과 악당으로 갈라놓는 것은 행위 목적이다. 앤트맨의 기술을 악한 방면으로 활용하는 크로스와 다르게 랭과 핌은 기술의 선한 의도성을 강조한다. 이 대립에 따라 기술을 차지하기 위한 랭과 크로스의 대립이 영화의 메인 플롯이 된다.

〈앤트맨〉은 수많은 슈퍼히어로 영화들 중에서 장르적으로 가장 코미디 요소가 강한 슈퍼히어로 영화이다. 〈앤트맨〉에 코미디 장르가 부각되는 이유 또한 주인공의 소시민적 특징과 평이성을 강화하는 요소로 이해할 수 있다. 국가 간의 전쟁, 세계의 종말이나 지구의 위협과 같은 무거운 주제보다 가족애와 같이 가볍게 접근할 수 있는 주제가 코미디 요소와 함께 제공된다. 이를 위해 원작에서 랭이 딸의 심장 수술을 위해 슈트를 입는 것과 같은 무거운 설정들은 배제된다. 사건의 해결 방식도 거대한 힘의 대결이라기보다는 전략과 기술에 따른 팀플레이가 중심이 된다.

슈퍼히어로 영화라는 특징 상 액션 요소가 특화되지만, 이야기의 전개라는 면에서는 오히려 코미디 범죄 영화에 가깝게 사건이 해결된다고 볼 수 있다.

랭이 평범한 인물이라는 점에서 그가 슈퍼히어로가 되는 것은 우연적 결과처럼 보이지만, 그는 이미 영웅으로서의 면모를 갖추고 있다. 랭은 체제에 반항해 그 결과로 가족을 잃은 자이고, 이러한 점은 그의 멘토인 핌과의 공통점이자9) 다른 슈퍼히어로들에게서 발견되는 특징이기도 하다. 즉 랭은 애초에 정의로움과 이타적 희생정신을 가진 영웅의 면모를 지니고 있는 인물이다. 사고를 통해 능력이 생기는 우연적 행위가 아니라 핌이 랭을 직접 앤트맨으로 선택했다는 점도 이를 뒷받침한다. 랭이 가진 영웅적 자질이 이미 인정을 받는 것이다. 다만 현재의 랭이 처해 있는 상황과 전과자와 같은 그의 외적 조건들이 영웅적 면모를 가릴 뿐이다. 하지만 역설적이게도 이를 통해 관객은 동질감과 같은 공감을 얻게 된다. 이에 따라 영화는 영웅으로서 랭의 원래 모습을 밝혀내는 과정을 따른다. 평범한, 혹은 부족한 인간처럼 보였던 랭이 자신의 영웅적 본성을 되찾아 슈퍼히어로로 등극하는 과정이 영화의 서사 줄기가 되는 것이다.

사건을 해결하는 과정에서도 영웅의 면모가 나타난다. 랭은 위기의 순간에 딸을 위한 이타적 희생을 한다. 그는 죽음을 감수하고 딸을 구하기 위한 선택을 한다. 랭의 선택은 사회 공동체나 국가, 세계의 보호와 같은 거대한 담론과 관련되지 않는다. 그는 자신의 딸을 보호하기 위해 스스로를 희생하는 것이다. 이러한 점 역시 관객의 공감을 얻을

---

9) 행크 핌은 냉전 시대에 앤트맨으로 활약하던 시절, 핵무기를 해체하는 작전 수행 과정 중 아내를 잃는 사고를 당한다. 이 사건 이후 핌은 앤트맨의 기술을 군사적으로 활용하려는 국가 군사 조직 '쉴드'의 계획에 반기를 들고, 이로 인해 기술 개발 과정에서 배제된다. 이러한 결과들로 핌은 그의 딸에게마저 아버지로 인정받지 못하게 된다.

수 있는 부분이다. 앤트맨은 그가 가진 특별한 능력과 관계없이 평범한 인간이고 우리와 비슷한 생각을 하는 사람이다. 앤트맨에게서 강한 힘을 가진 우월한 영웅의 모습은 강조되지 않는다. 세계를 구하겠다는 비장한 희생정신이 느껴지지도 않는다. '나와 아무 관련 없는 모르는 사람을 위해 희생할 수 있을까'와 '내 가족을 위해 희생할 수 있을까'는 완전히 다른 문제이다. 최소한의 영웅적 조건인 희생에 관해서도 〈앤트맨〉은 평범한 사람의 고민을 대변하는 것이다.

요약하자면 〈앤트맨〉은 공감이라는 향유 전략을 강화하기 위해 평범한 인물을 슈퍼히어로로 등장시킨다. 앤트맨은 대중적 영웅이며 이전과 차별화된 영웅주의를 보인다. 이러한 새로운 슈퍼히어로의 성향은 〈앤트맨〉 이후 점차 확대된다. 세상을 구하는 영웅으로 능력의 한계치가 높아진 스파이더맨은 다시 평범한 고등학생으로 마블 시네마틱 유니버스에서 리부트된다. 마블 최초의 여성 주인공 슈퍼히어로 〈캡틴 마블〉과 흑인 주인공 슈퍼히어로 영화 〈블랙 팬서〉도 제작 계획이 발표되었다. 강인한 여성 슈퍼히어로 〈원더 우먼〉은 이미 성과를 보였다. 대중적 슈퍼히어로를 표방했던 〈앤트맨〉과 같이 시대적 담론을 반영하는 변화된 영웅주의, 문화적 다양성을 갖춘 슈퍼히어로 영화의 경향은 점차 강해질 것이다.

성별, 인종, 문화, 종교, 계급 등 다양한 사회적 문제들이 반영된 슈퍼히어로의 새로운 등장과 변화는 슈퍼히어로 콘텐츠의 일종의 새로운 트렌드라고 할 수 있다. 이는 문화적 다양성이 중요한 사회적 가치가 된 사회 문화의 변화와 함께, 이러한 새로운 문화를 체험하고 있는 새로운 세대가 슈퍼히어로 영화의 주요 향유자가 됐기 때문에 발생하는 현상들이다. 그런 면에서 아이언맨처럼 기계 공학, 인공 지능 등 새로운 테크놀로지를 갖춘 슈퍼히어로의 인기도 의미를 갖는다. 우연히 얻은 능력, 방사능

피폭 등으로 인해 생긴 원인을 알 수 없는 기이한 능력이 아니라 현대 과학의 힘이 실현 가능한 슈퍼히어로를 만들어 내고 있기 때문이다. 이처럼 현재적 과학 기술의 적용도 슈퍼히어로의 또 하나의 새로운 트렌드이자 다양성이라 할 수 있다.

슈퍼히어로에 적용되는 문화적 다양성을 새로운 트렌드로 생각할 때, 영화보다 만화 원작이 보다 적극적으로 사회문화적 맥락의 다양성을 갖춘 슈퍼히어로를 만들어 내는 이유를 이해할 수 있다. 과거의 슈퍼히어로가 초인적인 힘의 종류나 그 힘을 얻게 되는 과정 등을 통해 캐릭터의 차이를 만들었다면, 요즘의 슈퍼히어로는 문화적 다양성이 캐릭터의 변별성을 만드는 핵심적 요소가 된다. 이러한 변화는 사회성의 반영일 수도 있고, 일종의 테스트 전략일 수도 있다. 원작의 실험들을 토대로 슈퍼히어로 콘텐츠 시장의 반응이 분석될 것이고, 영화는 뒤이어 그 경향성을 반영해 갈 것이다.

6

미디어를 가로지르는 영웅들, 트랜스미디어 스토리텔링 전략

슈퍼히어로 영화의 시작은 원작인 코믹북(comic book)[1]에서 비롯한다. 때문에 슈퍼히어로 영화의 창작 과정은 코믹북, 그래픽노블을 영화로 옮기는 작업에서부터 시작한다고 할 수 있다. 이 전환 과정은 각색, 매체 전환, 크로스미디어, 트랜스미디어 등 언뜻 비슷하게 들리는 용어들의 다양한 개념과 정의로 설명될 수 있다.

각색의 범주는 생각보다 넓다. 학술적 개념에 있어서도 학자들의 견해에 따라 적용 폭이 다르고, 현장에서의 실제 용례는 학술적 개념과는 또 다르다. 하지만 일반적으로 각색은 원작을 다른 매체에 적용시키기 위해 이야기에 변형을 주는 창작 행위를 뜻한다. 근래에는 동일 매체의

---

[1] 영화 등의 영상 미디어, 소설 등의 문자 미디어와 구분해 이야기를 이미지, 그림으로 구현하는 출판 미디어, 이미지 미디어로써 '만화'라는 용어가 있다. 그럼에도 불구하고 만화의 하위 장르라 할 수 있는 '코믹북'이라는 용어를 사용하는 이유는, 슈퍼히어로 만화가 초기의 코믹북 시기와 후기의 그래픽노블 시기의 장르 스타일이 매우 차별적으로 나타나기에 이를 구분하기 위해서이다.

창작에 있어서도 원안자가 아닌 다른 작가가 개입해 이야기의 전체적 구조에 변형을 줄 때 각색이란 용어를 사용하기도 한다. 하지만 이런 경우는 원작이 존재하지 않는 순수 창작물의 이야기 개발 과정에 해당하기 때문에 특정한 개념화가 요구되지 않는, 사용자 집단에 의해 합의된 용어 사용에 가깝다. 통상적으로 각색은 원작을 새로운 매체로 전환할 때 전환 대상이 되는 매체에 알맞은 이야기로 변형시키기 위한 스토리텔링 과정이다. 때문에 대부분의 경우 각색에는 성공한 원작이 필요하다. 그것이 상업적 성공이든 예술적 성취를 거둔 작품이든 말이다.

원작을 영화, 드라마, 게임 등의 다매체로 전환하는 슈퍼히어로 장르에 있어 각색은 가장 필수적인 창작 기술이다. 당연히 슈퍼히어로 장르가 만화에서 영화로 전환되는 과정은 상당 기간 동안 각색을 활용해 이뤄졌다. 슈퍼맨, 배트맨, 데어데블, 그린랜턴, 판타스틱 4, 스파이더맨 등 성공적인 슈퍼히어로 원작 만화들이 각색을 통해 영화로 전환되었다. 이들 중에는 성공한 슈퍼히어로 영화도 있는 반면 실패작으로 기록된 영화들도 있다. 슈퍼히어로 영화가 실패할 경우에 원인으로 지적되는 요인은 보통 '영화화의 실패', 즉 성공적이지 못한 전환 전략이 이유로 꼽힌다. 이를 구체화해 보면, 원작의 이야기를 영화라는 매체 성격에 맞게 성공적으로 안착시키는데 실패했다는 기획 측면의 전략 문제와 원작을 효율적으로 각색하지 못했다는 창작 측면의 문제로 나눌 수 있다. 원작을 각색하는 경우에는 필연적으로 원작에 대한 만족도를 유지, 상승시켜야 한다는 부담감이 작용한다. 원작을 경험한 관객과 팬덤에게 각색의 다시 쓰기 과정은 원작을 훼손했다는 비판 대상이 된다. 마찬가지로 새로운 매체에 원작의 향유 요소가 구현되지 못했을 때에도 원작의 만족도가 훼손되었다는 비판에 빠질 가능성이 있다.

이러한 위험성에도 불구하고 슈퍼히어로 영화는 꾸준히 각색되었다.

슈퍼히어로 장르가 지니고 있는 향유 요소나 매체 속성은 차치하고, 스토리 창작 기술이라는 측면에서만 볼 때 각색은 오랜 시간 동안 매체 전환의 유일하고 필수적인 스토리 구축 과정이었기 때문이다. 그런데 디지털 미디어의 부각과 함께 새로운 매체 전환 스토리텔링의 기술이 등장한다. 바로 트랜스미디어 스토리텔링이다. 트랜스미디어 스토리텔링은 각색과 같이 성공한 원작을 다시 쓰기 방식을 통해 매체 전환하는 것이라 아니라 통합적 스토리를 여러 미디어를 통해 분절하는 방식을 취한다. 이를 통해 원작의 이야기는 하나의 매체 전환으로 다시 쓰이는 것이 아니라 서로 다른 미디어를 통해 새로 쓰이며, 여러 미디어 전환을 통한 이야기의 확장이 이뤄진다. 향유자의 입장에서도 여러 미디어를 통해 분절된 스토리를 취합해 하나의 단일한 스토리로 이해하고 경험하기 위한 노력이 필요하다. 이러한 노력의 과정이 트랜스미디어 스토리텔링의 핵심 향유 방식이 된다.

영화 〈매트릭스〉 시리즈가 트랜스미디어 스토리텔링의 대표적 예인데, 〈매트릭스〉 시리즈는 3편의 영화 사이에 애니메이션, 게임 등을 끼워 넣어 이야기를 확장한다. 각각의 미디어에서 재현되는 '매트릭스' 스토리는 영화와는 다른 스토리를 전개하고, 영화에서는 생략된 캐릭터에 대한 설명을 보충하기도 한다. 이렇게 애니메이션, 게임 등을 통해 전개된 캐릭터, 스토리의 추가는 이어지는 속편의 영화에 그대로 반영된다. 만약 각색의 방식으로 매체 전환이 이뤄졌다면 이 추가된 스토리는 영화에서 다시 설명돼야겠지만, 〈매트릭스〉 시리즈에서는 그에 대한 반복적 설명이 이뤄지지 않는다. 안드레야 필립스 *Andrea Philips* 는 *A Creator's Guide to Transmedia Storytelling*을 통해 트랜스미디어 스토리텔링의 주요한 특징으로 미디어 간 불필요한 중복 회피(avoidance of redundancy between media)를 말한다.[2] 이는 서사 재현 방식으로써의 각색과 트랜스미디어 스토리텔링의 가장 차별적 특징이 된다.

하지만 미디어 간 중복 설명이 이뤄지지 않음으로 인해, 사용자가 여러 미디어를 통해 얼마만큼 스토리를 체험했는지가 트랜스미디어 스토리텔링의 만족도를 결정하는 요소가 된다. 각색이 원작의 훼손이라는 팬덤의 비판에 직면할 가능성이 높은 반면, 트랜스미디어 스토리텔링은 전환된 텍스트의 이해가 어렵다는 비판을 받을 가능성이 높다. 여러 미디어를 가로지르는 '매트릭스'의 모든 트랜스미디어 스토리를 경험하지 않은 관객이라면, 영화 〈매트릭스〉의 속편에 대한 스토리 이해도가 현저히 떨어질 것은 분명하다. 이는 다양한 미디어를 통해 더 많은 사용자를 유입하려는 트랜스미디어 스토리텔링의 목적과도 부합하지 않는 것이다. 때문에 이를 극복하기 위해서는 트랜스미디어 스토리텔링의 경우 적극적인 향유자의 참여가 우선돼야 한다.

각색에 기대고 있던 슈퍼히어로 영화의 매체 전환 기술은 점차 새로운 방식인 트랜스미디어 스토리텔링을 적용하기 시작한다. 이 두 가지 매체 전환 스토리텔링이 적용되는 예를 분류하자면 성공한 코믹북의 판권 판매 형식으로 영화를 제작하는 초기의 슈퍼히어로 영화 형태는 각색이라 할 수 있고, 마블 시네마틱 유니버스 이후에 통합적 스토리의 분할을 시도하는 작품들은 트랜스미디어 스토리텔링 전략을 활용하고 있다고 볼 수 있다. 다만 마블 제작의 슈퍼히어로 영화가 영화 〈매트릭스〉 시리즈처럼 완전한 형태의 트랜스미디어 스토리텔링을 구사한다고 보기는 어렵다. 마블의 슈퍼히어로 영화는 앞서 언급한 트랜스미디어 스토리텔링의 위험성을 보완하기 위해 트랜스미디어 스토리텔링을 형식적 전략으로만 차용한다.

---

2) Philips, Andrea. *A Creator's guide to Transmedia Storytelling: how to captivate and engage audiences across multiple platforms*, Mc Graw Hill, 2012, p.15.

계속해서 지적한 대로 트랜스미디어 스토리텔링의 가장 큰 한계는 모든 이용자가 트랜스미디어 콘텐츠의 이용과 소비에 관심이 있는 것이 아니며 트랜스미디어 스토리텔링에 적극 참여하지도 않는 것이다. 또한 이용자들이 트랜스미디어 과정에 참여하는 정도에 따라 참여의 격차가 벌어지고, 이는 이용자들을 위계화시키는 결과를 낳기까지 한다.[3] 트랜스미디어 스토리텔링에는 스토리를 근간으로 개별 콘텐츠를 안 보면 전체 맥락(context)을 이해할 수 없는 구조로 만들어 궁금증을 유발, 개별 콘텐츠를 구매하게 하려는 경제적 의도가 숨겨져 있다. 소비자에 따라서는 이러한 트랜스미디어 콘텐츠의 의도적인 이윤 창출 구조에 불편함과 불쾌함을 느낄 것이다.[4]

결국 트랜스미디어 스토리텔링의 한계를 극복하는 열쇠는 향유자, 즉 트랜스미디어 콘텐츠를 이용하는 소비자에게 있다. 트랜스미디어 콘텐츠의 부정적인 면을 인식하는 사용자와 달리, 이 새로운 방식에 호기심을 갖고 적극적으로 트랜스미디어 스토리텔링에 참여하는 사용자는 이면의 경제적 의도와는 상관없이 이 새로운 스토리텔링의 향유 방식 자체를 열광적으로 받아들인다. 서성은의 주장대로 트랜스미디어 스토리텔링은 "스토리텔링을 적극적으로 다시 쓰고, 함께 쓰고자 하는 관객들, 독자들, 수용자들, 사용자들의 욕망을 기반으로 한다. 미디어와 미디어를 넘나들면서 하나의 스토리가 가진 궁극의 의미에 도달하고자 하는 적극적인 사용자들의 욕망이 매체 변환을 촉진시키는 것이다."[5]

---

3) Evans, E. "Character, Audience Agency and Trans-media Drama." *Media, Culture and Society*, Vol.30, No.1, 2008, pp.197-213. (전경란, 「트랜스미디어 콘텐츠의 텍스트 및 이용 특징」,『한국콘텐츠학회 논문지』, 10호, 한국콘텐츠학회, 2010, 248쪽에서 재인용.)

4) 신동희 · 김희경, 「트랜스미디어 콘텐츠 연구: 스토리텔링의 개념화」,『한국콘텐츠학회논문지』 10권, 한국콘텐츠학회, 2010, 185쪽.

5) 서성은, 「매체 전환 스토리텔링 연구」, 이화여자대학교 박사논문, 2015, 26쪽.

하지만 이처럼 참여자에게 기대는 것만으로는 콘텐츠의 생산을 기대할 수 없는 것은 당연하다. 참여자의 향유 행위는 전적으로 생산된 콘텐츠를 소비하고, 해석하고, 확장하는 과정을 통해 이뤄지기 때문이다. 매우 당연하게도 소비자를 유인할 수 있는 콘텐츠의 생산이 전제되지 않는다면 참여와 향유는 불가능하다. 생산자가 경제적 의도성을 가지고 있지 않다면 향유자의 참여를 가능하게 하는 완성도를 갖춘 콘텐츠가 제공되는 것이 애초에 불가능한 것이다. 따라서 참여자 중심의 스토리텔링 분석은 실질적인 스토리텔링의 구현이라는 점에서는 한계를 보일 수밖에 없다. 이처럼 서로 다른 경로에서 나타나 대조되는 트랜스미디어 스토리텔링의 한계는 역설적으로 생산자와 참여자 양쪽에게 경제적 이익과 향유 즐거움이라는 각각의 목적이 충족될 수 있는 콘텐츠가 필요한 이유가 된다.

바로 이 지점에서 슈퍼히어로 영화는 성공적인 매체 전환 스토리텔링으로서의 가능성을 보인다. 마블 시네마틱 유니버스의 슈퍼히어로 영화를 보면, 〈어벤져스〉 시리즈를 중심으로 아이언맨, 캡틴 아메리카, 토르, 헐크, 앤트맨 등의 시리즈가 연결된다. 각각의 슈퍼히어로 영화는 코믹북 원작을 영화로 매체 전환해 이야기를 다시 쓰는, 각색의 방법을 취한다. 〈어벤져스〉 역시도 동일 제목의 코믹북을 각색한다. 하지만 〈어벤져스〉는 트랜스미디어 스토리텔링의 전략적 형식을 취하면서 각색과는 다른 매체 전환 성격을 갖게 된다. 개별적 슈퍼히어로 영화 시리즈와 어벤져스 시리즈까지, 마블의 슈퍼히어로 영화들이 하나의 서사 통합체로 묶이면서 〈어벤져스〉는 하나의 단일한 스토리의 장이 되고, 아이언맨, 캡틴 아메리카, 토르 등의 개별적 슈퍼히어로 영화들은 단일한 스토리를 구성하기 위한 분절된 스토리가 되는 것이다. 이것이 바로 트랜스미디어 스토리텔링이 형식적으로 적용되는 것인데, 트랜스미디어 스토리텔링의 핵심적 성격인 다매체성이 제외되는 대신에 각각의 영화 텍스트가 트랜스미디어 스토리텔링에서의 여러 미디어에 나눠진 스토리 분절 역할을 맡게 된다. 트랜스미디어 스토리텔링의 배경은 디지털 기술의 발달과 네트워크 서비스의 미디어 적용이다. 슈퍼히어로 영화의 스토리텔링은 영화라는 단일 매체에서 이뤄지기 때문에 트랜스미디어 스토리텔링의 미디어 융합성을 배제하지만, 새롭게 등장하는 스토리텔링의 변형성을 스토리 구성의 형식적 전략으로 받아들이는 것이다.

슈퍼히어로 영화는 트랜스미디어 스토리텔링을 형식적 전략으로 받아들이며 앞서 제기된 한계들인 분절된 스토리를 사용자에게 이해시키는 문제와 그에 따른 참여 격차의 문제를 보완한다. 마블의 슈퍼히어로 영화는 각각의 슈퍼히어로 영화의 서사적 독립성을 유지하면서 통합적 스토리와 연관성을 갖도록 만든다. 〈아이언맨〉을 관람한 경험은 〈어벤져스〉를 이해하는데 도움을 주는 것이 맞지만, 〈어벤져스〉의 스토리를 이해하기 위해 〈아이언맨〉의 스토리가 필수적인 것은 아니다. 이러한 현상은 마블 슈퍼히어로 영화가 스토리의 분절성을 교묘히 변형시키기 때문에 가능하다. 마블 슈퍼히어로 영화는 연속적인 스토리를 개별 텍스트를 통해 분절하는 것이 아니라 비연속적인 스토리를 통합 스토리에 순차적이지 않은 방식으로 연결하는 방법을 택한다. 전체 스토리의 일관성, 하나의 스토리로써의 정체성은 마블 시네마틱 유니버스라는 세계의 유지와 함께 캐릭터와 상징적 소품 등의 장치들, 사건과 인물의 전사(前事), 캐릭터 간 관계 등 여러 복선 장치 등을 통해 구성된다.

트랜스미디어 스토리텔링을 변형한 내러티브 전략을 통해 마블의 슈퍼히어로 영화는 아이언맨, 캡틴 아메리카, 토르 등 각각의 슈퍼히어로 캐릭터 시리즈의 관객을 고전적 할리우드 스토리텔링 방식으로 유지하면서도, 이를 포괄하는 통합체적 서사로 더 많은 관객을 유도하는 전략을 취한다. 마블의 슈퍼히어로 영화는 통합체적 서사가 존재하지만 개별적 텍스트를 통해 분절된 스토리가 일부 제외된다고 해서 그 어느 쪽도 크게 영향을 받지는 않는다. 마블 슈퍼히어로 영화가 행하는 스토리텔링 전략에서 통합적 스토리에 참여하느냐 아니냐의 문제는 전적으로 참여자의 의지에 따라 결정된다. 어느 한 텍스트를 경험하지 않았다고 해서 다른 부분이나 전체 스토리의 이해가 어렵게 설계될 만큼 스토리텔링에 대한 생산자의 통제권은 강하게 만들어지지 않는다. 여러 텍스트를 통해 전체 서사체를 보다 잘 이해할 수 있는 힌트와 부분적 스토리들이 제공되지만, 관객이 참여하고자 하는 의지가 없다면 전체 맥락은 큰 의미를 갖기 어렵다.

〈아이언맨〉과 〈퍼스트 어벤져〉, 〈토르: 천둥의 신〉을 통해 〈어벤져스〉가 구성되는 전체 맥락의 이야기가 제시되지만, 이 중 어느 텍스트만 분리해 경험한다 해도 관객의 스토리에 대한 만족도에 문제가 발생하지는 않는다. 개별적 텍스트에는 통합적 스토리를 지원하는 복선 장치들이 배치되지만, 이는 전체 서사체에 참여할 의지가 없는 관객에게는 아무런 의미를 부여하지 않는다. 이에 따라 각각의 텍스트는 온전한 스토리 완결성이 유지된다. 단일 영화 관객에게 통합적 스토리를 지원하기 위해 배치된 장치들은 의미 있는 콘텍스트로써 기능하지 않는다. 이런 양상이 유지된다면 사용자의 경험에 따라 위계화가 이뤄지는 결과가 발생하는 부작용은 나타나지 않는다. 전체 스토리를 경험하지 않는 단일 영화의 관객은 각색을 통해 매체 전환된 이야기로 콘텐츠를 향유하면 되고, 전체 스토리를 향유하고자 하는 관객은 그에 맞는 향유 방식을 찾음으로써 두 종류의 관객이 분류되기 때문이다.

그런데 최근의 슈퍼히어로 영화는 그동안 매체 전환 스토리텔링으로 익숙하고 유효한 방식으로 사용했던 개별적 각색 형태보다 통합적 스토리를 분절하는 스토리텔링 전략을 보다 강조한다. 그 이유는 다양하게 제공되는 부분적 텍스트를 통해 전체 스토리를 구성하는 콘텐츠로 관객을 유인하기 위함이다. 이는 트랜스미디어 스토리텔링의 산업적 효과로서의 특징이며, 전형적 상업 영화인 슈퍼히어로 영화가 트랜스미디어 스토리텔링을 전략적으로 자체 이입하는 이유가 된다. 마블의 슈퍼히어로 영화를 향유하는 관객은 유명 원작 콘텐츠의 각색 영화로 관람하는 관객과 전체 서사체를 이해하는 관객으로 나뉘어 유지된다. 하지만 생산자가 원하는 관객은 더 적극성을 띠는 관객이다. 적극적 참여자는 전체 스토리를 구성하는 모든 텍스트에 개입하며 콘텐츠가 만들어 내는 수익에 기여할 가능성이 훨씬 높기 때문이다.

그러므로 슈퍼히어로 영화에서 드러나는 트랜스미디어 스토리텔링의 전략적 활용은 생산자의 의도성이 선명하게 나타나는 것이라 할 수 있다. 보다 적극적으로 슈퍼히어로 영화에 참여하는 이용자를 위해서는 영화 내의 스토리 분절과 결합을 넘어, 다른 미디어를 활용하는 온전한 의미의 트랜스미디어 스토리텔링까지도 활용된다. 영화에서 비롯된 슈퍼히어로 콘텐츠는 TV 드라마, 애니메이션, 게임 뿐 아니라 다시 원작 장르인 만화를 통해서도 이야기가 확장된다. 적극적 참여자는 이 확장된 스토리를 통해 획득한 정보를 다시 슈퍼히어로 영화에 적용하며 향유의 폭을 넓힌다.

생산자의 의도성은 슈퍼히어로 영화의 스토리텔링 전략을 유지하는 중요한 근간이 된다. 이는 영화의 산업적 속성과 연관되는 것이다. 슈퍼히어로 영화와 같이 막대한 자본이 투입되는 영화에서 경제적 이익이란 콘텐츠의 생산을 유발하는 가장 결정적 요인이다. 트랜스미디어 스토리텔링을 활용한, 통합 서사체를 구성하는 여러 편의 슈퍼히어로 영화의 생산은 개별적 각색 영화의 단편적 수익보다 훨씬 많은 수익을 기대할 수 있게끔 한다. 단, 그 전제는 이 스토리텔링 전략에 소비자들이 적극적으로 참여해야 한다는 것이다.

생산자가 슈퍼히어로 영화를 통해 경제적 이익을 거두기 위해서는 소비자의 참여를 유도할 만큼 완성도 높은 콘텐츠를 우선적으로 제공해야 한다. 향유 전략은 그 이후의 과제가 되며, 그 성질상 생산자가 전적으로 통제할 수 있는 것도 아니다. 슈퍼히어로 영화를 지탱하는 이와 같은 대중적 엔터테인먼트 콘텐츠로서의 우수성은 영화로의 매체 전환이 내포하는 높은 위험성에도 불구하고 지속적인 매체 전환의 시도와 유지를 가능하게 한다.

결국 슈퍼히어로 영화는 고전적인 매체 전환 방식이라 할 수 있는 각색과 새로운 디지털 미디어 속성을 갖춘 트랜스미디어 스토리텔링을 전략으로써 동시에 사용한다. 이러한 동시 전략은 몇 가지 장점을 갖는다. 첫째, 고전적인 매체 전환 스토리텔링을 즐기는 향유자와 새로운 트랜스미디어 스토리텔링을 즐기는 향유자, 원작의 만족도를 기대하는 향유자와 영화를 통해 새롭게 유입된 향유자 등 다양한 종류의 향유자를 유입할 수 있다. 둘째, 스토리의 확장을 기대할 수 있으며, 이를 통해 향유의 폭을 넓힐 수 있다. 셋째, 영화의 매체 전환에 내재된 산업적 위험성을 낮출 수 있다.

완전한 의미의 트랜스미디어 스토리텔링에 비해 슈퍼히어로 영화가 구사하는 선별적, 전략적 성격의 매체 전환 스토리텔링은 각색이 가질 수 있는 원작 콘텐츠의 영향력을 유지한다. 또한 트랜스미디어 스토리텔링 전략을 통해 여러 텍스트로 분절된 스토리는 하나의 전체 서사체와 연동하며 각각의 영화들을 관람하는 사용자들에게 영향력을 끼친다. "영화와 같은 엔터테인먼트의 산물을 소비할 때 관객들은 그 속성들에 대한 평가 자체보다 속성에 대한 사전 기대가 상품의 선택에 영향력을 가질 것으로 예상할 수 있다."[6] 사전 지식의 정도가 영화 평가, 그 이전의 영화 선택에 있어 영향을 미치는 것이다.

　마블의 슈퍼히어로 영화는 각색과 트랜스미디어 스토리텔링이라는 매체 전환 스토리텔링의 동시 전략을 통해 경험에서 비롯하는 선택적 우위를 차지한다. 마블의 슈퍼히어로 영화는 콘텐츠 속성 자체로 사전 지식을 전달하는 측면이 있다. 원천콘텐츠인 만화의 사전 인지도는 영화로 이탈 없이 전달된다. 매체 전환된 영화에서는 에피소드형 시리즈가 아닌 통합적 서사 전략을 구사하며 각각의 마블 슈퍼히어로 영화에서 향유자가 이탈하지 않도록 하며, 시리즈가 계속될수록 더 많은 관객과 향유자의 적극적 참여를 유도한다. 여기에 슈퍼히어로 영화의 특징인 스펙터클과 원작에서부터 이어지는 캐릭터 선호성, 대규모로 홍보되는 티저 이미지 등으로 영화에 대한 사전 기대성을 높이는 전략을 사용한다. 기존의 영화에서 사전 기대를 높이는 방식인 관객의 사후 평가나 감독 인지도가 아닌 슈퍼히어로 자체의 캐릭터 인지도, 슈퍼히어로 영화 시리즈의 인지도가 사전 기대성으로 연결되는 것이다. 주지하였듯 이러한 사전 기대성은 영화의 흥행으로 직결된다.

　이러한 이유로 슈퍼히어로 영화에서 전환 대상이 되는 만화의 영향력은 디지털 미디어의 발달, 미디어 복합성 등의 문제와 별개로 여전히 큰 역할을 차지하고 있다. 헨리 젠킨스*Henry Jenkins*는 새로운 디지털 미디어가 등장한다고 해서 올드 미디어가 대체되지는 않는다고 단언한다.

　　미디어의 콘텐츠는 변할 수 있다. 미디어의 시청자가 변할 수도 있다. 1950년대 만화책이 대중적인 미디어에 속했다면 오늘날에는 틈새 미디어로 옮겨 갔다. 하지만 일단 미디어가 인간의 핵심적 요구를 충족시키도록 자리 잡게 되면, 더욱 거대한 커뮤니케이션 방법 집합

---

6) 김광수, 「영화선택 및 평가에 관한 연구」, 『광고연구』 2000년 가을호, 2000, 140쪽.

체계의 일부로써 작동하게 된다. 올드 미디어는 뉴 미디어와 공존하기를 택하였다. 그래서 지난 수십 년간의 미디어의 변화를 이해함에 컨버전스가, 디지털 혁명 패러다임보다 유효하다고 볼 수 있을 것이다. 올드 미디어는 대체되지 않았다. 새로운 기술의 등장으로 그들의 기능과 지위가 변하게 된 것이다.[7]

코믹북이 그래픽노블로 변화하고, 전자책으로 만화를 보고, 영화로 매체 전환이 되는 등 슈퍼히어로 만화를 둘러싸는 미디어 환경 자체가 변할 수는 있지만, 슈피히이로 만화의 '콘텐츠로서의 역할'은 변하지 않았다. 슈퍼히어로 만화가 독자와 대중에게 전하는 스토리텔링 기능은 여전히 유효하다. 다만 '미디어로서의 역할'에 변화가 오는 것이다. 기술의 발달과 함께 슈퍼히어로의 스토리텔링을 향유하는 방식이 만화보다 영화로 매체 전환되었을 때 훨씬 효율적이고 재미있게 변화하고, 이에 따라 슈퍼히어로 콘텐츠의 향유자들은 미디어 이주를 시작한다. 하지만 슈퍼히어로 만화는 여전히 원천 콘텐츠로써 슈퍼히어로 영화의 스토리를 제공하는 콘텐츠 역할을 유지하고, 슈퍼히어로 장르를 전체적으로 향유하는 향유자들은 여전히 코믹북과 그래픽노블에서 정보를 얻는다. 영화를 통해 슈퍼히어로 만화로 재유입되는 향유자들 또한 존재한다. 이런 양상에서는 미디어가 아닌 콘텐츠가 중심이 된다.

그러므로 슈퍼히어로의 미디어 컨버전스에서 미디어가 대체되는 것이 아니라 '새로운 기술의 등장으로 그들의 기능과 지위가 변하게 된다'는 젠킨스의 말은 적절한 지적이 된다. 스토리텔링 미디어로써 원천 콘텐츠인 코믹북, 그래픽노블은 여전히 유효하다. 때문에 여전히 만화와 슈퍼히어로 영화가 함께 공존하며, 들은 서로 상호작용을 하며 크로스미디어

---

7) 헨리 젠킨스, 앞의 책, 33쪽.

스토리텔링을 실현한다. 슈퍼히어로 영화에서 보이는 각색과 트랜스미디어 스토리텔링의 공존은 슈퍼히어로 만화와 영화의 공존에서 비롯된다고 할 수 있다. 보다 포괄적으로는 미디어 변화에 있어 올드 미디어와 뉴 미디어의 공존으로 이해할 수 있다. 미디어는 변하지만 만화와 영화는 콘텐츠로서 각각의 역할을 유지한다.

슈퍼히어로 만화가 스토리를 구성하는 콘텐츠로서 여전히 유효하게 기능하고 있다는 것은, 다른 의미로 만화에서 슈퍼히어로 영화로의 매체 전환을 통해 시대적 변이, 미디어 변형성과 관련한 슈퍼히어로 콘텐츠의 스토리텔링 변화 양상을 차별적으로 살펴볼 수 있음을 뜻한다. 여기에는 미디어의 변화가 내포하는 미디어의 통시적 속성, 기술 발달 요인 등이 매체 전환 스토리텔링에 어떻게 적용되는지의 문제들이 포함된다. 예를 들어 슈퍼히어로의 탄생 배경에는 사회성이 존재한다. 그런데 현대에서 이러한 슈퍼히어로의 탄생을 재창조할 때 그 사회성을 어떻게 재해석하는가의 차이가 발생할 것이다. 이와 같은 문제가 미디어의 시대성과 연관되는 이유는, 당시의 슈퍼히어로 콘텐츠를 담는 미디어와 현재의 미디어가 사회성을 스토리텔링에 적용시키는 차이가 동일 콘텐츠의 차별적 미디어 적용이라는 문제로 연결되기 때문이다.

이를테면 최초의 슈퍼히어로 만화는 슈퍼맨이었는데, 이 만화는 1930년대 후반 미국 신문의 삽화 그림으로 등장했다. 슈퍼맨은 대공황 시기 미국인들의 자존심을 회복시키기 위한 상징이라는 사회적 함의로 읽혀졌고, 신문이라는 매체를 통해 등장했다는 점이 슈퍼맨 이미지의 급속한 확산에 영향을 끼쳤을 것이라는 분석이 가능하다. 이후 슈퍼맨을 담는 미디어는 가판대에서 판매되는 펄프 잡지 형태로 바뀌었고, 이후에 여러 슈퍼히어로 캐릭터 만화로 확산된다. 초기의 슈퍼히어로 만화는 당시 가장 대중적 확산력이 강했던 신문을 통해 대중적 이미지를 획득했다.

이후 스토리와 이미지를 담으면서도 저렴하게 보급될 수 있었던 펄프 잡지로 미디어를 이동했다. 초창기 슈퍼히어로 콘텐츠의 스토리텔링을 구현할 수 있는 미디어의 시대성을 확인할 수 있는 대목이다.

슈퍼히어로 만화가 영화로 매체 전환을 한다는 것은 슈퍼히어로 스토리가 영화를 통해 구현될 수 있다는 기술 발달 문제를 해결했음과 더불어 영화라는 매체가 슈퍼히어로 콘텐츠를 현대적으로 제공하기에 적절한 매체임을 나타내는 것이다. 캡틴 아메리카의 예를 보자면, 1940년대 캡틴 아메리카가 만화로 등장했을 때 캡틴 아메리카는 모병제를 독려하는 전쟁 영웅의 모습이었다. 당시는 제2차 세계 대전이 진행 중이었고 캡틴 아메리카와 싸우는 나치와 히틀러는 미국의 실존하는 적이었다. 하지만 캡틴 아메리카를 영화로 재탄생시킨 2008년에 나치와 히틀러는 더 이상 존재하지 않는다. 그런데도 영화 〈퍼스트 어벤져〉는 시대적 배경을 옮기지 않는다. 영화에서도 캡틴 아메리카는 아직 1940년대에 살며, 그의 적은 나치이다. 영화에서 캡틴 아메리카는 여전히 미국의 청년들에게 참전을 독려한다. 하지만 그가 미군의 선전 수단으로 이용되는 모습은 오히려 무조건적인 국가주의와 모병제를 풍자하는 성격을 보인다. 동일한 스토리를 기반으로 함에도 사회성은 시대에 맞게 변형되어 이야기에 적용되는 것이다.

또한 영화 〈퍼스트 어벤져〉에는 기술 발달 요인이 매체 전환 스토리텔링에 영향을 끼치는 모습도 발견할 수 있다. 주인공 스티브 로저스는 빈약한 체구로 인해 입대를 번번이 거부당한다. 하지만 그는 '슈퍼솔저 프로젝트'의 피실험자로 택해져 건장한 신체를 가진 캡틴 아메리카로 변모한다. 영화에서 캡틴 아메리카 역을 연기하는 크리스 에반스는 실제로 건장한 신체를 갖고 있지만, 컴퓨터 그래픽을 통해 왜소한 스티브 로저스로 사실적으로 재현된다. 영화에 적용되는 디지털 기술이 존재하지 않았다면 캡틴 아메리카의 탄생과 인물의 동기를 표현하는 부분은 다른 사건으로 변형되었을 것이다. 군인, 나치, 애국심 등 캡틴 아메리카를 둘러싸는 중심 키워드 역시 다른 방식으로 변화했거나, 이 문제가 해결되지 않는다면 애초에 캡틴 아메리카를 영화로 전환시키지 않았을 수도 있다. 기술의 발달로 인해 캡틴 아메리카의 이야기는 사실적으로 만화에서 영상 미디어인 영화로 복원될 수 있고, 관객은 최소한 이 스토리를 기술적 거부감이라는 방해 요소 없이 향유할 수 있다.

앞서 마블 시네마틱 유니버스 제작 영화들은 〈어벤져스〉 시리즈를 중심으로 통합적 스토리와 분절된 스토리의 개별 텍스트로 구분된다고 설명했다. 그리고 이는 디지털 미디어 패러다임에 영향을 받은 새로운 스토리텔링 방식인 트랜스미디어 스토리텔링 전략을 형식적으로 이입한 것이라는 설명도 덧붙였다. 그런데 사실 과거에도 이미 OSMU[8] 제작 형태, 그리고 슈퍼히어로 연합팀과 같은 캐릭터 확장형 내러티브도 존재했다. 슈퍼맨, 배트맨, 캡틴 아메리카 등 유명 슈퍼히어로 캐릭터를 중심으로 1940년대부터 영화, TV영화, 애니메이션으로의 매체 전환이 일어났고, 캐릭터 상품 개발도 이뤄졌다. 마블의 어벤져스와 DC 코믹스의 저스티스는 현재 영화에서 재현되는 것처럼 이미 통합적 프랜차이즈 스토리를 만화를 통해 전개하고 있었다. 하지만 이처럼 다양하게 나타나는 스토리텔링의 분화가 전략적 기획하에 이뤄졌는지, 원작과 캐릭터의 인지도에 기대어 상품으로서의 파급력에 따라 후속 제작되었는지의 차이가 존재한다. 현재 슈퍼히어로 영화에서 나타나는 스토리텔링은 바로 전략적 개념의 스토리텔링이라는 점에서 이전의 양상과 차이를 보인다. 그러나 그럼에도 불구하고, 슈퍼히어로 캐릭터 자체가 지니고 있는 문화

---

8) One Source Multi Use. 하나의 콘텐츠를 다양한 플랫폼과 장르, 상품으로 개발하는 것. 스토리 전환 전략이라기보다 산업적 의미의 상품 개발 전략에 가깝다.

적 파생 능력, 콘텐츠 확장 능력은 이전부터 확인되어 왔으며, 이를 현대에 전략적으로 재구성했을 가능성도 인정해야 한다.

즉 슈퍼히어로 콘텐츠는 원작 만화에서부터 다양한 스토리텔링 확장 가능성을 보이고 있었지만, 기술의 발달과 미디어 변화를 통해 영화를 비롯한 현대적 미디어에 더 적확하게 적용되는 지점이 발견되어 활용되고 있는 것이다. 그중에서도 영화는 슈퍼히어로 만화를 매체 전환함에 있어 일종의 콘텐츠 미디어 적합성이 가장 두드러지는 매체로 기능하고 있다. 여기에는 슈퍼히어로 콘텐츠가 내포하는 사회성의 전이, 기술 발달과 적용, 미디어에 따라 변화하는 스토리텔링 기술의 문제, 영화의 산업적 특성, 무엇보다 슈퍼히어로 콘텐츠 향유자가 선호하는 방식의 미디어라는 점 등이 종합적으로 고려되었음을 확인할 수 있다.

종합하면 슈퍼히어로 만화가 영화로 매체 전환되는 과정에서 콘텐츠 자체가 핵심으로 기능하고, 미디어는 매체 성격 문제가 아닌 콘텐츠의 적용이라는 점에서 부수적인 영향을 미친다. 이는 만화, 영화, 애니메이션, 게임 등의 미디어 차이가 아닌, 콘텐츠를 구성하는 각각의 텍스트(그것이 동일 매체에서 형성된 텍스트들이라 하더라도)가 슈퍼히어로 스토리텔링에 있어 더 중요한 지위를 차지함을 뜻한다. 그에 따라 슈퍼히어로 콘텐츠를 구성하는 이 개별적 텍스트들은 상호 간에 지속적인 영향력을 행사하게 된다. 이는 슈퍼히어로 영화가 상호텍스트성을 갖고 있음을 의미한다.

그런데 슈퍼히어로 영화에 드러나는 상호텍스트성의 특이성은 상호텍스트성의 구성 방법이 다양하게 드러난다는 점과 방향성이 역전된 상호텍스트성이 나타난다는 것이다. 첫째로, 앞서 살펴보았듯 슈퍼히어로 영화는 원작인 만화가 매체 전환된 콘텐츠이며, 원작의 영향성이 강하게 드러나는 각색을 매체 전환 스토리텔링의 한 축으로 사용하기 때문에 원작과 밀접한 상호텍스트성을 갖는다. 이 형태는 가장 익숙한 방향의 상호텍스트성으로, 기 존재하는 미디어의 콘텐츠를 새로운 미디어 콘텐츠가 받아들이며 관계를 형성한다. 이럴 경우 상호텍스트성은 "이전 텍스트의 갖가지 흔적들"[9]이라고도 볼 수 있기에 여기에는 텍스트의 시간성, 모방성의 문제가 영향을 끼친다. 매체 전환을 통해 완전히 새롭게 이야기가 창작되는 것은 애초에 불가능하다. 매체 전환되는 스토리는 태생적으로 원작의 모방이자 각색으로써 방향성이 명확한 상호텍스트성을 가질 수밖에 없다.

이렇게 상호텍스트성의 방향성이 정해질 경우, 원작인 슈퍼히어로 만화를 경험한 독자는 그렇지 않은 사용자에 비해 매체 전환된 슈퍼히어로 영화에 더 강한 충성심을 보이며 스토리텔링에 개입하려 한다. 이러한 경향성은 영화, 특히 상업 영화의 특징과 결합해 더욱 두드러지게 드러난다. 슈퍼히어로 영화의 관객들은 종종 자신들의 스토리텔링 능력이 작가보다 우월하다고 느낀다. 원작 만화의 경험을 토대로 자신들이 슈퍼히어로 영화의 캐릭터들을 더 잘 알고 있다고 생각하기 때문이다. 이를 통해 관객들은 캐릭터가 어떻게 행동해야 할지, 또 어떻게 반응해야 할지 안다고 믿게 된다. 문학처럼 작가가 권위를 갖고 쓴 텍스트는 관객에게 이런 능력, 즉 생산적 해독의 위치를 허용하지 않는다. 하지만 원작의 텍스트 경험과 정보를 갖고 있는 영화 관객은 텍스트의 상투성을 쉽게 파악할 수 있다. 따라서 고급 문학 작품을 읽는 독자와 그 텍스트를 저술한 작가의 관계에서 찾아볼 수 있는 종속적 위치와 비교했을 때보다 슈퍼히어로 영화에서 관객과 텍스트의 관계는 훨씬 더 평등하다.[10] 오히려 소비자라는 특성을 활용해 관객은 주도적 위치까지 갖게 된다.

9) 우찬제, 『텍스트의 수사학』, 서강대학교출판부, 2005, 38쪽.
10) 조흡, 『영화가 정치다』, 인물과사상사, 2008, 31쪽.

상호텍스트성은 이처럼 생산자와 이용자 간에 공유된 텍스트를 조건으로 생성된다. 그것은 정보일 수도, 장르일 수도, 혹은 스토리 그 자체가 될 수도 있다. "상호텍스트성은 이렇듯 관객과 예술가 사이의 계약의 문제이다. 저자와 독자 사이에 이미 공유된 텍스트가 존재하지 않는다면, 저자에 의해 발화된 혹은 생산된 새로운 텍스트 또한 불가능하다."[11] 그런데 마블의 슈퍼히어로 영화에서 상호텍스트성이 이와 같은 기존의 이론대로 적용이 가능한지는 생각해 볼 필요가 있다. 마블의 슈퍼히어로 영화에 관객과 예술가, 즉 생산자와 이용자 사이의 공유된 계약으로서 텍스트가 존재한다고 하기에는 무리가 따르기 때문이다.

슈퍼히어로 영화에서는 캐릭터의 이름이나 일부 이미지가 대중문화의 소비 전략으로 이용된다. 이러한 소비성은 원천콘텐츠인 만화의 스토리보다 더 강한 스토리텔링 동력으로 작동한다. 때문에 수십 년의 시간을 통해 축적된 방대한 양의 원천콘텐츠 텍스트인 슈퍼히어로 만화는 영화와의 상호텍스트성에 있어 오히려 방해 요소로 작용할 가능성이 크다. 이러한 이유로 한정된 시간에 소비돼야 하는 슈퍼히어로 영화의 산업적 특성은 오히려 만화와의 상호텍스트성을 전략적으로 피해 가는 방식을 찾게 만든다.

여기서 슈퍼히어로 영화, 특히 마블 시네마틱 유니버스의 슈퍼히어로 영화에서 나타나는 상호텍스트성의 두 번째 성격이 드러난다. 마블의 슈퍼히어로 영화에는 어쩌면 원작인 만화의 영향을 받는 상호텍스트성이 존재하지 않을 가능성도 있다. 마블의 슈퍼히어로 영화에는 통합적 스토리와 분절된 스토리가 결합된 새로운 스토리텔링이 활용되고 있으며, 이 프랜차이즈 스토리를 구성하는 각각의 영화 텍스트들 간의 상호텍스트

---

11) 홍난지, 「매체 전이된 텍스트에 나타나는 상호 텍스트성이 흥행에 미치는 연구」, 『애니메이션 연구』 6권 3호, 한국애니메이션학회, 2010, 112쪽.

성이 원작과의 상호텍스트성보다 강할 것이라 예상할 수 있다.

젠킨스는 급진적 상호텍스트성이라는 개념을 통해 이를 명확히 구분 짓는다. "급진적 상호텍스트성이란 단일 매체 안에서 다수의 텍스트가 존재하거나 혹은 텍스트 구조 간의 상호텍스트성을 말한다. 가령 동일한 텍스트 안에서 캐릭터에 따라서 상호 연관된 여러 가지 서사가 존재할 때 급진적 상호텍스트성을 지녔다고 말한다."[12] 이것이 현재와 상이한 또 다른 매체로 구현되면 트랜스미디어 스토리텔링을 구성하는데, 마블의 슈퍼히어로 영화는 이 단계에서 일차적으로 멈추고 영화 시리즈 내에서 통합 서사체를 구성한다. 이와 상대되는 개념은 멀티양식성이다. "멀티양식성이란 다양한 매체들이 가지고 있는 변별적인 어포던스[13]를 의미하며, 그것은 독립적인 매체들이 각각 지니고 있는 변별적인 재현 양태를 말한다. 그 결과 각기 다른 독립적인 매체를 통해서 구현되는 서사는 차별적이고 상이한 고유의 양식성을 갖게 되는 것이다."[14]

마블의 슈퍼히어로 영화는 급진적 상호텍스트성과 멀티양식성의 중간, 혹은 급진적 상호텍스트성으로 조금 더 치우친 곳에 위치한다. 마블의 슈퍼히어로 영화는 단일 매체 안에서 다수의 텍스트가 존재한다는 점에서 급진적 상호텍스트성을 갖는 것은 분명하다. 그런데 단일 매체인 마블의 슈퍼히어로 영화가 다양한 매체의 변별적 재현 양태를 의미하는 멀티양식성을 갖는다고 말할 수 있는 이유는 최근의 마블의 슈퍼히어로 영화가 드러내는 스토리텔링의 경향성과 가능성 때문이다.

앞서 설명했듯 마블의 슈퍼히어로 영화는 통합적 서사체의 분절된

---

12) 급진적 상호텍스트성에 대한 젠킨스의 논의는 박기수의 정리를 빌린다. (박기수, 앞의 책, 52쪽.)

13) Affordance. 행동유도성. 손잡이를 보면 돌리고 싶어지는 것이 예가 될 수 있다. 박기수는 매체에 따라 유도되는 각기 다른 재현 양태가 있고, 그 결과 매체별로 상이한 서사 양식성이 발견된다는 의미로 이 용어를 사용한 것으로 보인다.

14) 박기수, 앞의 책, 52쪽.

스토리로 기능하는 각각의 텍스트가 트랜스미디어 스토리텔링의 서로 다른 미디어처럼 변별성을 보인다. 이러한 경향성은 각각의 텍스트들을 정치, 액션, 코미디, 역사, 판타지 등 여러 장르 및 소재, 세계관의 성격으로 분화시켜 변별적 스토리텔링 요소를 지닌 텍스트로 구분하는 방식으로 실행되고 있다. 이 방식이 관객의 지지를 얻어 스토리텔링 전략으로 구체화될 경우, 마블의 슈퍼히어로 영화의 전체 서사체를 구성하는 각각의 텍스트들, 이를테면 영화 캡틴 아메리카 시리즈와 앤트맨 시리즈, 그리고 어벤져스 시리즈는 영화라는 매체를 넘어 텍스트 자체가 지닌 변별적이고 고유한 양식성을 갖게 된다.

이러한 특성이 나타나는 이유는 슈퍼히어로 콘텐츠에서 영화가 차지하는 비중이 압도적이기 때문이다. 슈퍼히어로 콘텐츠를 다루는 모든 미디어에서 슈퍼히어로 영화가 갖는 대중적 파급력과 산업적 영향력은 절대적이다. 이에 따라 현실적으로 현재 슈퍼히어로 콘텐츠의 향유자 대부분은 영화를 통해 유입된 사용자일 가능성이 높다. 다만 앞서 지적했듯 영화라는 고전적 스토리텔링에 익숙한 향유자들에게 트랜스미디어 스토리텔링에서 요구되는 향유자의 적극적 참여를 요구하기는 쉽지 않다. 새로운 스토리텔링을 적용하는 마블의 슈퍼히어로 영화마저도 개별적 텍스트들이 독립적 콘텐츠로 읽힐 수 있는 분리 전략을 사용하는 이유이다.

하지만 상호텍스트성는 향유성 강화에 영향을 미치는 요소이다. 이는 곧 소비자를 하나의 텍스트가 아닌 프랜차이즈 스토리와 연결된 여러 텍스트를 소비하도록 유도하는 전략이기에 활용이 필수적이다. 슈퍼히어로 영화는 여러 미디어가 일정한 역할을 분담하는 것이 아닌 영화가 중점 콘텐츠가 되므로 영화 내에서 상호텍스트성이 이뤄지도록 유도한다. 분절된 스토리를 분담하는 개별적 슈퍼히어로 영화들과 이들이 결합하는 어벤져스 시리즈가 합해져 영화 내에서 통합적 스토리를 이루는 것은 이 때문이다. 슈퍼히어로 영화의 향유자는 다른 미디어로 이동하지 않고도 영화 텍스트들만을 통해서 상호텍스트성이 유발하는 향유성을 체험할 수 있다. 물론 이러한 향유 과정에 흥미를 느끼는 보다 적극적인 참여자는 원작인 만화를 비롯해 여러 미디어에 걸쳐진 슈퍼히어로 콘텐츠를 소비하고 경험하면서 더 많은 지식을 얻으려 할 것이다. 그렇지만 이렇게 적극적 참여를 통해 얻어진 정보는 다시 중점콘텐츠인 슈퍼히어로 영화를 중심으로 재맥락화된다.

슈퍼히어로 콘텐츠에서 차지하는 영화의 절대적 우위는 슈퍼히어로 영화의 세 번째 상호텍스트성 특성의 바탕이 된다. 원천콘텐츠인 만화에서 영화로 다시 쓰기 된, 이전 텍스트의 흔적으로서의 상호텍스트성이 아니라 후속 텍스트인 영화가 원작인 만화에 영향을 주는 상호텍스트성의 역전(逆轉)이 일어나는 것이다. 이는 일반적인 상호텍스트성의 방향성을 뒤집는 것이다. 원천콘텐츠인 슈퍼히어로 만화는 전환콘텐츠라 할 수 있는 슈퍼히어로 영화에 스토리, 캐릭터, 이미지의 제공 등으로 영향력을 미친다. 하지만 슈퍼히어로 영화가 콘텐츠 거점화되며 만들어 내는 절대적 영향력은 팬덤의 역전과 같은 향유성의 우위를 토대로 상호텍스트성의 방향을 뒤집어 원천콘텐츠에 다시 영향을 미친다. 이를 통해 원천콘텐츠인 슈퍼히어로 만화는 슈퍼히어로 영화에 영향을 받은 변형된 텍스트로 향유된다. 영화에 의해 새롭게 제공된 정보, 배우의 캐릭터성, 영상 이미지의 잔상 등이 슈퍼히어로 만화의 향유에 영향을 미치는 것이다.

최근에는 슈퍼히어로 영화에서 일어나는 캐스팅의 변화나 시리즈 성격의 변화가 만화의 새로운 시리즈에 영향을 주는 모습도 찾아볼 수 있다. 〈엑스맨〉의 중심 캐릭터 울버린을 연기하는 휴 잭맨*Hugh Jackman*이 더 이상 울버린을 연기하지 않겠다는 의사를 밝힌 이후, 만화 엑스맨의 울버린은 여성 캐릭터로 바뀌었다. 영화 〈로건 Logan〉(2017)에는 2015년부터 만화에서 공개된 여성 울버린 X-23의 역할을 다시 영화 엑스맨 시리즈에서 진행시키기 위한 성격도 엿보인다. 그래픽노블 〈아이언맨〉 에서 토니 스타크는 배우 로버트 다우니 주니어*Robert Downey Jr.*를 모사한 것처럼 캐릭터 이미지가 세밀하게 변화했다. 마블의 슈퍼히어로 영화는 어벤져스 3번째 영화를 기점으로 새로운 서사체를 구성할 것이라 예측되고 있다. 그에 대한 영향으로 새로운 캡틴 아메리카는 흑인으로 바뀌었고, 주요 슈퍼히어로 캐릭터들이 만화에서 변화하고 있다. 슈퍼히어로 영화의 영향을 받아 슈퍼히어로 만화에서 벌어지는 이러한 변화는 다시 새롭게 전개되는 슈퍼히어로 영화에 원천콘텐츠로써 활용될 것이다. 만화에서 슈퍼히어로 캐릭터의 인종과 국적, 성별이 다양해지는 문제도 마찬가지이다. 이는 영화라는 매체가 지닌 사회성으로 인해 만화의 스토리텔링, 향유성에 사회문화성이 영향을 미치는 현상으로 해석할 수 있다.

이처럼 슈퍼히어로 영화에서나 나타나는 상호텍스트성은 이전의 것과는 그 성격과 의미가 다르다. 모든 텍스트는 다른 텍스트에 연결되어 있을 뿐만 아니라 다른 텍스트를 통해 구성되고, 동시에 또 다른 텍스트를 구성하는 상호텍스트성을 갖게 된다. 텍스트의 존재성은 그것이 속해 있는 상호텍스트성이라는 유동적인 거대한 네트워크의 한 부분으로 존재하고 있다는 것이다.[15] 슈퍼히어로 영화에서 나타나는 상호텍스트성은 시간적 순서, 전환 순서에 따른 방향성이 의미를 잃는다. 동시에, 텍스트들의 관계가 구성되는 유동적인 상호텍스트성의 네트워크가 형성된다고 할 수 있다.

---

15) 김상환 외, 『라깡의 재탄생』, 창작과 비평사, 2002, 612~613쪽.

7

소비자 겸 2차 생산자, 확장하는 팬덤과 슈퍼히어로 영화

과거 고전주의 시대 엘리트주의 예술이 추구하던 예술은 원본의 가치가 인정되는 예술이며, 창작자의 의사가 일부 한정된 대상에게 일방적으로 전달되는 수동적 관람 행위의 형태로 향유가 이뤄졌다. 반면 발터 벤야민 *Walter Benjamin*은 「기술복제시대의 예술작품」[1]을 통해 아우라의 붕괴를 말하며 영화와 같은 매체에서 원본이 가지는 유일한 현존성은 사라짐을 지적했다. 예술 작품에서의 유일성의 제거는 향유 형태의 변화를 유발한다. 자크 데리다*Jacques Derrida*와 같은 포스트구조주의자들은 복사본들의 인정과 다양한 해석의 허용을 이야기했다.[2] 롤랑 바르트*Roland*

---

1) Benjamin, Walter. *Das Kunstwerk im Zeitalter seiner technischen Reproduzierbarkeit*, Reclam, 2013. (번역서: 발터 벤야민, 최성만 역, 『기술복제시대의 예술작품/사진의 작은 역사 (외)』, 길, 2007.)

2) Derrida, Jacques. trans by Alan Bass, *Structure, sign and play in the discourse of the human sciences, Writing and Difference*, Chicago University Press, 1978,

*Barthes*는 저자의 죽음과 독자의 탄생을 선언하며 저자가 부재한 자리에서 의미를 생성할 수 있는 독자와 텍스트의 개념을 제시했다.[3] 이러한 시각에서 원작의 유·일성이 지니는 절대적인 가치는 인정되지 않는다. 고전주의적 개념에서 비롯되는 전환에 있어 원작에 대한 충실성은 더 이상 요구되는 가치가 아니다. 현재의 미디어 예술은 데리다의 원본과 복사본 차이의 전복, 영화를 '텍스트'로 보는 바르트의 기호학적 관점을 거쳐 원작에 반드시 충실해야 한다는 "엘리트가 갖는 편견"을 강하게 거부한다.[4]

영화의 예술석 속성에 있어 기술의 의미를 이헤히는 것, 그리고 영화를 텍스트로 파악해 사용자와 텍스트 사이에 무한한 해석이 가능함을 인정하는 것은 영화에 있어 향유 개념의 폭을 혁신적으로 확장하게 한다. 텍스트 간의 연결, 하이퍼텍스트와 상호텍스트성의 적용이 두드러지는 지금의 엔터테인먼트 콘텐츠에서 그 확장의 속도는 더욱 가속화된다. 기술의 발달에 따른 미디어의 변화와, 그 변화를 뒷받침하는 포스트구조주의, 포스트모더니즘의 해석은 뉴 미디어 이론, 디지털 스토리텔링과 같은 뉴 내러티브의 형성에 커다란 영향을 미쳤다. 원본과 복사본의 경계의 해체, 구조의 개방성, 텍스트에 대한 다양한 해석의 시도와 새로운 가능성의 추구는 새로운 스토리텔링에 있어 텍스트에 대한 향유의 적극적 개입이 가능할 공간을 열어 주는 역할을 한다. 그 결과 비단 우리가 이야기하고 있는 슈퍼히어로 영화 뿐 아니라 모든 영화, TV, 애니메이션, 게임 등 스토리텔링 전략을 사용하는 미디어 콘텐츠에서 향유자의 역할은

---

pp. 262-302.

3) 롤랑 바르트, 김희영 역, 『텍스트의 즐거움』, 동문선, 2002.

4) Stam, Robert, "Beyond Fidelity: The Dialogics of Adaptation", *Film Adaptation*, Ed. James Naremore, New Brunswick NJ: Rutgers University Press, 2000, p.58. (카밀라 엘리엇, 「문학작품의 영화 각색과 형식/내용의 딜레마」, 『스토리텔링의 이론, 영화와 디지털을 만나다』, 한울, 2014, 196~197쪽에서 재인용.)

확대되어 간다.

능동적인 향유자는 콘텐츠의 스토리텔링에 다양한 방식으로 참여하길 원한다. 이야기를 해석하고, 토론하고, 정보를 나누고, 때로는 스토리텔링에 개입하길 원하며, 콘텐츠의 생산과 유통에 참여할 수 있는 권리를 주장하기까지 한다. 이처럼 매우 적극적이고 능동적으로 행동하는 향유자를 팬, 마니아 등의 이름으로 부르며, 이들과 이들이 만들어내는 문화현상을 통칭해 '팬덤'이라 한다.

프란체스카 코파*Francesca Coppa*는 미디어 팬덤에 대한 역사를 시대별로 정리했는데, 이는 영화사적 관점에서 팬덤을 이해하는 데도 상당 부분 도움이 된다.[5] 코파는 팬덤의 역사를 1930년대의 사이언스 픽션에서 시작된 것으로 보며, 최초의 미디어 팬덤의 출현은 1960년대 후반에 SF 장르가 TV와 영화에서 인기를 끌기 시작한 시점으로 정의한다. 그 시발점이 되는 작품은 1966년에 시작된 〈스타트렉 Star Trek〉(1966~1969)이다. 1970년대에도 〈스타트렉〉의 팬덤 인기는 계속되었고, 1970년대 후반에 이르면 블록버스터 SF, 특히 〈스타워즈 Star Wars〉(1977)가 팬덤의 새로운 세대를 시작하는 작품이 된다. 1980년대 초에는 기술적으로 향상된 블록버스터 영화들이 스타워즈 후세대로 팬덤을 형성하는데, 그 대표적 작품으로는 〈블레이드 러너 Blade Runner〉(1982)와 〈인디아나 존스2: 마궁의 사원 Indiana Jones and the Temple of Doom〉(1984)을 들 수 있다. 1980년대 후반에는 이미 미디어 간 팬덤의 크로스오버가 시작되었고, 1990년대에는 인터넷 인프라의 발달이 팬덤에 영향을 주기 시작한다. 1990년대 후반에는 온라인 테크놀로지의 접근성이 향상되면서 더 많은 사람들이 미디어 팬덤으로 유입되고, 이에 따라 만화, 음악,

---

5) 미디어 팬덤에 대한 내용은 다음의 책을 참조했음. Coppa, Francesca. "A Brief History of Media Fandom." Edt by Hellekson, Karen.(etc) *Fan Fiction And Fan Communities in the Age of the Internet*, McFarland & Co Inc Pub, 2007, pp.41-59.

애니메이션 등과 유명 스타의 팬덤까지 서로 다른 분야의 팬덤들이 충돌하는 현상이 생긴다.

2000년대에 들어서면 팬덤은 완전히 다른 형태로 변화한다. "미디어 팬덤은 이전과 비교해 더 크고, 더 시끄러워졌지만, 일정한 의미로 정의내리고 규정짓기는 어려워졌으며, 더욱 활발해졌다. '규칙 없음'이 규칙이 되고 전통적인 것들이 파괴되는 것을 볼 때, 지금은 팬덤의 포스트모던적 순간이라 할 수 있다."[6] 이제 팬덤은 다양하게 발생되는 장르와 미디어를 가로질러 자유롭게 이동하며 어떠한 규칙성을 발견하기 힘든 형태로 존재한다. 〈해리포터 Harry Potter〉(2001) 시리즈와 〈반지의 제왕 Lord of Rings〉(2001)이 그러했고, 슈퍼히어로 영화에서 그 경향성은 더욱 강화된다.

새로운 미디어 환경, 헤아릴 수 없을 정도로 늘어나는 미디어 플랫폼을 통해 폭발하는 여러 엔터테인먼트 콘텐츠에서 팬덤은 경제적인 면에서도 매우 중요하다. 또한 콘텐츠에 대한 정보가 여러 미디어와 텍스트에 뿌려지는 디지털 미디어 속성, 구체적으로는 트랜스미디어 스토리텔링에서도 팬덤의 역할은 필수적이다. 때문에 팬덤의 경제성과 마케팅 역할을 목적으로 의도적으로 팬덤 현상을 이끌어 낼 수 있는 스토리와 콘텐츠를 생산해 내는, 브렌다 로럴*Brenda Laurel*이 말한 것처럼 행동유도성(affordance)을 전략화하는 콘텐츠도 생겨난다.[7] 물론, 완성도가 있는 콘텐츠는 자연스럽게 팬덤을 만들어 낸다.

단일 텍스트가 아닌 연속적인 시리즈, 혹은 프랜차이즈 스토리를 구성하는 콘텐츠라면 팬덤의 경제적 의존도는 절대적이며, 상대적 입장에서 충성적인 팬덤은 콘텐츠를 소유한 기업에게 엄청난 경제적 수익을 가져다

---

6) *Ibid.* p.57.
7) Laurel, Brenda. *Utopian Entrepreneur*, MIT Press, 2001.

준다. 바로 이 점이 할리우드가 슈퍼히어로 캐릭터에 주목하는 배경이 된다. 슈퍼히어로 콘텐츠는 이미 마니아층을 중심으로 소비 행태가 고착되어 있다. 일정 부분의 팬덤이 수많은 독자의 검증을 받은 만화에서 출발해 영화에서 활성화하고 있기 때문이다. 슈퍼히어로 콘텐츠가 생산해내는 경제는 만화와 영화를 비롯해, TV, 애니메이션, 피규어, 완구, 디자인, 패션 분야에 이르기까지 다양한 부가 산업으로 확장력이 강하며, 그 영향력 또한 다른 어떤 문화 산업보다 강력하다.[8]

팬덤을 중심으로 충성심이 강하고 대중적 지지 기반이 강한 콘텐츠를 확보하고 있다는 것, 그리고 시청각의 종합적 향유 감각이 동원되는 영화의 매체 성격이 슈퍼히어로 콘텐츠의 향유를 강화시킨다는 점은 슈퍼히어로 콘텐츠의 영화 전환의 성공에 유리한 선제 조건이 된다. 여기에 뉴 미디어 스토리텔링의 대표적 향유 특질인 참여 문화의 특징은 팬덤의 확산에 기여한다. 트랜스미디어 스토리텔링처럼 디지털 미디어에 대한 반응으로 새롭게 등장한 스토리텔링은 소비자들에게 새로운 욕구를 불러일으키며 지식 커뮤니티의 능동적 참여에 의존한다. 향유자들은 콘텐츠를 충분히 경험하기 위하여 여러 미디어 채널, 여러 텍스트들에 걸쳐서 이야기의 파편들을 찾아내서 수집하고, 모은 정보를 온라인 토론 그룹을 통하여 다른 사람들과 비교하기도 하며, 이렇게 더 많은 시간과 노력을 투자하여 협업한 사람이 더욱 풍부한 엔터테인먼트 경험을 얻게 된다는 것을 믿는다.[9] 상호텍스트성은 콘텐츠의 생산적 구성이라는 면에서도 중요하지만, 무엇보다 향유의 문제, 특히 슈퍼히어로 콘텐츠처럼 팬덤이 강하게 형성되는 콘텐츠에선 참여 문화의 동력이 되는 중요한 향유 요소로 작용한다.

---

8) 한창완, 앞의 책, 5~6쪽.
9) 헨리 젠킨스, 앞의 책, 43쪽.

하지만 반대로 상호텍스트성이 향유의 확산을 방해하는 장애물이 될 수도 있다. 상호텍스트성의 특성으로 만들어진 텍스트들은 선행 지식들을 학습해야만 텍스트가 함축하고 있는 의미들을 찾아낼 수 있다. 상호텍스트를 전제한 하나의 텍스트를 제대로 이해하기 위해서는 그것과 연계되어 있는 모든 텍스트들을 알아야 함축된 의미들을 명확히 알 수 있는 것이다. 그렇기 때문에 여러 텍스트들을 학습하는 학습 비용이 생기게 되며, 학습을 한 능동적 향유자들만의 네트워크가 따로 형성된다. 네트워크는 상호텍스트성에 의해 더욱 벽이 높아지고, 이 벽을 넘기 위해서는 텍스트를 이해하기 위한 선행 지식들의 학습이 필요하다. 즉, 상호텍스트성의 네트워크 강화는 새로운 향유자의 진입 장벽으로 작용하고, 이것은 고착된 수용자를 만들어 뉴 미디어 스토리텔링의 특징인 향유의 확산을 기대할 수 없게 만든다.[10] 이는 상호텍스트성이 만들어 내는 모순적 가치이다. 상호텍스트성에 의해 만들어지는 여러 텍스트에 걸친 파편들을 학습하기 위한 비용은 생산자의 수익으로 연결되지만, 반대로 상호텍스트성에 의해 형성되는 일부 향유자들만의 네트워크 강화는 텍스트의 대중성을 가로막는다. 사전 지식 없이 텍스트의 이해에 한계가 있기 때문에 텍스트의 대중적 확보가 어려워지기 때문이다.

그렇게 되면 생산자가 선택할 수 있는 방법은 상호텍스트성을 포기하거나, 아예 일부 팬덤을 대상으로 하는 콘텐츠를 생산하거나, 혹은 보다 쉽게 선행 텍스트들의 정보들을 이해할 수 있는 장치를 마련하는 것이다. 텍스트 성격에 따라 정답이 다르겠지만, 마블의 슈퍼히어로 영화는 세 번째 방식을 통해 상호텍스트성이 만들어 내는 향유 제한성을 어느 정도 해소한 것으로 보인다. 슈퍼히어로 영화에서 상호텍스트 네트워크 장벽을 만드는 중심 콘텐츠는 원작인 코믹북, 그래픽노블이다. 수십

10) 홍난지, 앞의 논문, 124쪽.

년의 시간을 거쳐 워낙 방대한 분량과 정보가 분산되었기 때문에 오랜 시간 적극적인 팬덤 활동을 하지 않은 팬이라면 이 사전 지식을 따라잡는 것은 거의 불가능하다. 이러한 이유로 마블 시네마틱 유니버스는 캐릭터를 분리해 각 캐릭터를 영화화한 다음 영화화된 캐릭터들만이 상호작용하게 함으로써 원천콘텐츠 만화가 아닌 전환콘텐츠인 영화만으로 슈퍼히어로 시리즈를 충분히 즐길 수 있는 향유의 장을 만들었다. 상호텍스트성을 지워 나가는 방식을 취하는 대신, 새로운 콘텍스트의 장으로서 〈어벤져스〉 같이 텍스트들이 혼재되는 프랜차이즈 스토리를 만드는 것이다. 영화를 보는 관객들은 이 자체로 일종의 향유 기법으로써 상호텍스트성을 즐길 수 있는 기회를 갖게 된다.

또한 기존의 마니아층, 즉 사전 지식을 갖고 원작과 상호텍스트성을 확인해 가는 적극적인 향유자들에게는 여전히 그들이 즐길 수 있는 디테일을 곳곳에 배치해 재미를 배가시킨다. 소극적 향유층은 이러한 디테일을 통해 적극적 향유층으로 유입되기도 하고, 적극적 향유층은 그들 스스로 정보를 네트워크에 공급한다. 이는 영화의 마케팅에도 도움을 줄 뿐더러, 슈퍼히어로 영화를 향유하는 새로운 장으로 기능한다. 그리고 이러한 향유의 장, 팬덤이 만들어 내는 커뮤니티 정보는 창작자들이 새로운 텍스트의 창작에 참고하게끔 하는 새로운 맥락의 상호텍스트성을 만든다. 즉 이미 완료된 형태의 출판물, 영상 작품으로서의 텍스트들만 상호작용을 하는 것이 아니라 향유자들의 향유 공간마저도 상호텍스트의 한 영역으로 기능하는 것이다. 슈퍼히어로 영화를 통해 진입 장벽이 높았던 팬덤은 대중화된다. 그 결과 일부 커뮤니티만을 통해 공유되던 정보는 일반 관객의 향유에도 영향을 준다. 그리고 역으로 이 슈퍼히어로 영화 프랜차이즈에 유입된 일반 관객은 팬덤과 같은 적극적 향유에 빠져들 가능성이 높아진다.

여기서 주목할 것은 팬덤이 텍스트를 향유함에 있어 텍스트와 상호작용하며 콘텍스트를 만들어 내는 2차 생산자의 역할을 한다는 것이다. 능동적 향유자로서 팬덤은 텍스트에 대한 상호텍스트를 통해 지식을 다른 향유자들에게 운반하는 운반체로서의 역할도 한다.[11] 팬들이 만들어 내는 정보들로 이뤄진 커뮤니티들은 때로는 서로 결합하여 배경 내용보다 훨씬 더 흥미로운 무언가를 만들어 내고, 여러 분야가 얽혀 있는 공동 마케팅 전략보다도 더 복잡한 것을 만들어 낸다. 이처럼 콘텍스트의 이동을 돕기 위해 네트워크를 사용하는, 역동적으로 상호 연결된 소통형 커뮤니티를 루넨펠드는 '하이퍼콘텍스트(hypercotext)'란 용어로 설명한다.[12] 과거의 팬덤은 사전적 의미대로 정해진 텍스트에 열광하고 찬양하는 광신자에 가까웠다. 하지만 미디어의 환경이 변화고 콘텐츠의 상호작용성이 강화되면서 팬덤은 새롭게 콘텐츠를 확장하는 향유자 세력이 된다. 적극적 소비자 세력으로서의 특징은 팬덤과 같은 적극적 향유층이 텍스트에 대한 주도권을 갖도록 돕는다. 이를 통해 슈퍼히어로 영화와 같이 새로운 스토리텔링을 구현하는 콘텐츠에서는 새로운 팬덤의 역할이 만들어진다.

디지털 문화의 최대 지원지인 컴퓨터와 인터넷, 웹 문화는 팬덤이 활동할 공간을 비약적으로 넓혀 주었다. 사실상 접근성에 아무런 제한이 없는 이 공간에서 팬들은 커뮤니티를 형성하고, 자체적으로 정보를 운반하고 공유한다. 팬들의 이러한 정보 운반체로서의 기능은 상호텍스트성으로 뒤얽힌 텍스트의 이해를 쉽게 한다. 마블의 한 팬 사이트에서는[13] 마블이 제작한 모든 영상콘텐츠의 관람 순서를 제공한다. 진행형인 마블의 프랜차

---

11) 위의 논문, 124쪽.
12) Lunenfeld, Peter. *op. cit.* p.383.
13) 언급한 마블 팬 사이트는 다음의 웹 주소를 참고할 것. http://avengersuniverse.com/

이즈 스토리를 이해하기 위한 최적의 텍스트 관람 순서를 스토리의 시간적 서사 순서, 캐릭터의 등장, 텍스트의 상호작용성을 고려해 제시한다. 이 밖에도 마블 슈퍼히어로와 관련한 이용자들의 질문에 대답하고, 향후 출시 예정작, 각 페이즈 *Phase*의 작품들과 전체 서사체 내 역할 설명, TV 시리즈를 따로 분류해 텍스트의 정보를 제공한다. 이와 같은 정보 제공, 정보 운반자로서의 역할은 팬 커뮤니티의 기본적 형태이다.

다만 이러한 정보 위주의 텍스트 향유가 정보의 증가, 공론화되는 향유의 장을 생성해 해석의 폭이 넓어지는 장점을 만들 것 같지만, 오히려 해석이 좁아지는 단점을 만들 수도 있다. 팬덤의 형성은 텍스트에 대한 열광에서 시작되고, 이러한 일방적 열광은 텍스트의 창작자인 작가나 감독에 대한 찬양으로 이어지기 마련이다. 때문에 커뮤니티에서 형성되는 정보의 흐름은 감독의 의도를 읽으려는 것으로 쏠릴 수 있다. 커뮤니티를 통해 모여든 집단 지성이 감독의 의도만을 정답이라 생각하므로 이를 뒷받침할 정보를 찾아내는 데 집중되기 때문이다. 다양하게 자신만의 해석을 하는 것이 아닌 힌트가 되는 정보들을 통해 정답을 도출하려는 움직임이 생겨난다. 백과사전식 정보 운반 위주의 향유가 팬덤 문화와 만나 생길 수 있는 일종의 "비성찰적 팬덤(unreflexive fandom)"[14]이라 할 수 있다.(하지만 물론 이 역시 향유의 일부분임은 분명하다.)

이러한 일부 부작용에 대한 염려와 달리, 팬덤은 디지털 기술, 새로운 스토리텔링 기술과 만나 그 움직임이 매우 확산되고 역할은 다양화된다. 젠킨스의 다음의 글은 디지털 미디어 스토리텔링에서 팬 문화가 만들어 내는 새로운 경향성과 파급력에 대해 말한다.

---

14) Lunenfeld, Peter. *op. cit.* p.385.

팬들은 항상 뉴 미디어 기술의 얼리어답터로 활약해 왔다. 허구의 세계에 매료된 그들은, 코스튬에서 팬 매거진, 그리고 이제는 디지털 영화에 이르기까지 새로운 형태의 문화 생산에 영감을 주고 있다. 팬들은 주로 가장 활발한 미디어 수용자층에 속한다. 주어진 것들을 단순히 받아들이기보다는, 완전히 참여할 수 있는 권리를 요구하곤 한다. 이것이 새로운 사실은 아니다. 다만, 변한 것이 있다면 이러한 팬 문화의 가시성이다. 웹은 아마추어 문화 생산자들에게 있어서 매우 강력한 유통 채널을 제공하고 있다. 아마추어들은 수십 년간 집에서 영화를 제작해 왔지만, 이제 이 영화들을 공개할 통로를 얻게 된 것이다.[15]

슈퍼히어로 영화의 팬 문화 역시 다양한 방면으로 확산된다. 슈퍼히어로 캐릭터의 상징이라 할 수 있는 코스튬부터 시작해, 원작 만화를 영화로 전환할 때 어떠한 배우가 좋을지에 대한 팬 캐스팅(fan casting)도 온라인 커뮤니티를 통해 이뤄진다. 코스튬은 텍스트를 받아들이고 팬덤 내부적으로 향유하는 문화이지만, 이와 달리 팬 캐스팅은 슈퍼히어로 영화 스토리텔링에 개입하려는 팬덤의 의도를 내보인다.

여기까지도 팬덤은 여전히 적극성을 띤 미디어 '수용자'의 입장이지만, 팬 필름(fan film), 팬 트레일러(fan trailer) 등의 제작은 수용자, 향유자의 위치를 넘어 생산자로 팬덤의 역할을 확장한다. 새로운 콘텐츠를 제작하는 팬 문화는 뉴 미디어의 산업 속성과 얽혀 이전의 수용자 입장과는 전혀 다른 의미와 결과를 만들어 낸다.

팬들이 생산해 내는 디지털 미디어 콘텐츠는 다양한 형태로 존재한다. 먼저, 직접 제작 형태의 팬 필름이 있다. 가장 보편적인 형태의 슈퍼히어로 팬 필름은 슈퍼히어로 캐릭터를 이용해 새로운 스토리를 만드는 디지털

---

15) 헨리 젠킨스, 앞의 책, 199쪽.

단편 영화이다. 보통 슈퍼히어로 팬 필름은 슈퍼히어로 캐릭터만을 사용하기 때문에 극장에 개봉되는 슈퍼히어로 영화에서 전개되는 스토리를 침해하지는 않는다. 하지만 영상 콘텐츠라는 특성으로 인해 팬 필름은 슈퍼히어로 영화의 이미지와 영상 효과에 강한 영향을 받는다. 그동안 슈퍼히어로 캐릭터의 거대한 힘과 초인적 능력이라는 특성과 액션 장르, 그리고 기존의 슈퍼히어로 영화가 보여주는 스펙터클 이미지의 고정관념으로 인해 슈퍼히어로 영화는 팬 필름이 접근하기에 어려운 영역으로 여겨졌다. 하지만 디지털 기술의 확산과 보급은 할리우드 제작자가 아닌 일반인들에게도 일정 수준 이상의 슈퍼히어로 콘텐츠 영상의 제작 가능성을 만들어 내고 있다. 실제로 몇몇 팬 필름은 상당한 수준의 기술적 성취를 만들어 내며 팬들의 지지를 받고 있다.

2015년 공개된 〈Marvel Knights: Spider-Man〉이라는 팬 필름은 스파이더맨을 주인공으로 만들어진 팬 필름이다. 이 영상은 촬영, 편집, 액션의 연출, 특수 효과 등에서 팬 필름이라고 믿기 어려울 정도의 기술적 완성도를 보여주며, 유튜브*youtube*에서 920만 건이 넘는 조회 수를 기록하는 등 팬들의 폭발적 지지를 받았다.

〈그림 3〉 팬 필름 〈Marvel Knights: Spider-Man〉
출처: https://www.youtube.com/watch?v=rVDcdlXlzgg

성공적인 팬 필름의 제작자는 후속 작품에 대한 후원 제안을 받게 되며, 개인 제작 콘텐츠로서의 팬 필름이 아닌 마블 등 기업이 만드는 슈퍼히어로 콘텐츠 제작에 참여하는 창작자로 발탁될 수도 있다. 〈Marvel Knights: Spider-Man〉은 'Legit Media'라는 소규모 미디어 제작사에 의해 만들어졌는데, 이 제작사는 '타코벨'이라는 패스트푸드 기업의 지원을 받아 콘텐츠를 제작한다. 팬 필름이 적극적 향유 문화로서의 수준을 넘어 수익 모델로까지 나아가는 것이다.

디지털 미디어 시대 이전 과거에 팬 필름은 팬의 서랍장에 보관되어 있는 비디오 테이프였겠지만, 지금은 웹 채널을 통해 전 세계로 공급되는 수익성까지 갖춘 콘텐츠가 된다. 과거에는 공개 채널이 없던 팬 문화가 할리우드를 위협할 일이 없었지만, 기술 발달이 변화시킨 미디어 환경에서는 얘기가 달라진다. 팬 문화의 확장성은 예측하기가 어렵고, 경우에 따라서는 기업들의 지식 재산권을 위협할 수 있는 수준에 이를 수도 있다. 기술이 일부 생산자만 독점하는 권리가 아니라, 이제는 모든 일반인이 활용할 수 있게 된 것이 이러한 환경 변화의 이유가 된다. 기술의 확산은 팬들의 창의성을 급속도로 확산시키는 계기가 된다. 과거에는 이런 문제들이 제작을 할 수 있는 권한에만 해당되는 것이었지만, 이제는 웹 문화를 통해 콘텐츠를 유통, 보급할 수 있는 영역으로까지 넓어진다. 유통은 곧 산업 영역과 직결되는 것이기에 웹이 만들어 내는 문화 생산자들의 유통 채널 확대는 슈퍼히어로 영화와 같은 상업적인 콘텐츠에는 생각보다 심각한 논쟁들을 야기할 수 있다.

물론 디지털 기술의 확산이 긍정적인 팬 참여 문화에 기여하는 측면 역시 간과할 수는 없다. 예를 들어 한국의 슈퍼히어로 영화 팬덤은 인터뷰, 티저 영상 등 다양한 관련 콘텐츠들의 한국어 번역 자막을 제공해 콘텐츠를 만들어 낸다. 슈퍼히어로 콘텐츠 제작사의 손길이 미치지 않는 소규모 미디어와 커뮤니티들에서 한국의 팬덤이 자발적으로 움직이는 것인데, 생산자의 입장에서 보면 한국 시장에 매우 효율적인 홍보가 팬덤을 통해 자체적으로 이뤄지는 것이다.

공식적으로 제공되는 콘텐츠 소스를 편집하는 방식 이외에 다른 국가의 팬 참여 문화와의 교류도 활발히 이뤄진다. 해외에서 제작된 팬 제작물을 한국의 팬덤이 옮기거나 번역하고, 반대로 한국에서 편집된 높은 수준의 팬 트레일러는 다시 미국과 해외의 팬덤으로 옮겨진다. 이러한 직접 참여 형식의 팬 콘텐츠 제작, 팬 참여 문화의 교류, 즉각적인 정보의 업데이트 등은 역시나 유튜브와 같은 디지털 미디어 유통 채널이 만들어 내는 효과이다. 미디어 접근성의 혁신적 개선과 향유자 참여 커뮤니티의 비약적 증가는 팬 참여 문화에 있어 국가, 언어와 같은 정보 호환의 장벽을 사라지게 한다. 팬 참여 문화의 교류가 매우 활발해지고 실시간적이 되는 것이다.

현재 나타나는 미디어의 변화는 누구나 문화에 적극적으로 참여할 수 있는 권리를 부여한다. 이러한 현상은 소비자에게 미디어의 힘이 주어질 때 가능하다. 이와 관련한 디지털 미디어의 참여성에 대해 논의하며 젠킨스는 상호작용과 참여의 개념을 구분할 필요가 있음을 주장한다. 그에 따르면 상호작용은 소비자의 피드백에 보다 잘 반응할 수 있도록 기술이 적용된 방식이다. 상호작용성에 대한 제약은 기술적 요소에 기인한다. 주어진 환경에 사용자가 어떻게 상호작용할 수 있는가는 디자이너에 의하여 사전에 설계된다. 그에 반해 참여는 문화적이거나 사회적인 프로토콜에 의하여 정의된다. 참여는 미디어 제작자보다 미디어 소비자들의 통제에 더 많은 영향을 받는다.[16] 기술적 요소에 의해 향유자와 텍스트가 커뮤니케이션하는 상호작용에 반해 팬 문화에서 나타나는 참여는

---

16) 위의 책, 200~201쪽.

미디어 제작자의 통제 밖의 활동들이다. 따라서 팬덤의 적극적 참여에 의해 만들어지는 콘텐츠들은 네트워크 내에서 텍스트의 세계를 확장하는 정도에 머물 수도 있지만, 경우에 따라서는 제작자의 콘텐츠 사용 가치와 충돌할 가능성도 있다.

팬에 의해 만들어지는 콘텐츠는 팬 필름 외에도 다양하다. 팬 트레일러는 말 그대로 팬에 의해 만들어지는 트레일러 영상이다. 팬에 의해 제작되기 때문에 가장 문제가 되는 것은 소스(source)가 한정적이라는 것이다. 영상이 어느 시점에 만들어지느냐에 따라 소스는 달라진다. 공개된 티저 영상 혹은 공식 트레일러 영상을 소스로 사용하기도 하고, 티저 영상이 제공되기도 전에 만들어지는 팬 트레일러는 기존에 만들어진 다른 슈퍼히어로 영화의 소스를 통해 트레일러 영상을 재구성하는 형식을 취한다. 팬 트레일러의 스토리는 공식적으로 공개된 부분적 줄거리를 토대로 하고, 원천콘텐츠인 원작 만화를 참고해 스토리 라인을 구성하는 것이 일반적이다.

예를 들어 〈캡틴 아메리카: 시빌 워〉의 팬 트레일러는 그동안 제작되었던 마블 시네마틱 유니버스 제작의 슈퍼히어로 영화를 중심으로 자료를 편집하고, 엑스맨의 울버린, 스파이더맨의 영상을 끼워 넣는다. 이는 이 팬 트레일러의 제작 시기가 영화가 공개되기 이전 앞으로 어벤져스 시리즈에 울버린과 스파이더맨이 추가될 것이라는 루머가 팬 커뮤니티와 인터넷 기사 등을 통해 소개될 시기였기 때문이다. 이처럼 팬 트레일러는 향후 공개되는 슈퍼히어로 영화에 대한 팬들의 기대를 반영하는 콘텐츠이기도 하다. 〈캡틴 아메리카: 시빌 워〉 팬 트레일러의 스토리는 마블을 통해 공식적으로 공개된 대로 전개된다. 슈퍼히어로 등록제를 두고 슈퍼히어로들이 서로 대립한다는 줄거리에 맞게 팬 트레일러는 여러 슈퍼히어로들이 충돌하는 과정들을 편집한다. 여기에 덧붙여 원천콘텐츠인 〈시빌 워〉 코믹북을 통해 알 수 있는 정보를 토대로 정부 기관과의 충돌 문제를 표현하는 의회, 군부대 이미지들이 추가되고, 캡틴 아메리카와 스파이더맨의 이미지를 합성하는 식으로 기존의 소스에는 없지만 필요한 이미지들을 채운다.

〈그림 4〉〈캡틴 아메리카: 시빌 워〉팬 트레일러
출처: https://www.youtube.com/watch?v=lqMo3czrB

〈그림 4〉에서 보듯, 〈캡틴 아메리카: 시빌 워〉팬 트레일러에서 스파이더맨이 합성된 장면의 의미를 이해하기 위해서는 마블 슈퍼히어로의 판권 문제에 대한 사전 지식이 필요하다. 마블이 출판사인 마블 코믹스만으로 운영될 때, 마블은 인기 있는 슈퍼히어로 캐릭터들에 대한 판권을 판매했다. 스파이더맨은 콜롬비아 픽처스로 판매되고, 엑스맨과 판타스틱 4는 20세기 폭스로 판매되었다. 그런데 마블이 마블 시네마틱 유니버스를 설립하고 영화 제작에 직접 참여하면서 마블은 '어벤져스'라는 슈퍼히어로 팀플레이

스토리를 전략으로 내세운다. 하지만 원작 코믹북 〈어벤져스〉에서 주요 구성원으로 활약하는 스파이더맨과 울버린이 타 영화사와의 캐릭터 권리문제에 의해 〈어벤져스〉 영화 시리즈에서 사용될 수 없는 문제가 생긴다. 〈어벤져스〉, 〈어벤져스: 에이지 오브 울트론〉은 이 두 캐릭터를 등장시키지 않은 채 영화를 진행시키고 영화도 성공을 거두지만, 스파이더맨과 울버린 두 캐릭터를 〈어벤져스〉 영화 시리즈에 합류시키길 원하는 팬들의 요청은 더욱 강해진다. 이에 마블은 두 캐릭터를 시리즈에 합류시키기 위한 구체적 계획을 세우겠다고 발표했고 팬들은 이에 호응했다. 위의 팬 트레일러 영상에서 보이는 스파이더맨이 어벤져스 캐릭터들과 함께 있는 합성 장면은 이러한 맥락에서 팬들의 기대를 나타내는 장면이라 할 수 있다. 특히 스파이더맨 캐릭터에 대한 미국 슈퍼히어로 팬들의 지지는 절대적이어서,[17] 그 인기를 반영하듯 위의 팬 트레일러 영상에서도 스파이더맨은 마치 영화의 주인공처럼 가장 많은 컷을 차지하면서 여러 장면에서 기존의 〈어벤져스〉 영화 영상에 합성되어 나타난다.[18] 이 설명을 통해 알 수 있듯, 슈퍼히어로 영화의 팬들은 텍스트 내적 스토리 뿐 아니라 콘텐츠의 판권, 영화의 배급 등의 문제로까지 관심의 폭을 넓혀 정보를 운반한다. 슈퍼히어로 콘텐츠가 영화로 전환되며 슈퍼히어로 콘텐츠와 관련하는 영화의 매체, 산업적 특성까지도 향유 요소가 되는 것이다.

〈캡틴 아메리카: 시빌 워〉 팬 트레일러의 경우는 실제 제작되는 영화에 대해 팬들이 임의대로 만든 예고편으로, 기존 슈퍼히어로 영화의 소스를 편집하고 재구성하는 식으로 만들어진다. 팬들의 기대와 예측이 동반되기는 하지만 영화의 스토리텔링을 침범하지는 않는다. 반면 슈퍼히어로

---

17) 콜롬비아 픽처스에서 제작된 〈스파이더맨〉 시리즈 5편은 배우와 감독의 차이, 스토리의 반복에도 불구하고 모두 미국 역대 흥행 순위 100위 안에 위치하고 있다.
18) 실제 제작된 영화에서는 마블이 콜롬비아 픽처스에 배급 권한을 주는 협상 조건으로 스파이더맨만 〈캡틴 아메리카: 시빌 워〉에 등장하며, 울버린의 등장은 불발되었다.

영화에는 전개되지 않는 이야기를 아예 새롭게 구성하는 형식의 팬 트레일러가 만들어지고 공개되기도 한다. 예를 들어 〈Marvel vs DC Epic Battle〉이란 제목으로 공개된 팬 트레일러는 마블 슈퍼히어로와 DC 슈퍼히어로가 대결하는 영상을 각각의 슈퍼히어로 영화들을 편집해 만들어 낸다. 슈퍼히어로 콘텐츠를 만드는 두 라이벌 기업의 대표 슈퍼히어로들의 대결은 팬들의 호기심을 자극하는 소재이고, 실제로 팬 커뮤니티에서 가장 활발하게 논쟁되는 소재이기도 하다. 하지만 이는 팬들의 바람과 달리 저작권 문제를 비롯한 여러 실효적이고 복잡한 이유로 실제 제작이 불가능한 스토리이다. 법률적, 경제적 문제가 복잡하게 뒤얽혀 있는 영화에서는 물론이고, 이러한 부분에서 상대적으로 자유로운 코믹스에서도 시도조차 될 수 없는 소재이다.

〈그림 5〉 팬 트레일러 〈Marvel vs DC Epic Battel〉
출처: https://www.youtube.com/watch?v=HaxZD4HcyMg

이 팬 트레일러 영상의 제작자는 마블 슈퍼히어로 영화와 DC 슈퍼히어로 영화의 영상들 중 액션 장면들을 부분적으로 떼어 내 정교하게 편집한다. 헐크가 주먹을 내지르는 영상에 슈퍼맨이 나가 떨어지는 장면을 붙이고, 원더우먼의 공격 장면 뒤에는 캡틴 아메리카가 방패로 방어하는 장면을 연결시킨다. 이처럼 영상은 특별한 내러티브가 없이 마블과 DC의 여러 슈퍼히어로들의 편집된 액션 장면들만이 빠르게 이어진다. 위의 그림처럼 슈퍼맨과 헐크의 대결은 모든 슈퍼히어로 영화의 팬들이 원하는 그림이지만, 실현 가능성은 0에 가깝다. 이러한 이미지는 오직 팬 커뮤니티에 의해 만들어지는 콘텐츠에서만 가능하다. 문제는 이러한 팬 트레일러가 실제 영화의 스토리텔링 영역을 침범할 수 있다는 것이다. 기존의 서사를 재구성하는 정도의 정해진 향유 영역에 머무는 것이 아니라 팬들에 의해 새로운 스토리와 캐릭터 이미지가 만들어지기 때문이다.

팬 트레일러는 팬 필름과는 제작 방식에서 차이가 있다. 팬 트레일러는 완전한 직접 제작 형태가 아니며, 팬 필름처럼 자체 촬영 영상을 사용하는 것이 아니라 슈퍼히어로 영화를 소스로 사용한다. 또한 스토리의 방향성이 다르다. 팬 필름이 슈퍼히어로 영화에서 진행되고 있는 스토리와는 차별적인 스토리를 전개한다면, 팬 트레일러는 그 방향성을 예측하기 어렵다. 팬 트레일러는 때로는 슈퍼히어로 영화의 줄거리를 따르는 예고편의 역할을 하지만, 때로는 기존 슈퍼히어로 영화의 경계를 넘어 자유롭게 이야기를 확장시키기도 한다. 이러한 세부적 차이는 슈퍼히어로 영화와의 관계에서 약간의 차이를 만들지만, 둘은 공통적으로 슈퍼히어로 콘텐츠 자체를 변화시킬 수 있는 영향력을 지닌다는 점에서 공통점을 갖는다.

팬 필름, 팬 트레일러처럼 팬들에 의해 만들어진 콘텐츠는 "새로운 예술가, 새로운 기법, 그리고 소비자와의 새로운 관계를 만들어 내고,

이들은 주류 산업으로 흡수되게 된다. 아마추어 세계에서 잉태된 아이디어가 상업 미디어에까지 영향을 주는 것이다."[19] 이러한 영향력은 전혀 다른 두 방향으로 슈퍼히어로 영화와 연관된다. 팬 필름 등이 기업 미디어 제작자가 통제하는 경계 내의 스토리 세계에서 작동될 때, 팬들의 적극적 생산 활동은 마케팅에도 도움이 되고 세계관의 확장이라는 면에서 기여할 수 있다. 하지만 팬 제작 콘텐츠가 미디어 제작자의 통제 경계를 벗어나는 경우, 이를테면 슈퍼히어로 영화의 스토리를 변형시키거나 아직 영화로 제작되지 않은 원작 만화를 먼저 영상화하는 경우 등은 팬들의 향유 활동이 슈퍼히어로 영화의 스토리텔링을 침범하는 결과를 만들어 낼 수 있다. 팬들이 만드는 콘텐츠는 이제 상업 미디어인 슈퍼히어로 영화, TV, 만화 등에 영향을 줄 만큼의 영향력을 갖기 때문이다.

그 영향력이 지금의 추세대로 확대된다면, 팬에 의해 확장된 이야기가 슈퍼히어로 영화의 생산자가 계획하고 유지하는 세계관을 벗어나 프랜차이즈 스토리 세계에 혼란을 야기할 수 있다. 그 결과로 팬에 의해 생산자의 저작권이 침해를 입는다면, 팬들의 적극적 향유 활동은 생산자로부터 더 이상 환영받기 어려울 것이다. 팬에 의해 재창조된 콘텐츠는 텍스트의 스토리 내부에서도, 그리고 텍스트 외부에서도 위협이 될 수 있는 요소를 잠재적으로 안을 수밖에 없다.

예를 들어 슈퍼히어로 영화 프랜차이즈의 서사적 구조를 흉내 낸 팬 생산물을 생산자가 접할 경우, 창작자와 기업은 표절 의혹을 사게 될 위험이 있다. 또한 최근의 팬 필름은 매우 뛰어난 특수 효과를 구현하기 때문에 어느 것이 진짜 슈퍼히어로 영화인지 팬 제작물인지 구별하기도 쉽지 않다. 도구가 발달할수록 시장에서는 혼란이 나타나는 것이다.[20]

---

19) 헨리 젠킨스, 앞의 책, 200쪽.
20) 위의 책, 228쪽.

기업이 팬 제작물에 우려를 나타내는 이와 같은 현실적인 이유들은 표절 의혹에 따른 도덕적, 법리적 문제와 연관되고, 이에 따라 슈퍼히어로 영화는 스토리텔링의 비의도적 제약을 받게 된다.

그리고 기술의 발달이 만들어 내는 원작의 혼란성은 팬덤이 만들어내는 창작자의 신화적 위치를 붕괴시킨다. 벤야민은 기술복제시대의 예술은 기계 장치의 복제로 인해 원작의 유일 작품으로서의 아우라가 상실됨을 말했다. 팬덤은 이러한 기계적 복제 관계와 다른 개념으로 그들이 팬덤의 대상으로 삼는 텍스트의 창작자에 대해 권위를 부여하고, 팬들이 열광하는 세계를 창조한 유일한 창작자로서 '아우라'를 만든다. 하지만 도구로서 기술의 발달은 창작자의 텍스트와 팬 제작물의 차이를 지우며 혼란을 만들어 내고, 이러한 혼란은 팬덤에 대한 창작자의 권위를 떨어뜨린다. 문제는 이러한 팬덤의 혼란이 콘텐츠의 소비 문제와 연결될 수 있다는 것이다.

따라서 팬 제작물의 슈퍼히어로 영화 스토리텔링 개입과 관련한 논란은 팬 필름, 팬 트레일러 등의 팬덤의 적극적 향유 활동이 콘텐츠 마케팅 등에 도움이 되는 측면을 어디까지 봐야 하는지, 혹은 어느 선까지 팬들의 활동을 허용하는가에 따라 달라진다. 그런데 이러한 관점 자체가 절대적으로 미디어 생산자가 주도권을 쥔 채, 생산자에 의해 허용된 향유 범위 내에서 팬들의 활동이 가능하다는 점에서 한계가 된다. 때문에 슈퍼히어로 영화에서 완전한 의미의 향유는 과연 가능한가에 대한 의문이 생긴다. 완전히 공유되는 공공의 콘텐츠로 인식되지 않는 이상 팬들의 제약 없는 향유는 불가능할 것이기 때문이다. 그렇다면 향유자가 적극적 향유 행위를 통해 이루는 스토리텔링의 확장도 제한적일 수밖에 없다. 결국 향유자는 생산자가 설계해 놓은 세계 안에서 한정된 의미의 확장, 제한적 확장을 실행할 수밖에 없는 것이다.

이러한 팬 제작물의 위험 요소로 인해 팬덤의 적극적 향유 문화에 대한 기업의 반응은 양 갈래로 나뉜다. 한 쪽은 팬 제작물을 통제하려 하고 저작권 침해 등의 법률적 책임을 무는 방식으로 팬들을 압박한다. 영화, TV 등 지금까지 미디어 산업을 지배했던 기업들이 보통 이러한 입장을 취한다. 다른 한 쪽은 팬덤을 콘텐츠 제작에 기여하고 홍보에 도움이 되는 존재로 보고, 이들과의 협업을 확대하려 시도한다. 게임, 인터넷 미디어처럼 새롭게 등장하는 뉴 미디어 콘텐츠 기업들이 여기에 해당한다.

흥미로운 것은 마블의 영화 제작 파트너가 '디즈니'라는 사실이다.[21] 디즈니는 저작권에 대해 상당히 보수적인 입장을 취해 왔으며, 디즈니가 저작권법 연장을 위한 법 개정에 지속적인 노력을 해 온 것은 잘 알려진 사실이다. 디즈니의 미키 마우스*Mickey Mouse*가 처음 등장했던 1928년 당시 저작권 보호 기간은 최대 56년이었지만, 그 시효가 다가올 때마다 미국 의회는 저작권 보호 기간을 연장하기 시작한다. 이는 디즈니의 의회 로비에 의한 결과였으며, 1998년에는 '미키 마우스 연장법(Mickey Mouse Extension Act)'이라는 저작권 연장법이 제정되기에 이른다. 이러한 디즈니의 노력으로 현재 미키 마우스의 저작권 보호 기간은 95년으로까지 늘어난 상태이다.[22] 이처럼 디즈니는 저작권에 매우 민감하고 팬 제작물을 제한하기에 팬들에게는 악질적인 기업으로 알려져 있다. 반면에 마블 슈퍼히어로 영화는 뉴 미디어 스토리텔링 전략을 적용한다. 그에 따른 마블 슈퍼히어로 콘텐츠의 참여 문화 속성은 적극적인 팬덤의

---

21) 보다 정확히는 2009년 디즈니가 마블 시네마틱 유니버스를 인수 합병했다.

22) 미키 마우스의 저작권 연장에 대한 내용은 다음의 글을 참고할 것. Schlakman, Steve. "How Mickey Mouse Keeps Changing Copyright Law." *Art Law Journal*, 2014.

   (출처: http://artlawjournal.com/mickey-mouse-keeps-changing-copyright-law/)

활동, 팬들과의 협업을 필요로 한다.

이처럼 기업 내에서도 팬 참여 문화에 대한 입장이 명확하지 않을 때는 팬 참여 문화가 슈퍼히어로 영화의 지식 재산권을 침해하는 것인지 반대로 슈퍼히어로 영화의 홍보와 대중적 확산에 도움이 되는 것인지에 대한 판단이 필요하다. 여전히 저작권과 같은 콘텐츠에 대한 주도적 권한은 기업이 가지고 있다. 만약 기업이 팬 참여 문화가 자신들의 재산권에 해를 입힌다고 판단을 내릴 경우 팬에게 콘텐츠 사용에 제한을 가하고 팬 커뮤니티 폐쇄 시도 등의 무력행사를 할 수도 있다. 이러한 행동은 뉴 미디어의 새로운 스토리텔링 향유 방향과 대치되는 것이다. 기업이 팬 참여 문화의 가능성을 어떻게 인식하느냐에 따라 콘텐츠의 스토리텔링 확장성이 영향을 받을 수 있다.

사실 영화는 그동안 팬 참여 문화에 매우 보수적인 입장을 취해 왔다. 디즈니뿐 아니라 대부분의 영화사들은 팬들이 자신의 콘텐츠를 사용하는 것을 인정하지 않았으며, 영화사에 지식 재산권이 귀속되는 등의 제한 장치를 두고 한정된 형태로 팬 참여 문화를 허용하였다. 그 배경에는 오랜 시간 지속되었던 영화의 고정적 향유 문화가 있다. 아날로그 시대의 영화 스토리텔링은 일방적으로 수용자에게 전달되는 방식이었고, 영화의 디지털로의 전환이 이뤄진 후에도 그 전환은 기술적 전환에 머물렀을 뿐 향유 방식을 바꾸지는 못했다. 그에 따라 영화사는 주도권을 쥔 채 팬들을 통제할 수 있는 위치를 차지할 수 있었다.

하지만 미디어 환경은 빠르게 변화하고 있고, 향유 문화도 급변하고 있다. 미래에는 미디어 제작자가 소비자들의 참여에 대한 욕구를 수용하지 못하면 좀 더 포용력이 있는 다른 미디어에 그들의 가장 열정적이고 활발한 소비자들을 빼앗기게 될 것이다.[23] 미디어의 확산, 그에 따른

23) McCracken, Grant. *The Disney TM Danger*, Plentitude, 1998, p.5.

콘텐츠의 증가는 가히 폭발적이고 점점 더 소비자에 대한 의존은 심해진다. 더군다나 디지털 미디어의 영향으로 팬 제작물의 확산은 미디어 제작자인 영화사가 통제할 수 있는 정도를 넘어서고 있다. 소비자이자 콘텐츠의 제2차 생산자인 팬의 힘은 점점 커져 간다. 기업들이 대중에게 작품의 생산과 재해석에 참여할 수 있도록 허락하지 않는다면 결국에는 자신들의 지식 재산의 상업적 가치를 위태롭게 만들 것이다. 미디어의 대안 확장에 따라, 영화사들은 팬이 참여할 수 있는 공개된 장을 열도록 압력을 느끼게 될 것이다. 처음에는 유튜브와 같은 틈새 미디어에서 시작되겠지만, 팬 참여 문화는 점차 상업적이고 문화적 주류로 움직이게 된다. 콘텐츠에 대한 권리를 유연하게 풀어놓은 기업들이 더 많은 수의 활발하고 헌신적인 소비자를 끌어들일 것이고, 경계를 정해 버리는 기업들은 미디어 시장에서의 점유율이 점차 감소할 것이다.[24]

이러한 이유로 영화에서의 관객 참여성은 점차 확대되어 가고 있다. 특히나 슈퍼히어로 영화와 같이 팬덤이 형성되는 콘텐츠는 향유자의 참여 허용성이 더 커질 수밖에 없다. 영화는 현재 엔터테인먼트 콘텐츠로서 독자적 위치를 차지하고 있지만, 새롭게 등장하는, 혹은 참여 문화라는 새로운 미디어 성격을 받아들인 미디어와의 본격적인 경쟁이 시작될 경우, 팬 참여 문화에 대한 영화의 보수적 태도는 영화의 생존 문제로 이어질 위험이 있다.

기술적 적용을 넘어 스토리텔링에 영향성을 확대해 가는 영화의 디지털 미디어로서의 속성도 이러한 변화를 인정해야 함을 뒷받침한다. 대표적 디지털 미디어인 게임의 참여 행위를 살펴보면, 게임 유저들은 세계의 모든 것을 자신들이 통제할 수 있길 바라고 그러한 참여 행위를 통해 허구의 세계에 의미를 부여한다. 유저들이 스스로 만든 캐릭터와 공간,

---

24) 헨리 젠킨스, 앞의 책, 231~232쪽.

움직임, 캐릭터 행동들은 향유자들의 자기표현 행위이자 텍스트에 대한 자신의 영역 표시 행위이기도 하다. 이러한 참여 행위는 게임 유저에게 텍스트에 대한 매우 높은 수준의 몰입감과 충성심을 일으키는 효과가 있다. 디지털 미디어의 비선형적 서사는 이러한 향유자의 참여 행위를 지원하기 위한 전략이라고 할 수 있는 것이다.

게임의 향유자 참여를 참고해 점차 디지털 미디어의 속성이 강화되고 있는 영화의 콘텐츠 참여 행위가 향유자에게 미치는 영향을 생각해 볼 수 있다. 지금은 미디어 과잉 시대로 넘어가고 있다. 미디어의 이동성은 심화되고 팬들의 분산화가 이뤄지는 시점에서, 향유자의 참여 문화를 가로막는 방향성은 영화의 가치를 떨어뜨릴 뿐이다. 따라서 영화 역시 디지털 미디어의 향유 속성들이 적용됨을 인정하고, 팬 참여 문화 등의 가치를 받아들여 이를 생산적으로 활용할 수 있는 방안을 모색해야 한다. 그 첫 단계는 팬 참여 문화의 속성을 제대로 파악해 콘텐츠에 기여할 수 있는 장점과 가능성을 발견하는 것이다.

팬 참여 문화는 정체된 프랜차이즈 콘텐츠에 새 활력을 불어넣을 수 있는 잠재적 가능성이자, 새로운 미디어 콘텐츠를 저렴하게 제작할 방법을 제공하기도 한다. 물론 팬 필름과 같은 팬 제작물은 저예산으로 제작되고, 비상업적 맥락 하에 제작되고 배포되며, 비전문 제작자들에 의하여 만들어진다는 점에서 여전히 아마추어의 세계에 남아 있다. 하지만 이들을 아마추어 제작으로 규정짓던 여러 요소들은 차츰 사라지고 있다. 이를테면 팬 제작물은 더 이상 홈 무비가 아닌 공개 콘텐츠가 되었다. 팬 제작물은 시작부터 제작자 주변의 친구나 가족들이 아닌 대중을 겨냥하고 만들어진다는 점에서 공개적이다. 그리고 슈퍼히어로 스토리처럼 유명한 이야기들을 재탄생시키고 있다는 점에서 공개적인 콘텐츠이며, 상업 영화와의 문맥 속에서 제작된다는 점에서도 공개적이다.[25] 팬 참여 문화의 공개성은 향유의 확상이라는 장점을 갖는다. 적극적인 향유 행위가 팬으로서 개인적 만족이나 정보를 나르는 목적이 아닌, 전체 콘텐츠의 확장을 위한 생산 행위가 되기 때문이다. 또한 공개적인 콘텐츠로서의 제작 목적은 팬 제작물의 유통 채널 확대와도 연관된다. 그러므로 팬 참여 문화가 성공하기 위한 선제 조건은 팬들의 지지를 얻는 것, 그리고 적절한 유통 채널을 확보하는 것이 된다.

팬 참여 문화의 유통에 혁신적 장이 되는 공간은 디지털 문화의 상징인 인터넷과 웹이다. 이 유통 채널을 통해 팬들의 지지를 얻은 콘텐츠 중 일부가 상업적 가능성을 인정받게 되면 아마추어 세계의 틈새 미디어를 벗어나 주류 미디어로 흘러들어 간다. 슈퍼히어로 콘텐츠, 슈퍼히어로 세계관에 공통 관심사를 가지고 있는 다른 향유자들은 팬 참여 문화에 의해 확장된 콘텐츠에 몰려든다. 팬덤에 의해 팬 제작물에 대한 향유 행위가 다시 일어나고, 이 콘텐츠는 또 다시 확장을 시작하거나 주류 미디어에 흡수된다. 유통 채널의 부재로 개인화 되었던 팬 참여 문화는 웹이라는 채널을 만남으로 시너지 효과를 일으킨다. 팬 참여 문화의 본질적 속성인 공개성은 확장이라는 의미의 향유 장점을 분명히 드러낸다.

그렇지만 실질적 제약은 여전히 존재한다. 인터넷과 웹을 통해 유통 채널이 제공되지만, 콘텐츠에 대한 법적 권리를 가진 미디어 생산자에게 인정받지 못한 팬 제작물은 더 이상 사용이 불가능해지게 된다. 팬들의 창작물은 공개된 콘텐츠의 성질을 갖지만, 최악의 경우 이 작품들은 팬들의 의지와 상관없이 비공개 유통 채널로 숨어들어가야 한다. 즉, 향유자와 생산자가 항상 긍정적인 관계에서 텍스트를 공유하는 것은 아니다. 이들은 각기 다른 이유 - 생산자의 경제적 이익이라는 목적과 향유자의 콘텐츠의 유통과 제작에 참여하고 싶은 욕구 - 로 인해 텍스트의

---

25) 위의 책, 214쪽.

이용과 향유에 있어 충돌한다. 이는 향유자가 그들의 권리를 지속적으로 강화하는 데에서 발생하는 현상이다. 디지털 미디어의 인터랙션 속성, 네트워크의 강화, 유통 채널의 공급 등은 팬들, 즉 향유자의 힘을 확장시키고 있다. 또한 현재 콘텐츠에 대한 법률적 권한은 미디어 생산자가 지니지만, 시장의 권력이라는 측면에서 볼 때 생산자는 산업적/경제적 지위 상 소비자인 향유자보다 우위에 설 수 없다. 콘텐츠에 대한 팬덤의 충성도는 어느 소비자보다도 높다. 그러나 팬덤의 신뢰성, 향유자의 우위에도 불구하고 팬덤의 향유 활동들은 미디어 생산자의 동의, 양해, 혹은 관용을 바라야 하는 아이러니한 상황에 빠진다.

미디어 생산자가 팬덤을 협력 관계가 아닌 생산 권리의 충돌 대상으로 바라보는 이상 이러한 상황은 개선될 가능성이 없다. 하지만 지금까지 저작권이라는 법률적 제한으로 팬들의 향유 활동에 대한 통제가 어느 정도 가능했던 것에 반해, 앞으로는 디지털 도구의 확장에 따른 향유자의 권력 강화가 이들의 관계에 더 큰 영향력을 끼치게 될 것이다. 제작 기술의 발달과 같이 도구로써의 기술의 발달은 한 방향의 진보에 가깝지만, 기술이 미디어의 문화적 속성과 결합하며 만들어 내는 변화는 방향성이 고정되지도 않고 그 다양성을 예측하기도 힘들다.

우리는 지금 미디어 생산자와 향유자가 텍스트 주도권을 사이에 두고 줄다리기하는 시대를 지나고 있다. 현재까지는 미디어 생산자가 법률적 제한과 같은 텍스트 외부의 힘을 빌려 주도권을 놓지 않으려 하지만 팬들은 제작자보다 텍스트에 대해 더 잘 알고 있다고 믿는다. 소비자에게 주어지는 자유는 텍스트에 대한 충성도로 연결된다. 텍스트에 대한 충성도는 미디어 생산자에게는 경제적 수익으로 보답된다. 이처럼 미디어 변화가 만들어내는 결과로 향유자의 권한이 지속적으로 강화되므로 팬덤은 그들의 참여 문화를 멈추지 않을 것이다.

8

슈퍼히어로 영화의 글로벌 전략

최근 들어 슈퍼히어로 콘텐츠 제작사가 가장 중점적으로 관심을 두는 새로운 문화권과 인종은 아시아이다. 백인과 미국 중심의 슈퍼히어로 콘텐츠에서 나타나는 아시안 슈퍼히어로의 등장은 두 가지 측면에서 생각해 볼 필요가 있다. 하나는 성차(性差), 인종, 문화 차이와 같은 문화적 다양성의 반영, 그리고 보다 폭넓은 주제를 받아들이는 슈퍼히어로 콘텐츠라는 점이다.

다른 하나는 상업적 측면의 문제이다. 여기에는 슈퍼히어로 콘텐츠의 세계 시장으로의 확장, 슈퍼히어로를 즐기는 인종의 다양성, 그 중에서도 아시아 시장의 강세가 있다. 이를테면 슈퍼히어로 영화의 세계 시장 점유율 확대는 슈퍼히어로의 세계가 미국 이외의 공간들로 확대되어야 할 필요성을 불러일으킨다. 슈퍼히어로 영화가 여러 나라에서 촬영되고 다양한 국적을 가진 배우들의 참여가 늘어가는 추세는 이를 잘 보여주는 증거이다. 그 가운데에서도 아시아 시장의 확대가 최근 들어 가장 두드러지는 경향인 것이다. 〈어벤져스: 에이지 오브 울트론〉에는 한국 배우

수현이 출연하고 한국에서 촬영이 이루어졌다. 〈엑스맨: 데이즈 오브 퓨처 패스트〉에는 중국 배우 판빙빙이 출연하고, 〈더 울버린 The Wolverine〉(2013)은 영화의 주요 사건들이 모두 일본에서 일어난다.

슈퍼히어로 영화 원작 만화사인 마블 코믹스의 전략은 더욱 적극적이다. '실크'라는 이름의 한국계 미국인 여성 슈퍼히어로가 등장하는 것을 비롯해, 역시 한국계인 '아마데우스 조'는 마블의 주요 슈퍼히어로 캐릭터로 활동하고 있다. 아메데우스 조는 브루스 배너를 이은 2대 헐크가 돼 이미 〈토탈리 어썸 헐크 The Totally Awesome Hulk〉라는 제목의 코믹북 시리즈가 발간되고 있다. 헐크는 마블 슈퍼히어로에 있어 가장 주축이 되는 주요 캐릭터인데 이 슈퍼히어로 캐릭터를 아시아인이 맡게 된 것은 슈퍼히어로의 문화적 다원주의라는 관점에서 상당한 의미를 부여할 수 있는 부분이다. 흑인 여성 아이언맨처럼 아시아인 헐크도 마블 슈퍼히어로 영화가 새로운 시리즈로 진입할 때 등장할 가능성을 예상해 볼 수 있다.[1] 이러한 문화적 확장들이 슈퍼히어로 영화의 시장 확대에 영향을 줄 것 또한 예상할 수 있는 부분이다. 한국계 뿐 아니라 일본계 슈퍼히어로들은 코믹북에서 그 수가 훨씬 많으며, '나 상치'라는 중국계 슈퍼히어로는 이소룡을 꼭 닮은 외형의 무술 고수로 등장하기도 한다.

최근에 집중되는 아시안 슈퍼히어로의 등장은 영화를 중심으로 슈퍼히어로 콘텐츠를 즐기는 아시안 향유자의 증가 영향도 있지만, 미국 내의 아시안 이민 인구의 증가도 영향을 미친다. 앞서 새로운 미즈 마블

---

[1] 다만 이미 기존의 영화 시리즈에서 소비된 캐릭터를 어떻게 조정할지의 문제는 남아 있다. 〈어벤져스: 에이지 오브 울트론〉에서 수현의 역할이 바로 '아마데우스 조'였다. 한국인이라는 설정만을 남긴 채 성별과 캐릭터성을 상당 부분 원작과 다르게 가져간 것인데, 마블 시네마틱 유니버스의 캐릭터 설정과 배우가 일괄적으로 교체될 때 헐크의 캐릭터 방향도 새롭게 설정될 것으로 예상된다.

캐릭터로 언급했던 카밀라 칸을 비롯해 실크, 아마데우스 조 등이 모두 이민자로 등장하고 있다는 점은 이를 뒷받침한다. 미국 사회에서 이민자들이 만드는 새로운 문화적 다양성이 새로운 세대의 대중문화로써 슈퍼히어로 콘텐츠에 이식되는 것이다.

슈퍼히어로 콘텐츠에 이입되는 인종, 국적, 문화적 다양성의 문제는 일면으로 주류 대중문화의 관점에서 바라본 소수자에 대한 차별 의식이지만, 전혀 다른 측면에서는 슈퍼히어로 세계의 확장을 의미하는 것이다. 여기서 말하는 세계의 확장이란 텍스트에 반영되는 공간적 세계의 확장, 캐릭터 다양성의 확장을 비롯해 유통 시장의 확장 등을 포괄한다. 따라서 일률적이지 않은 국적, 인종, 성(性)을 가진 슈퍼히어로의 등장은 긍정적인 의미의 문화적 다양성이 슈퍼히어로 콘텐츠에 반영되는 예라고 할 수 있다.

이 중에서도 상업적 엔터테인먼트 콘텐츠인 슈퍼히어로 영화, 슈퍼히어로 만화 등에 시장의 확대가 텍스트에 미치는 영향력은 매우 강하다. 때문에 아시아계 미국 이민자처럼 슈퍼히어로 캐릭터에 인종을 다양하게 등장시키는 확장 전략을 넘어 아예 슈퍼히어로 캐릭터를 지역적 특성에 맞게 현지화시키는 국제화 전략을 사용하기도 한다.

이를테면 마블 코믹스는 2002년 망가버스*Mangaverse*라는 새로운 코믹북 시리즈를 만들었다. 망가버스에서 마블의 미국적 슈퍼히어로들은 일본의 장르 전통 속에서 재해석, 재배치됐다. 예를 들어 스파이더맨은 닌자이고, 어벤져스의 멤버들이 일본 로봇물처럼 대형 로봇으로 합체하는 식이었다. 망가버스는 독특한 일회성 작품으로 기획됐지만, 큰 성공을 거두자 마블 코믹스는 대규모의 생산 라인을 갖춘 '쯔나미'를 시작했다. 쯔나미는 대체로 아시아인, 아시아계 미국인 작가에 의해 창작되었다.[2]

또한 스파이더맨은 〈스파이더맨: 인도〉 코믹북 시리즈로도 출간되었다.
이는 〈스파이더맨 2〉의 인도 개봉에 맞춰 시도된 슈퍼히어로의 현지화
전략이었다.

〈그림 6〉 망가버스의 스파이더맨　　　〈그림 7〉 만화 〈스파이더맨: 인도〉
출처: http://www.deviantart.com/morelikethis/319417270
출처: http://marvel.com/comics/issue/86/spider-man_india_2004_1

이러한 현지화 전략에 의해 탄생한 슈퍼히어로 캐릭터들은 본래의
캐릭터들과 외형에서부터 그 지역적, 국가적 특색을 들어낼 수 있는
확연한 차이를 보인다. 〈그림 6〉 망가버스의 스파이더맨은 닌자 복장으로
표창을 던지고, 〈그림 7〉의 〈스파이더맨: 인도〉에서 스파이더맨은 타지
마할을 배경으로 인도 전통 의상을 닮은 코스튬을 한 모습을 확인할
수 있다. 슈퍼히어로 만화가 북미시장 밖에서는 별다른 성과를 거두지
못했지만, 마블은 슈퍼히어로 영화의 성공을 발판으로 다른 미디어의

---

2) 헨리 젠킨스, 앞의 책, 189~190쪽.

슈퍼히어로 콘텐츠가 현지 시장을 확장할 가능성을 발견한 것이다.

그런데 흥미로운 점은 현지화 전략의 일환으로 만들어진 다른 문화와 국적을 가진 슈퍼히어로, 특히 아시안 슈퍼히어로가 미국을 비롯한 서구권에서 큰 반향을 일으켰다는 것이다. 1990년대 이후 미국의 만화 시장은 일본 망가의 유입으로 상당 부분 손실을 겪었는데, 쯔나미와 같은 일본 망가 스타일의 슈퍼히어로 만화는 도리어 잃어버렸던 시장을 되찾는 역할을 하였다. 일본 망가에 익숙해진 서구권의 나이 어린 독자들이 쯔나미의 소비자로 유입된 것이다. 이런 결과를 토대로 마블 코믹스는 쯔나미와 같이 보다 폭넓은 시장에서 가능성이 발견된 작품들을 현지 시장 뿐 아니라 북미시장과 세계 시장으로 대상을 확대해 작품을 생산하고 있다.

일본의 만화 시장 규모가 워낙 크기 때문에 마블을 중심으로 한 슈퍼히어로 코믹스는 자신들의 생산 코믹북에 상당히 많은 일본 슈퍼히어로 캐릭터를 등장시키고 있다. 이와 동시에 일본 망가 스타일의 도입으로 서구권의 시장을 되찾기 위한 노력을 함께 하는 것이다. 인도 시장을 대상으로 했던 스파이더맨 역시 현지 뿐 아니라 미국을 비롯한 서구권 독자들에게 인기를 끌었다. 이러한 현상들이 일어나는 이유는 생경한 문화를 배경으로 하는 슈퍼히어로가 슈퍼히어로 콘텐츠를 즐기던 기존의 향유자에게도 새로운 세계, 세계관의 확장이라는 면에서 호기심을 불러일으키기 때문이다. 문화적 다양성을 지지하는 새로운 세대로 향유자의 중심이 옮겨가는 것도 중요한 이유가 될 것이다.

만화에서의 실험적 창작 방식은 그 성공적 모델을 토대로 다른 전환 콘텐츠에 적용된다. 영화 〈닥터 스트레인지〉는 최근의 슈퍼히어로 영화의 아시아 시장 타깃 전략을 보여주는 좋은 예가 된다. 〈닥터 스트레인지〉

에는 슈퍼히어로 영화에 동양 문화를 접목하려는 시도들이 곳곳에서 엿보인다. 영화 속 인물들이 행하는 초능력인 유체이탈, 염력 등은 중국 무협지에서 등장할 법한 능력들이다. 극 중 스승으로 등장하는 에이션트 원과 사도들의 옷차림은 동양의 불교 문화를 이미지화 한다. 닥터 스트레인지와 사도들의 수련 장면은 수많은 중국 무협 영화에서 재현되었던 영상들로 마치 '소림사' 승려들의 수련 장면을 연상시킨다. 산스크리트어로 이뤄진 경전의 등장으로 인도 문화까지도 영화에 언급되고 있다.

이러한 장면과 이미지들에서는 특별한 일관성을 읽기 어렵다. 그런 점에서 여전히 서구 중심 시각의 오리엔탈리즘(orientalism)이 이뤄진다는 비판도 가능하다. 하지만 슈퍼히어로 영화에서 이러한 동양 문화가 등장한다는 점을 아시아 관객들은 친화감 혹은 긍정적 호기심으로 바라본다는 점이 흥행 성적으로 증명이 되었다.[3] 아시아의 관객들은 〈닥터 스트레인지〉를 통해 서구 시각의 오리엘탈리즘보다 정신이 육체를 지배한다는 식의 동양적 철학과 정서를 우선적으로 읽는 것으로 보인다.

〈닥터 스트레인지〉의 캐스팅이 발표되었을 때 주인공 스트레인지의 스승 역할인 에이션트 원을 틸다 스윈튼*Tilda Swinton*이 맡은 것에 대해 팬들의 불만과 비판 여론이 일었다. 원작에서의 에이션트 원이 티베트인 남성인 것에 반해 영화에서 백인 여성으로 변화시킨 것을

---

3) 〈닥터 스트레인지〉의 해외 수익 중 중국과 한국은 절대적 비중을 차지하고 있다. 중국에서 1억 달러, 한국에서 4천만 달러 이상의 수익을 거뒀으며, 부율의 차이로 인해 순수 수익 면에서는 한국이 압도적인 1위를 차지한다. 중국과 한국은 다른 슈퍼히어로 영화들에서도 대부분 최상위권의 해외 수익을 차지하지만 그 격차는 다른 나라들과 그리 크지 않다. 하지만 〈닥터 스트레인지〉의 경우에는 중국과 한국을 제외한 다른 국가의 수익 편차가 매우 크게 나타나며 아시아 시장에서의 강세가 매우 두드러진다. 한국과 중국을 제외하고는 3천만 달러 이상의 수익을 거둔 국가도 존재하지 않는다. (통계 출처: 웹사이트 '박스오피스 모조'http://www.boxofficemojo.com/movies/? page=intl&id=marvel716.htm 검색일 2017년 7월 5일.)

인종차별의 문제로 받아들인 것이다. 스윈튼의 에이션트 원은 화이트워싱(whitewashing)[4] 논쟁으로까지 이어졌다.

흥미로운 것은 정작 아시아 국가들에서는 화이트워싱이 큰 문제로 인지되지 않았다는 점이다. 아시아 시장에서는 〈닥터 스트레인지〉의 동양적 색깔을 동양 문화에 대한 관심, 혹은 시장 전략으로 인식했다. 오히려 동양의 문화를 서양인이 받아들이고 배우려는 자세를 취한다는 점에서 일종의 문화적 우월감이라는 감정으로 받아들이기까지 한다. 아시아 관객들이 문화적 다양성이라는 긍정적 이미지와 시장 전략으로 인식하는 것에 반해, 오히려 미국 현지에서는 인종 차별 문제로 심각하게 받아들이는 여론이 있었던 것이다.[5]

한편으로는 이 논쟁을 문화적 담론이 아닌 단순한 시장 전략으로 분석하기도 한다. 에이션트 원의 캐스팅 문제에 대해 중국과 티베트의 정치적 문제를 의식해 중국의 눈치를 본 것이라고 해석하는 것이다. 슈퍼히어로 영화 시장에서 중국 시장 규모는 비약적으로 커져 현재는 실질적으로 해외 최대 시장이 되었다. 마블은 원작에 따라 티베트인 캐릭터를 등장시켜 최대의 해외 시장에서 불필요한 분쟁을 만들 필요가 없다고 판단했을 것이다. 이러한 판단에 따라 스토리텔링에는 변화가 생긴다. 에이션트

---

4) '화이트워싱'은 미국 영화 산업에서 백인 배우가 유색 인종의 역할을 연기하는 것을 말한다. 대표적으로 〈티파니에서 아침을 Breakfast at Tiffany's〉(1961)에서 미키 루니*Mickey Rooney*가 일본인 역을 연기한 것이 있다. 데이비드 A. 스콜스만*David A. Schlossman*은 화이트워싱을 가리켜 많은 아시안 역할을 백인 배우가 연기하는 것은 미국의 국가적 담론에서 인종적 편견 현상을 만드는 데 기여한다고 지적한다. (Schlossman, David A. *Actors and Activists: Performance, Politics, and Exchange Among Social Worlds*, Routledge, 2002, p.154.)

5) 미국 현지의 〈닥터 스트레인지〉의 화이트워싱, 인종 차별 논쟁에 대한 내용은 다음의 글을 참고할 것. Pulliam-Moore, Charles. "Doctor Strange's whitewashing is part of a much bigger legacy of Hollywood's racism." Fusion, 2016. 6. 5. (출처: http://fusion.net/story/296986/doctor-strange-whitewashing-whitewashedout/)

원의 국적이 불분명해지고, 인종과 성별이 바뀌었으며, 주요 배경 가운데 한 곳이 홍콩으로 이동한다. 영화에는 몇몇 중국인 캐릭터가 등장하지만 그 누구도 중국어를 사용하지 않고 모두 영어로 대화한다. 캐릭터의 일관성이 상당 부분 소실되지만, 이러한 단점은 화려한 영상 시퀀스로 덮어진다. 산만하게 나열되는 여러 정보들이 지나가고 나면 동양 문화에 대한 구체적 실체보다는 동양적 철학이라는 이미지만이 남는 것이다.

탈 미국 중심주의는 슈퍼히어로 콘텐츠의 주요한 새로운 흐름이다. 그 배경에는 슈퍼히어로 콘텐츠의 시장이 미국과 유럽 중심에서 아시아 시장을 중심으로 한 해외 시장으로 급속히 확장하고 있다는 측면, 그리고 새로운 슈퍼히어로 콘텐츠 향유자들이 다양한 문화와 국가성을 드러내고 있다는 점이 있다. 슈퍼히어로 콘텐츠 중 소비 시장과 팬덤에 가장 민감한 영화 역시 글로벌 시장을 타깃으로 하는 다양성 중심의 새로운 경향의 슈퍼히어로 영화들을 제작하고 있다. 코믹북의 현지화 전략과 〈닥터 스트레인지〉의 예에서 살펴볼 수 있듯 이러한 시장의 영향성은 스토리텔링 전략에 직접적으로 영향을 준다. 그리고 글로벌 시장을 대상으로 하는 이러한 슈퍼히어로 영화의 스토리텔링 방향성은 계속되고 강화될 것이다. 인도 출신 감독인 세카르 카푸르*Shekhar Kapur*가 말했듯 가까운 미래에 스파이더맨이 가면을 벗으면 그는 중국인이거나 인도인일지도 모른다. 스파이더맨이 누비는 빌딩 숲은 뉴욕에서 상하이나 뭄바이로 변할 것이다.[6] 해외 시장의 점유율은 더욱 높아질 것이고, 슈퍼히어로 영화의 스토리텔링 전략은 더욱 급진적인 변화를 맞을 수밖에 없다.

---

6) Kapur, Shekhar. "Asian Domination of Entertainment", 2005. 10. 27. (출처: 쉐카르 카푸르 블로그.)
http://shekharkapur.com/blog/2005/10/asian-domination-of-entertainment/

9

덫을 놓는 관객 유치 전략:
마블의 프랜차이즈 스토리텔링

2000년대 이후의 슈퍼히어로 영화는 원작의 만화적 상상력을 실제 이미지로 구현 가능하게 하는 디지털 기술과 결합해 블록버스터 액션 영화에 새로운 바람을 일으킨다. 2000년대 슈퍼히어로 영화에 활용되는 기술은 이전의 어설픈 특수 효과와는 확연히 다르다. 원작 만화를 영화로 구현할 뿐 아니라 이미지의 사실성에서는 원작을 뛰어넘는 기술적 혁신을 선보인 것이다. 이러한 디지털 기술의 발전과 적용은 슈퍼히어로 영화가 일시적 장르 유행에 머물지 않고 블록버스터 상업 영화의 한 축을 형성할 수 있게끔 한다. 이에 2000년대 초반의 슈퍼히어로 영화는 블록버스터 액션 영화의 한 하위 장르로 위치하며 재난 영화, 액션 영화, 판타지 영화 등의 블록버스터 영화들과 함께 시장을 형성하며 경쟁한다.

그런데 그중에서도 슈퍼히어로 영화가 주목을 받았던 이유는 연속적인 시리즈가 가능한 특징이 있었기 때문이다. 슈퍼히어로 영화는 캐릭터 중심의 영화이고 이미 다수의 스토리가 전개된 원작을 지니고 있다. 1990년대 중후반부터 2000년대로 이어지던 당시에 동일선상에서 비교 경쟁하였던 블록버스터 액션 영화들은 대부분 디지털 촬영 기술과 컴퓨터 그래픽의 포스트 프로덕션 기술을 통해 이전과 확연히 구분되는 사실적이고 역동적인 이미지를 제공한다는 점에서 공통점이 있었다. 이미지의 확장성에 특징을 두었던 다른 블록버스터 액션 장르와는 다르게 슈퍼히어로 영화는 시리즈로써 지속될 수 있는 이야기의 확장성이라는 면이 차별화된 것이다.

당연히 슈퍼히어로 영화를 성공적으로 데뷔시킨 영화사들은 후속작들을 연이어 발표했다. 슈퍼히어로 캐릭터의 인기에 힘입어 후속작들은 비교적 성공적이었고, 때로는 데뷔작보다 더 큰 성공을 거두기도 했다. 하지만 시리즈가 3편, 4편으로 장기화될수록 관객에게 전달되는 새로움과 신선함은 급격히 반감되었고 영화의 성공 가능성도 그에 비례해 줄어들었다.(감독이 교체된 후의 '엑스맨' 3편을 생각해 보면 쉽게 이해가 될 것이다.)

같은 시기, 슈퍼히어로 영화의 원작사는 영화사와 반대되는 고민을 하게 된다. 대표적인 슈퍼히어로 만화사인 마블 코믹스와 DC 코믹스는 만화 시장의 붕괴와 재정 악화의 영향으로 슈퍼히어로 만화의 판권을 할리우드 메이저 스튜디오에 계속해서 판매했다. 하지만 영화화된 자신의 원작들이 거대한 수익을 거둬들이는 것을 보며 계속해서 판매 권한을 넘겨주는 것에 고민에 빠진다. 그 결과 마블 코믹스는 캐릭터의 일률적인 판권 판매를 중단하고 자신들이 직접 영화를 제작하기로 결정한다. 이에 마블은 '마블 시네마틱 유니버스'라는 영화사를 설립하고 2008년 〈아이언맨〉을 시작으로 직접 영화 제작을 시작한다.

마블 시네마틱 유니버스가 계속해서 슈퍼히어로 영화를 제작할 수 있었던 동력은 첫 작품이었던 〈아이언맨〉의 커다란 성공이 있었기 때문이다. 마블은 그동안 슈퍼히어로 영화를 제작했던 다른 어느 영화사보다도 당연히 자신들의 슈퍼히어로 캐릭터에 대한 이해가 깊었다. 이러한 이해를 바탕으로 그동안 크게 주목받지 않았던 슈퍼히어로 캐릭터 아이언맨을 영화화하는 결정을 내릴 수 있었다.[1)]

〈아이언맨〉의 성공은 마블의 재정 상황에 숨통을 틔웠으며 아이언맨의 속편 제작에 탄력을 받게끔 했다. 여기에 더해 마블은 아이언맨과 성격적으로 가장 대립적인 슈퍼히어로인 캡틴 아메리카를 다음 영화화 작품으로 선정하고, 토르처럼 슈퍼히어로 매니아가 아닌 일반 대중에게는 생경한 슈퍼히어로 영화를 연이어 발표한다. 마블의 이러한 행보가 계획된 전략이었는지 즉흥적인 선택이었는지 분명하지는 않지만 영화화 작품의 수와 슈퍼히어로 캐릭터의 수가 늘어갈수록 마블의 전략이 무엇인지는 명확해져 갔다.

마블은 〈어벤져스〉로 대표되는 슈퍼히어로들의 결합을 통해 슈퍼히어로 영화의 새로운 시리즈 전략, 이른바 프랜차이즈 전략을 구체화해 간다. 기존의 슈퍼히어로 시리즈 영화가 동일 캐릭터의 반복되는 소비로 인해 신선함을 떨어뜨렸다면, 마블의 프랜차이즈 전략은 서로 다른 슈퍼히어로 영화 텍스트들이 서로 관계를 형성하며 결합하거나 때로는 적대적 관계를 이루게 해 캐릭터가 지루하게 소비되는 단점을 보완한다. 마블 슈퍼히어로라는 프랜차이즈 아래에서 개별적 슈퍼히어로 영화가 독자적으로 시리즈화 되기도 하지만, 다른 슈퍼히어로 영화와 텍스트 내적으로 연관성을 갖기도 하고 아예 새로운 시리즈에서 서로 다른 슈퍼히어로

---

1) 마블이 자신의 첫 번째 직접 제작 영화를 결정할 때, 마블의 주요 캐릭터라 할 수 있는 스파이더맨과 엑스맨, 판타스틱 4 등의 판권은 이미 다른 영화사로 판매된 상태였다. 마블은 원작 만화 시장의 상대적인 비인기 캐릭터 중에서 영화화를 위한 슈퍼히어로 캐릭터를 지목해야 하는 상황이었으며 그 가운데서 아이언맨을 선택했다. 결과적으로 이 선택은 '마블 시네마틱 유니버스'의 가치를 엄청나게 올려놓은 선택이 되었을 뿐더러, 아이언맨은 슈퍼히어로 시장에서 가장 영향력이 높은 슈퍼히어로 캐릭터가 되었다.

캐릭터들이 결합하는 확장성을 갖는 것이다.

이러한 슈퍼히어로의 프랜차이즈 전략은 원작 만화에서 이미 실험된 것이었다. DC 코믹스의 '저스티스 리그'와 마블 코믹스의 '어벤져스'는 코믹북에서 여러 슈퍼히어로 조합들을 선보이며 이미 독자들을 사로잡는 성공적인 모델로 기능했다. 개성이 강한 슈퍼히어로들이 팀을 이루거나 때로는 적대적으로 돌아서는 등 독자의 상상에 존재했던 다양한 슈퍼히어로들의 조합과 대결이 작품에서 이뤄진다는 점에서 독자들은 더욱 강력한 팬덤을 형성했고 전략은 성공적이었다. 하지만 만화와 달리 영화에서도 이러한 프랜차이즈 전략이 통할지에 대해서는 의문이 존재했다. 거대한 자본이 들어가는 영화의 규모 문제와, 오랜 시간 축적된 텍스트와 독자층을 구비했던 만화와 달리 영화의 일반 관객들이 여러 슈퍼히어로들을 사전 정보 없이 받아들이는 것이 가능할 것인가의 문제들이 존재했기 때문이다.

우려와 달리 결과는 이미 드러난 것처럼 성공적이었다. 〈어벤져스〉는 슈퍼히어로 영화들 중에서도 유례없는 성공을 거두었다. 이미 개별적 캐릭터 영화로 존재했음에도 불구하고 이들이 하나의 슈퍼히어로 영화에 팀으로 등장하는 이야기는 커다란 시너지를 일으켰다. 〈어벤져스〉의 대단한 성공은 마블의 마케팅 전략을 완전히 바꾸게끔 한다. 일종의 실험적 전략으로 추구했던 프랜차이즈 전략을 전면으로 내세우게 된 것이다. 그에 따라 상업적 전략으로서의 프랜차이즈 전략과 함께 스토리텔링 전략에서도 프랜차이즈 전략은 직접 영향을 끼친다. 우연한 시도에 따른 예측 밖의 성공적 결과가 아닌, 의도적 전략으로써 기획되고 스토리텔링 구축 과정부터 프랜차이즈 전략이 우선시되는 것이다.

〈어벤져스〉에 영향을 받은 DC 코믹스도 비슷한 전략을 시도하고 있다. 다만 DC 코믹스는 마블처럼 프랜차이즈를 구축했다기보다는 아직 텍스트 안에서 슈퍼히어로들의 팀플레이 스토리를 시도하는 정도로 그치는 듯하다. 마블의 작품들만큼 성과를 거두고 있지는 못하지만, DC 코믹스의 〈배트맨 대 슈퍼맨: 저스티스의 시작〉과 같은 영화가 '슈퍼맨과 배트맨이 싸우면 누가 이길까'와 같은 원초적인 대중의 호기심을 자극하는 향유 요소를 공략하고 있으며, 〈수어사이드 스쿼드〉와 같이 악당 캐릭터를 팀플레이화 하는 독특한 시도들도 이어 가고 있다. 이를 토대로 DC 코믹스 역시 마블과 같이 '저스티스'를 중심으로 개별적 슈퍼히어로 영화들을 라인업하는 전략을 취하며 프랜차이즈 스토리텔링을 시도할 것이 분명해 보인다.

반면 마블은 이미 상당한 프랜차이즈 스토리텔링 전략을 구축했다. 뿐만 아니라 이를 상업적 전략으로써 시스템화하고 텍스트 내적으로는 스토리에 공고히 결합할 수 있도록 노력하고 있다. 앞서 언급했듯 〈어벤져스〉의 성공과 함께 본격적인 프랜차이즈 스토리텔링 전략을 취한 마블은 단순한 속편 제작 계획이 아닌 향후 몇 년을 포괄하는 라인업을 발표하며 관객들이 마블 슈퍼히어로 프랜차이즈의 전체적인 계획에 참여하고 순차적으로 발표되는 영화들에 기대감을 이어 가도록 유도한다. 마블은 여기에서 한 발 더 나아가 시리즈를 구획지어 스토리에 전환을 주는 '페이즈(phase) 전략'을 취한다.

다음 쪽의 〈표 1〉를 통해 볼 수 있듯 2008년의 〈아이언맨〉을 시작으로 2012년 〈어벤져스〉까지 6편의 영화는 1단계에 해당한다. 〈어벤져스〉를 최종 기점으로 〈어벤져스〉에 포함될 슈퍼히어로들이 소개되는 과정에 해당한다고 할 수 있다. 2단계는 2013년 〈아이언맨 3〉부터 2015년의 〈어벤져스: 에이지 오브 울트론〉과 〈앤트맨〉까지의 영화가 해당한다. 6편으로 작품 수는 같지만 페이즈 1이 5년 동안의 기간을 두었던 것에 반해 3년으로 작품 개봉 시기가 촘촘해지고 더욱 공격적인 개봉 전략을 취하고 있음을 알 수 있다.

개봉 연도	제목	단계
2008	아이언맨	Phase 1
	인크레더블 헐크	
2010	아이언맨 2	
2011	토르: 천둥의 신	
	퍼스트 어벤져	
2012	어벤져스	
2013	아이언맨 3	Phase 2
	토르: 다크 월드	
2014	캡틴 아메리카: 윈터 솔저	
	가디언즈 오브 갤럭시	
2015	어벤져스: 에이지 오브 울트론	
	앤트맨	
2016	캡틴 아메리카: 시빌 워	Phase 3
	닥터 스트레인지	
2017	가디언즈 오브 갤럭시 vol.2	
	스파이더맨: 홈커밍	
	토르: 라그나로크	
2018	블랙 팬서	
	어벤져스: 인피니티 워	
	앤트맨과 와스프	
2019	캡틴 마블	
	(제목 미정) 어벤져스 후속편	
	스파이더맨: 홈커밍 2	미정
미정	가디언즈 오브 갤럭시 vol.3	

〈표 1〉 마블 시네마틱 유니버스의 단계별 라인업

3단계는 페이즈 1, 2에 비해 작품 수가 늘고 새로운 슈퍼히어로 캐릭터가 추가되는 등 규모가 커지는 것을 볼 수 있다. 페이즈 3의 시작인 〈캡틴 아메리카 3: 시빌 워〉에서 추가된 슈퍼히어로 캐릭터들의 개별적 영화가 등장하는 것으로 보아 어벤져스를 중심으로 하는 마블의 프랜차이즈 스토리텔링 전략은 계속적으로 확장하고 있음을 확인할 수 있다. 이처럼 거대한 프랜차이즈 스토리를 단계별로 구분하며 거둘 수 있는 효과는 이야기의 세계관을 정비하고 슈퍼히어로 영화에서 캐릭터와 직접적 연관성을 갖는 배우의 라인업과 캐릭터들을 재정비하는 것 등이 있다.

그리고 무엇보다 중요한 것은 아직 개봉되지 않은 라인업을 이미 확인할 수 있다는 것이다. 위의 표에서 보듯 향후의 슈퍼히어로 영화 제작 계획을 공개적으로 확인할 수 있으며,[2] 마블은 이러한 라인업 공개를 통해 관객들의 향유 참여를 유도한다. 관객들은 원작과 비교해 영화에서 어떠한 스토리가 선택될지, 기존에 전개되고 있던 스토리와 어떻게 연관성을 가질지, 새롭게 추가될 캐릭터와 어벤져스의 연결성은 무엇일지 등 이미 개봉 전에 적극적으로 마블의 프랜차이즈 스토리텔링에 참여하며 과거의 영화에서 경험하지 못했던 새로운 향유 방식을 체험한다.

마블이 프랜차이즈 스토리텔링을 활용하는 방식은 다양하다. 우선 매우 당연하게도 프랜차이즈 영화들은 스토리 간에 유기적 관계를 유지한다. 이미 계획된 단계별 라인업에 따라 개별적 영화들은 전략적으로 스토리를 공유한다. 다양한 미디어 플랫폼을 통해 스토리텔링을 확장하며 향유자의 능동적 참여를 더욱 유도하기도 한다.

그중에서도 슈퍼히어로 영화의 몇몇 세부 장치가 프랜차이즈 스토리텔링의 상징으로 기능하는 예도 있다. 그 대표적인 방식은 쿠키 영상[3]이다.

---

2) 집필일(2017년 7월) 기준으로 〈스파이더맨: 홈커밍〉까지의 영화가 개봉되었으며, 이 시점에서 향후 8편의 마블 슈퍼히어로 영화 제작 계획을 확인할 수 있다. 단계별 라인업은 보통 이전 단계가 종료되는 시점이나 새로운 단계가 시작되면서 순차적으로 공개된다. 콘텐츠와 이를 다루는 미디어의 수가 늘어가면서 마블 슈퍼히어로의 라인업 공개는 점점 그 시기와 작품 수를 확대하는 추세이다.

3) 정식 용어는 Post-Credit scene이며, Tag, Stinger, Credit cookie, Cora 등의 용어가 쓰이기도 한다. 국내에서는 Credit cookie의 줄임말로 '쿠키 영상'이라는 용어가 일반적으로 통용되고 있다. 이 책에서는 국내의 통상적인 용어를 사용함을 밝힌다.

쿠키 영상은 영화, TV, 게임 등의 엔딩 크레딧(ending credit)이 끝난 후 나오는 짧은 영상을 가리킨다. 보통 NG컷처럼 웃음을 유도하기 위한 영상이나 영화에서 미처 보여 주지 못한 장면들, 혹은 후속편을 예고하는 내용 등이 쿠키 영상에 담긴다.[4] 대부분의 슈퍼히어로 영화 쿠키 영상에는 세 번째 경우인 후속편을 암시하는 영상이 담긴다. 이러한 쿠키 영상은 이야기의 연결성, 그리고 홍보 효과라는 면에서 큰 효과를 거둔다.

예를 들어 마블이 헐크의 판권을 유니버설 픽쳐스*Universal Pictures*에서 되찾아 온 다음 제목을 〈인크레더블 헐크〉로 바꾼 후, 마블은 영화의 이야기가 종료되고 엔딩 크레딧이 끝나는 시점에 썬더볼트 장군 앞에 토니 스타크가 나타나는 짧은 영상을 추가한다. 브루스 배너를 놓친 것을 자책하며 술에 취한 썬더볼트 장군에게 팀을 만들자고 제안하는 토니 스타크의 짧은 등장은 헐크와 아이언맨이 개별적 영화로 분리된 것이 아니라 스토리에 연결성을 갖고 있음을 예측하게 하며 당시 관객들에게 큰 파장을 일으켰다.

쿠키 영상은 마블 제작 영화 이외에도 슈퍼히어로 영화에 빈번히 사용되었던, 관객의 흥미를 유발하기 위한 대표적 장치였다. 엑스맨을 시리즈로 만든 20세기 폭스와 DC 코믹스 원작 슈퍼히어로 영화들에도 쿠키 영상은 빠지지 않고 등장한다. 하지만 이들 영화에서 쿠키 영상은 속편에서 향후 전개될 이야기의 줄거리, 혹은 속편에서 등장할 악역인 빌런에 대한 힌트를 제공하는 정도의 티저 영상으로서 기능에 가까웠다. 반면 마블의 쿠키 영상은 이러한 티저 영상의 기능 뿐 아니라 마블 슈퍼히어로들의 연결성과 어벤져스의 존재감을 의도적으로 부각시킨다. 그 결과로 관객들은 쿠키 영상을 통해, 이어지는 라인업과 이미 개봉했던

---

4) 쿠키 영상에 대한 자세한 내용은 다음의 논문을 참고할 것. 김건, 「영화 속 엔딩 크레딧: 쿠키 영상을 중심으로」, 『건지인문학』 8권, 전북대학교 인문학연구소, 2012.

영화들의 복선 장치를 매칭하는 일종의 '놀이'를 온라인상에서 즐긴다. 이를 통해 각 슈퍼히어로 영화들의 연계성이 관객들에게 더욱 각인되며 프랜차이즈 전략은 성과를 거둔다. 이러한 과정들을 통해 마블의 쿠키 영상은 어벤져스와 마블의 브랜드 이미지를 공고히 하는 프랜차이즈 스토리텔링의 핵심 전략으로 기능한다.

슈퍼히어로 영화를 프랜차이즈 스토리텔링으로 유지하기 위한 또 다른 필수적 요소는, 슈퍼히어로 장르의 핵심이라 할 수 있는 캐릭터를 영화와 관객 사이에서 연결하는 배우의 역할을 부각시키는 것이다. 마블은 슈퍼히어로를 연기하는 배우를 슈퍼히어로 캐릭터로 아이콘화하는 전략을 적극적으로 활용한다. 마블은 주축 캐릭터에 해당하는 배우들을 교체 없이 유지하는 것은 물론이고, 신작 발표와 같은 이벤트를 코믹콘5)을 통해 실시하며 관객들과 소통하는 방식 등을 취한다. 코믹콘에 참여하는 배우들은 마치 매니아들이 코스튬 플레이(costume play)를 하는 것처럼 직접 슈퍼히어로 캐릭터의 옷을 입고 등장하거나 영화 속 대사를 읊는 식의 이벤트를 실행한다. 아이언맨의 로버트 다우니 주니어, 캡틴 아메리카의 크리스 에반스 등 대체되지 않는 배우들의 아이콘화를 통해 프랜차이즈 전략은 더욱 마케팅적인 지원을 얻는다.

상업적 전략으로서 프랜차이즈 스토리텔링의 가장 큰 장점은 각각의 텍스트가 분리되지 않고 하나의 상품으로 결합되어 개별적 텍스트에 한정될 수 있던 시장을 확장시킨다는 점이다. 젠킨스는 트랜스미디어 프랜차이즈를 설명하며 이러한 프랜차이즈 스토리텔링의 장점을 명확하

---

5) 코믹콘(Comic-Con). 만화를 중심으로 하는 전시회. 1970년대부터 시작된 미국 샌디에 이고의 코믹콘이 최대 규모로 가장 유명하다. 2000년대 이후 할리우드 영화 산업이 코믹콘에 참여하게 되면서 이를 중심으로 게임, 애니메이션, 캐릭터, 피규어를 아우르는 엔터테인먼트 연관 산업의 복합적인 행사로 확대되었다. (http://www.comic-con.org/ 참조.)

게 끄집어 말한다.

> 각 프랜차이즈의 진입은 자기충족적이어야 한다. 영화를 보지 않고
> 도 게임을 즐길 수 있어야 하며, 그 역도 마찬가지다. 어떤 상품이든지
> 전체 프랜차이즈로의 입구가 된다. 미디어를 넘나드는 독해는 경험의
> 깊이를 유지시킴으로써 더 많은 소비를 촉진한다. (중략) 성공하는
> 트랜스미디어 프랜차이즈는 미디어에 맞게 콘텐츠를 조정해서 다양한
> 소비자층을 유인한다. 하지만 이들 다양한 소비자층을 유지할 수
> 있고, 각각의 상품이 신선한 경험을 제공한다면, 잠재적 총수입을
> 늘려줄 크로스오버 시장에 의존할 수도 있을 것이다.[6]

젠킨스의 프랜차이즈 이론은 트랜스미디어 스토리에 대한 설명에서
비롯한다. 그는 트랜스미디어 스토리가 다양한 미디어 플랫폼을 통해
공개되고, 각각의 텍스트가 전체 스토리에 분명한 기여를 해야 함을
강조한다. 때문에 젠킨스의 트랜스미디어 프랜차이즈의 핵심은 다양한
미디어에 서로 다른 텍스트가 존재한다는 전제이므로, 우리가 논의하고
있는 영화에 한정된 마블 시네마틱 유니버스의 프랜차이즈 스토리텔링
전략과는 차이가 있다.[7] 하지만 위의 설명에서 확인할 수 있듯 젠킨스의
트랜스미디어 프랜차이즈 이론은 개념적으로 마블 슈퍼히어로 영화의
전략을 설명하기에 아주 적절한 근거로 보인다. 영화라는 동일 매체
내에서 다양한 미디어 플랫폼이 요구되는 트랜스미디어 스토리텔링 전략
이 변형되어 드러난다는 점도 비교해 살펴볼 만하다.

이 중 가장 눈길을 끄는 부분은 어떤 상품이든지 전체 프랜차이즈로의

---

6) 헨리 젠킨스, 앞의 책, 149쪽.
7) 물론 마블도 마블 코믹스, TV 드라마, 단편 영화, 게임 등을 통해 트랜스미디어
프랜차이즈 전략을 취한다. 이에 대한 내용은 뒤의 마블과 미디어에 대한 논의에서
보다 자세히 살펴보도록 하겠다.

입구가 된다는 것이다. 위의 인용에서 트랜스미디어, 즉 영화, 게임, 애니메이션 등 여러 미디어의 다른 창구가 전체 프랜차이즈로 연결된다고 말한다. 이를 마블의 슈퍼히어로 영화에 적용한다면, 아이언맨, 헐크, 토르, 캡틴 아메리카 등의 각각의 슈퍼히어로 캐릭터 영화가 어벤져스라는 프랜차이즈로 연결되는 입구가 되고, 반대로 어벤져스가 각각의 슈퍼히어로 캐릭터 영화로 연결되는 입구도 될 수 있음을 뜻한다. 이럴 경우 각각의 슈퍼히어로 캐릭터 영화는 마치 트랜스미디어의 서로 다른 미디어 플랫폼 역할을 하게 된다. 관객들은 어느 경로를 통해서든 마블 슈퍼히어로 영화의 프랜차이즈로 진입할 가능성이 넓어지기 때문에 그에 맞는 스토리텔링 전략이 취해진다. 젠킨스의 지적대로 자기충족적인 스토리, 즉 캡틴 아메리카를 보지 않고도 어벤져스를 즐길 수 있고, 어벤져스를 보지 않고도 토르를 즐길 수 있는 스토리텔링 전략이 필요하다. 다만 관객이 개별적 영화에 참여했다면 그 경로를 통해 프랜차이즈로 진입할 수 있는 유인 전략이 유지되어야 한다.

〈그림 8〉 MCU 프랜차이즈 개념도

트랜스미디어에서도 마찬가지이다. 어느 미디어를 통해서도 마블 프랜차이즈로 유입이 가능해야 하고, 각각의 미디어 스토리텔링은 서로 연결되어야 한다. 〈그림 8〉에서 볼 수 있듯 마블 슈퍼히어로 영화가 하나의 프랜차이즈를 구성하고, 〈그림 9〉는 마블 트랜스미디어 프랜차이즈에서 더욱 확장된 형태로 프랜차이즈 세계가 구성됨을 나타낸다. 이를 통해 텍스트가 개별적으로 존재할 때보다 훨씬 다양한 소비자층이 유인되기 때문에 생산자 입장에서는 장점이 명확한 전략이 된다.

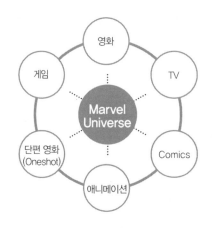

〈그림 9〉 마블 트랜스미디어 프랜차이즈 개념도

이러한 특징들을 생각할 때, 프랜차이즈 스토리텔링 전략은 특히 기획이라는 측면에서 마블 슈퍼히어로 영화의 핵심적인 전략이다. 때문에 이 핵심 전략을 스토리로 어떻게 구현하는지가 마블 영화 스토리텔링의 핵심이 된다. 더 확장해서 게임, 애니메이션, 단편 영화, TV 드라마 등의 매체와 어떻게 연동성을 가질 것인가가 더 큰 의미의 마블 슈퍼히어로 트랜스미디어 프랜차이즈 스토리텔링 전략이 될 것이다. 그 대답은 프랜차이즈로의 진입이 용이하도록 향유자가 쉽게 접근하고 향유할 수 있는 익숙하고 쉬운 구조의 이야기를 하는 것, 그리고 계속해서 새롭고 신선한 아이템을 제공해 참여자가 이 프랜차이즈에 꾸준히 머무르게 하는 전략이 될 수 있다. 그런 의미에서 새롭게 등장하는 미디어 플랫폼에 비해 상대적으로 보수적 매체 속성을 지닌 영화가 중심이 되는 마블 슈퍼히어로 프랜차이즈는 혁신적이고 새로운 미디어 전략보다는 아이템, 즉 소재 제공 위주의 스토리텔링 전략을 유지할 가능성이 크다.

여러 미디어 플랫폼을 통하는 트랜스미디어 스토리텔링이 영화라는 동일 매체 내에서 압축적으로 구현되는 이러한 양상을 살펴볼 때 마블 슈퍼히어로 영화 프랜차이즈는 참여자의 참여 문화, 개별적 텍스트들, 산업적 전략과 스토리텔링 요소가 총체적으로 유기화된 스토리텔링 전략이라 할 수 있다. 마블 슈퍼히어로 영화에 이처럼 다양한 요소들이 유기적으로 결합된 총체적 특징이 드러나지만, 이를 움직이는 동기에는 상업적 목적이 있다. 프랜차이즈 스토리텔링의 우선적인 목적은 경제적인 것이며, 이는 미디어 환경 변화와 그 변화를 채우는 콘텐츠 특성을 발견했기에 가능한 것이다.

젠킨스가 말한 미디어 소유권의 변화 양상은 이를 잘 설명한다. "과거의 할리우드가 영화에 집중하였다면 새로운 미디어 대기업들은 엔터테인먼트 산업 전체에 걸쳐서 통제권을 얻어 내려고 하고 있다. 워너브라더스는 영화뿐만 아니라 텔레비전이나 대중음악, 컴퓨터 게임, 웹사이트, 장난감, 놀이공원, 책, 신문, 잡지와 만화책에 이르는 방대한 사업 영역을 보유하고 있다."[8] 젠킨스는 워너브라더스를 예로 들고 있지만, 그가 2006년 발간된 이 책을 5년만 늦게 출간하였더라도 그 예는 마블로 바뀌었을지 모른다. 그만큼 마블의 프랜차이즈 전략은 현대의 엔터테인먼트 산업의 양상과

---

8) 헨리 젠킨스, 앞의 책, 36쪽.

전략을 대표적으로 드러낸다. 또한 미디어 소유권의 변화는 슈퍼히어로 콘텐츠의 영화로의 전환이 가능했던 중요한 시대적 요인이기도 하다. 슈퍼히어로는 미디어 변화 양상에 부합되는 적절한 콘텐츠 특성을 갖고 있다. 이는 마블이 다른 엔터테인먼트 회사가 아닌 디즈니에 병합된 사실을 통해서도 유추할 수 있다. 영화, 텔레비전, 테마파크 등의 다양한 미디어 플랫폼을 지니고 있는 디즈니 입장에서 마블의 슈퍼히어로 캐릭터는 활용 가치가 매우 높다고 판단되었을 것이다.

요약하면 슈퍼히어로는 현대 엔터테인먼트 산업이 추구하는 프랜차이즈의 수익성을 확보하기에 석절한 콘텐츠이다. 하지만 경제 논리를 추구하는 거대 미디어 기업이 미디어 시너지와 프랜차이즈 개발을 장려한다고 해도 그 전략이 이상적인 통합과 조정을 이루기는 쉽지 않다. 지금까지 프랜차이즈 스토리텔링은 루카스 필름의 스타워즈 시리즈의 예처럼 한 명의 제작자 혹은 단일 제작팀이 작업 전반을 장악할 때 성공할 수 있었다.[9] 이는 마블이 마블 시네마틱 유니버스라는 자체 영화 제작사를 만든 이유이기도 하다. 기획, 제작, 마케팅, 미디어 전환, 원천콘텐츠의 새로운 아이템 개발 등 스토리텔링 전략과 제작을 직접 관장하고 난 후, 마블은 획기적인 슈퍼히어로 프랜차이즈 모델을 개발할 수 있었고 이를 통해 가시적이고 성공적인 성과를 이루어 냈다.

그렇지만 마블 슈퍼히어로 프랜차이즈의 산업적 논리 뒤에는 이를 채우는 콘텐츠 내적 요소들 또한 있다. 디지털 테크놀로지가 야기한 미디어 환경 변화의 배경에 엔터테인먼트 미디어의 인프라 요인이 있었다면, 이를 움직이는 것은 콘텐츠와 전략이다. 다시 말해 슈퍼히어로 프랜차이즈는 콘텐츠 산업으로서 기능할 수 있는 적절한 스토리텔링 전략이 선행되어야 구축이 가능해진다. 이는 당연하게도 다양한 형태의 향유와

---

9) 위의 책, 162쪽.

참여, 사회적 상호작용, 그리고 텍스트 내적 스토리텔링 전략이 필수적으로 함께해야 한다. 즉, 이야기는 다시 스토리텔링의 문제로 돌아오게 된다.

프랜차이즈는 부분적 텍스트들과는 비교할 수 없는 거대한 세계관을 필요로 한다. 세계는 영화보다 크고, 심지어 프랜차이즈보다도 커진다. 팬들의 추리와 검토를 통해 세계는 다양한 방향으로 확대된다. 과거에는 이야기를 만들 때 스토리를 먼저 세웠다. 좋은 스토리 없이는 영화를 만들 수 없기 때문이다. 그리고 속편이 만들어지면서는 캐릭터를 먼저 세운다. 좋은 캐릭터 없이는 여러 개의 스토리를 이어갈 수 없기 때문이다. 하지만 이제는 세계를 먼저 세운다. 복수의 등장인물과 복수의 스토리를 미디어를 통해 이어가려면 세계가 필요하기 때문이다. 〈엑스맨〉 같은 영화는 첫 번째 편에서 세계를 세우고, 속편들은 그 세계 안에서 다른 이야기를 전개시키도록 한다. 반대 방법으로 새로운 편마다 세계에 새로운 특성을 추가하면, 세계 속에 그것의 지도를 그리는 데 더 많은 에너지가 사용될 것이다.[10] 마블의 경우는 캐릭터를 연계시키며 세계를 확장 및 구축했다. 〈가디언즈 오브 갤럭시〉처럼 의도적으로 세계관을 확장하려는 목적성을 갖고 제작된 영화도 있다. 이처럼 스토리텔링은 마블 슈퍼히어로 영화와 같은 프랜차이즈 영화의 필수적인 기술이다. 보다 정확히는 스토리텔링은 프랜차이즈 영화 세계 구축의 기술이 된다. 텍스트의 세계를 구축하는 기술 뿐 아니라 향유자가 확장하는 세계의 확대라는 개념에서도 스토리텔링은 필요한 장치가 된다.

기존 영화에서의 스토리텔링 전략은 스토리 구축이 일차적인 목표였다. 이는 현재까지도 대다수의 영화 창작자들이 동의하는 생각이기도 하다. 하지만 반복해서 지적하듯 슈퍼히어로 영화와 같은 프랜차이즈 영화는

---

10) 위의 책, 168~169쪽.

그 프랜차이즈의 특성에 따라 캐릭터나 세계의 구축이 우선되어야 한다. 앞으로 영화가 디지털 미디어 환경 변화에 영향을 받을수록 슈퍼히어로 영화는 더 이상 예외적인 형태로 인식되지 않을 뿐더러 차별성을 지닌 여러 다양한 형태의 프랜차이즈 영화가 등장할 것이다. 그럴수록 세계의 구축은 영화 스토리텔링에 우선적으로 필요한 과정이 된다. 이러한 경향이 강해질수록 시간의 축적과 향유자들의 참여 과정을 통해 세계관이 기 구축된 원천콘텐츠를 가진 영화들이 지금보다도 더욱 주목받게 될 것이다. 최소한 프랜차이즈 스토리텔링이라는 관점에서는 말이다.

이 책이 프랜차이즈 스토리텔링의 주요 이론 배경으로 인용하고 있는 젠킨스의 『컨버전스 컬처』에서는 영화 〈매트릭스〉 시리즈를 트랜스미디어 프랜차이즈 스토리로써 분석한다. 〈매트릭스〉 시리즈는 다양한 미디어 플랫폼을 활용하는 미디어 컨버전스 스토리텔링으로서 의미를 가진다. 하지만 영화 텍스트에 있어 이야기가 관객에게 원활히 전달되는 성공적인 스토리텔링을 이뤄냈다고 보기는 어렵다. 고전적인 의미의 내러티브 개념에서 바라본 영화 〈매트릭스〉 시리즈의 실패 원인은 새로운 후속편마다 세계에 새로운 특성과 정보들을 추가하며, 그것을 설명하는데 영화의 이야기를 진행하는 것보다도 더 많은 에너지가 사용되었기 때문일 가능성이 높다.

그런 점에서는 프랜차이즈 스토리텔링 전략이라는 면에 있어 마블의 스토리텔링이 보다 효과적이다. 마블의 세계는 (원작의 세계에 기대고 있는 면이 크다고는 하지만) 세계의 구축을 토대로 다른 이야기들이 전개되도록 한다. 슈퍼히어로라는 비현실적 캐릭터들은 우리의 실제 생활 공간에서 활동한다. 외계인의 등장과 침략 같은 황당할 수 있는 상황에서 실제적 세계를 배경으로 하는 구축된 세계를 흔들지는 않는다. 서사의 개연성이나 현실성의 부족과 같은 문제를 지적받을 수 있는 상황에서도 슈퍼히어로 영화는 세계에 새로운 설명이나 특성을 추가하기보다 이미 구축된 세계를 유지하며 그 세계관 안에서 스토리가 전개되도록 한다.

마블 슈퍼히어로 프랜차이즈의 또 다른 핵심 스토리텔링 전략은 앞서 설명한 페이즈 전략, 즉 단계 분류를 통해 세계의 리부팅 및 새롭게 구축된 세계를 만들어 가는 전략을 사용하는 것이다. 페이즈 1과 페이즈 2를 지나 페이즈 3이 진행 중인 현재는 기 구축된 세계를 흔들지 않는 미시적 세계 변화의 단계이지만, 3단계가 끝나는 시점엔 마블 슈퍼히어로 세계를 크게 흔드는 거시적 관점의 세계관 리부트를 시도할 가능성이 크다.

생산자가 전략적으로 프랜차이즈 스토리텔링을 시도하더라도 관객의 인지가 없다면 이 콘텐츠는 아무런 의미를 갖기 어렵다. 프랜차이즈의 세계는 개별적 텍스트가 전체 프랜차이즈의 일부임을 인식하게끔 하는 일관성과 모티브가 필요하다. 여러 텍스트, 때로는 다양한 매체를 통하지만 공통적으로 반복되거나, 다른 스토리를 전개하지만 같은 프랜차이즈임을 인지할 수 있는 상징 같은 요소가 필요한 것이다.

마블 슈퍼히어로 영화의 경우는 '쉴드'가 반복되는 모티브가 된다고 할 수 있다. 마블 슈퍼히어로 영화를 결합하는 매개체는 어벤져스인데, 쉴드는 그 어벤져스를 만들고 유지하게 하는 상징적 집합이다. 때문에 마블의 세계관에서, 최소한 영화에 한해서는, 쉴드는 마블의 브랜드 이미지이자 프랜차이즈 요소를 나타내는 모티브가 된다. 스파이더맨, 아이언맨, 헐크, 캡틴 아메리카 등 개별 브랜드화 되어 있던 슈퍼히어로 영화는 쉴드를 통해 함께 프랜차이즈 스토리텔링으로 결합하는 효과를 거둔다. 그 외에도 슈퍼히어로들의 독특한 복장, 영웅주의적 주제, 지엽적으로는 마블 슈퍼히어로 영화에 모두 등장하는 원작자 스탠 리의 카메오 출연마저도 관객에게 마블 슈퍼히어로를 인식하게 하는 반복적 모티브가 된다. 중요한 것은 이러한 요소들이 모두 프랜차이즈 스토리텔링 전략으로 기능한다는 것이다.

이러한 전략적 스토리텔링을 통해 슈퍼히어로 영화의 확장성과 복합성은 더욱 커진다. 그리고 그에 따라 관객의 향유 요소는 보다 강화된다. 슈퍼히어로 영화에 있어 프랜차이즈 스토리텔링 전략은 기본적 스토리 전략이자 매체 전환 전략, 또한 상업적 전략으로 기능한다. 때문에 프랜차이즈 스토리텔링 전략은 슈퍼히어로 스토리텔링의 핵심이라 할 수 있다.

10

확장하는 마블 미디어,
팽창하는 마블 유니버스

마블 미디어의 확장

젠킨스의 트랜스미디어 프랜차이즈 이론에서 핵심은 미디어의 다양성이다. 서로 다른 형태의 미디어가 프랜차이즈라는 일관성을 유지한 채 전체에 기여하는 부분으로써 기능하는, 상이한 미디어 콘텐츠의 프랜차이즈 결합을 핵심으로 보는 것이다. 그에 반해 마블의 슈퍼히어로 영화 프랜차이즈 스토리텔링 전략에서는 미디어의 상호관계성이 사라진다. 마블의 경우는 영화라는 동일 매체 내에서 이뤄지는 스토리텔링 현상이기 때문이다. 하지만 이는 반대로 슈퍼히어로 영화 프랜차이즈 스토리텔링에는 스토리라는 이야기의 본질 요소에 중심을 두는 스토리텔링 전략이 구체적으로 담겨 있음을 뜻하기도 한다. 트랜스미디어 프랜차이즈에서 부각되는 스토리텔링의 미디어 작용성이나 미디어 간 상호성 등의 문제가 배제된 채 스토리 전략으로서의 스토리텔링이 강조되기 때문이다.

그렇다고 마블의 슈퍼히어로 프랜차이즈 스토리텔링이 영화에만 국한된 것은 아니다. 마블은 단편 영화, TV 드라마, 게임 등의 서로 다른 미디어들을 통해 트랜스미디어 프랜차이즈 역시 실행하고 있다. 때로는 영화를 중심으로 전개된 프랜차이즈 스토리텔링이 다시 원천콘텐츠인 코믹북의 스토리에 영향을 주는 경우도 생긴다.

영화는 산업적 특성을 안고 있다. 영화에는 일정 수준 이상의 자본과 제작 기간이 필요하다. 아무리 향후 몇 년을 포괄하는 라인업이 발표되고 다른 작품들이 촘촘히 발표되더라도 프랜차이즈 작품들 사이에는 간격이 발생할 수밖에 없다. 시스템화 되어 있는 할리우드 메인 스튜디오의 영화들은 최소 2년 이상의 제작 시간이 필요하고, 자본의 투입량도 크다. 게다가 스타 배우의 캐스팅, 초국적 투자와 촬영 등 변수가 많은 블록버스터 영화로서의 슈퍼히어로 영화는 그 간격을 좁히기 더욱 어렵다. 그렇다고 간극이 없도록 여러 슈퍼히어로 영화가 산발적으로 발표된다면 수익에 대한 위험도가 너무 높을 뿐더러 프랜차이즈 향유자의 피로도 역시 부정적으로 증가할 것이다.

이러한 단점을 보완하기 위해 마블은 여러 미디어를 가로지르는 마블의 슈퍼히어로 프랜차이즈 콘텐츠를 만들어 활용해 왔다. 이들은 때로는 이벤트성 기획이 되기도 하고, 때로는 스핀오프로 제작되었으며, 때로는 스핀오프가 시리즈화 되는 경우까지도 발생한다. 계획적 프랜차이즈 전략이 아닌 향유자와의 인터랙션에 의한 즉흥적 기획 성격이 강한 마블의 트랜스미디어 프랜차이즈는 예측이 힘든 영역에서 프랜차이즈 스토리를 확장해 가고 있다.

대표적으로, 마블은 영화의 극장 상영이 종료되는 시점에 블루레이 디스크를 발매하며 마블 원샷(Marvel One Shot)이라 부르는 단편 영화를 끼워 넣었다.[1] 원샷은 5분에서 15분 정도 분량의 단편 영화로 주로 전체 프랜차이즈 스토리를 보충하거나, 영화에서 상대적으로 역할이 작았던 조연 캐릭터에 깊이를 부여하는 역할을 한다. 영화에서 부족했던 서사를 채워 주고, 영화 내에서는 비중이 작지만 관객들에게 인기가 높은 캐릭터를 독립적으로 다뤄 새로운 이야기로 확장하는 방식이 취해진다. 프랜차이즈 스토리의 관점에서 볼 때 계획된 스토리 전체의 배분된 부분이 아닌 전적으로 새롭게 확장된 이야기가 추가되며 프랜차이즈의 세계를 넓힌다.

〈컨설턴트〉는 〈인크레더블 헐크〉의 쿠키 영상에서 토니 스타크가 썬더볼트 장군을 찾아간 이유를 설명하고 헐크와 어보미네이션의 어벤져스 합류 문제에 관해 쉴드 대원 두 명이 작은 식당에서 대화하는 내용을 담고 있다. 5분가량의 짧은 영상이지만 프랜차이즈 스토리의 부족한 연결성을 보완하며 이미 전개된 서사를 보충하는 역할을 한다. 〈토르의 망치를 찾으러 가는 길에 생긴 일〉은 어벤져스의 조연 캐릭터인 콜슨 요원의 숨겨진 모습을 보여 준다. 슈퍼히어로가 잔뜩 등장하는 영화에서는 정장을 입은 사무직 요원과 같은 외형을 지닌 콜슨 요원이 예상외의 전투 능력을 보여 주는 액션 장면이 영상의 대부분을 차지한다. 비중이 크지 않은 역할임에도 마블 슈퍼히어로 영화 팬들에게 지지도가 높았던 콜슨 요원의 캐릭터를 특징화하는 역할을 하고 있다. 〈아이템 47〉은 영화 〈어벤져스〉의 뉴욕 시가전 이후 외계인의 무기가 모두 회수되지 않고 일반인의 손에 들어가며 생긴 일을 담는다. 전체 프랜차이즈 스토리

---

1) 〈토르: 천둥의 신〉 블루레이 디스크에 수록된 〈컨설턴트 The Consultant〉, 〈퍼스트 어벤져〉에 수록된 〈토르의 망치를 찾으러 가는 길에 생긴 일 A Funny Thing Happened on the Way to Thor's Hammers〉, 〈어벤져스〉에 수록된 〈아이템 47 Item 47〉, 〈아이언맨 3〉에 수록된 〈에이전트 카터 Agent Carter〉, 〈토르: 다크 월드〉에 수록된 〈올 헤일 더 킹 All hail the King〉 등 5편 원샷이 현재까지 발표되었다.

에는 생략된 일종의 뒷이야기 성격을 보이며, 앞의 두 원샷과 달리 영화에는 한 번도 등장하지 않았던 인물들이 주요 인물로 등장한다. 〈에이전트 카터〉는 〈퍼스트 어벤져〉의 마지막 장면에서부터 이야기가 연장된다. 〈퍼스트 어벤져〉의 주요 인물이었던 카터 요원의 감정 상태와 함께 쉴드가 창설되는 과정에 대한 이야기까지 담고 있다. 캐릭터의 확장과 서사의 보충이라는 두 가지 기능을 모두 수행한다고 할 수 있다. 〈올 헤일 더 킹〉은 〈아이언맨 3〉의 가짜 빌런으로 등장했던 '만다린'의 대역 배우가 교도소에 수감 중 다큐멘터리를 촬영하는 이야기를 담는다. 아이언맨 시리즈의 뒷이야기이기도 하지만, 이 영상의 핵심은 진짜 '만다린'이 존재한다는 암시를 던져 준다는 점이다. 실제로 만다린은 원작 코믹북에서는 매우 강한 빌런으로 등장하지만, 〈아이언맨 3〉에서는 내러티브를 위한 가벼운 장치인 가짜 악당으로 소모된다. 하지만 이 원샷 영상을 통해 만다린이 진짜 빌런으로 재등장할 것이라는, 앞으로 전개될 이야기를 예고하는 역할을 하고 있다. 이처럼 마블의 단편 영화인 마블 원샷에는 서사 보충, 캐릭터 확장, 뒷이야기, 향후 스토리의 예고 및 암시 등 트랜스미디어 프랜차이즈 스토리텔링 전략이 다채롭게 나타남을 확인할 수 있다.

마블 원샷에는 또 다른 독특한 특징이 발견된다. 5분에서 15분을 넘지 않는 짧은 영상임에도 이 안에 쿠키 영상을 삽입하고 있다는 점이다. 슈퍼히어로 영화에는 본편 영화는 물론 짧은 단편 영화까지도 쿠키 영상이 프랜차이즈의 일관성을 드러내는 장치로 기능하고 있음을 엿볼 수 있다. 또한 〈어벤져스〉에 수록된 〈아이템 47〉을 제외한 모든 원샷이 이야기의 배경과 관계되지 않은 영화의 블루레이 디스크에 실려 있다는 점도 특이하다. 헐크의 이야기인 〈컨설턴트〉는 토르 시리즈에 실려 있고, 토르의 이야기인 〈토르의 망치를 찾으러 가는 길에 생긴 일〉은 캡틴 아메리카 시리즈에, 캡틴 아메리카와 연결되는 〈에이전트 카터〉는 아이언맨 시리즈에 붙어 있고, 아이언맨과 관계되는 〈올 헤일 더 킹〉은 다시 토르 시리즈에 실리는 순환성을 보인다. 이는 마블 원샷이 계획된 프로젝트라기보다는 추가적으로 마블 슈퍼히어로 영화 프랜차이즈의 세계를 보완하고 넓히려는 목적으로 보충된 콘텐츠라는 점과 함께, 시리즈의 뒷이야기 같은 이 짧은 영상들이 일종의 보너스 영상이 아닌 서로 다른 영화들을 연결시키는 프랜차이즈 스토리텔링의 성격이 강함을 증명하는 것이다.

마블 원샷 이외에도 마블 슈퍼히어로의 트랜스미디어 프랜차이즈는 〈에이전트 오브 쉴드〉, 〈에이전트 카터〉 등의 TV 드라마가 시즌제로 제작되고 있으며, '마블 퓨처파이트 Marvel Future Fight'와 같은 게임도 제작되고 있다. 그리고 '마블 디펜더스 Marvel's Defenders'라는 타이틀로 넷플릭스*Netfilx*를 통해 독립된 드라마 시리즈가 제공되고 있다.

〈에이전트 오브 쉴드〉와 〈에이전트 카터〉는 향유자인 관객의 영향력이 콘텐츠의 제작에도 닿은 경우이다. 쉴드의 콜슨 요원은 〈어벤져스〉에서 로키에게 살해된다. 마블의 프랜차이즈 영화에 콜슨 요원이 더 이상 등장할 수 없게 되자 마블 슈퍼히어로 영화의 적극적 팬들은 콜슨을 다시 살려 내라는 요구를 하기에 이른다. 콜슨이 이처럼 마블 슈퍼히어로 영화의 향유자들에게 큰 관심을 받게 된 계기에는 여러 개별적 슈퍼히어로 캐릭터 영화를 넘나들며 매력적인 캐릭터로 각인된 것과 더불어 마블 원샷의 초기 세 편에서 주축 캐릭터로 활동했기 때문일 가능성이 높다. 마블 슈퍼히어로 프랜차이즈의 적극적 향유자들은 이러한 다양한 미디어 플랫폼에 걸쳐 나타나는 트랜스미디어 스토리텔링을 체험하며 적극적으로 자신들의 의견들을 드러내고 스토리에 개입하고자 하는 노력을 한 것이다. 결과적으로 마블 슈퍼히어로 영화의 핵심적 모티브인 쉴드의 세계를 확장하기 위해 기획되었던 TV 드라마 〈에이전트 오브 쉴드〉는 콜슨 요원을 중심으로 캐릭터 구도가 재편된다.

〈에이전트 카터〉는 이러한 경향이 더욱 강하게 나타난다. TV 드라마 〈에이전트 카터〉는 동일 제목 단편 영화인 마블 원샷 〈에이전트 카터〉를 통해 기획된다. 원샷을 통해 카터 요원이 마블 이야기의 한 축을 담당할 수 있는 캐릭터 매력과 역할을 지니고 있음이 확인되고, 무엇보다 현재 영화를 통해 진행되는 마블 슈퍼히어로 프랜차이즈 스토리의 전사(前事)에 해당하는 쉴드의 창설에 대한 이야기를 진행할 수 있다는 점이 카터 요원의 이야기를 TV 드라마로 이어지게끔 만들었다. 카터 요원이 활동하고 쉴드가 창설되는 제2차 세계 대전 이후인 1940년대의 과거 시대로까지 세계를 확장할 수 있다는 점도 프랜차이즈 스토리를 풍부하게 하는 장점이 된다. 마블의 자체 제작 다큐멘터리에서[2] 제작진은 팬들의 요구와 마블 원샷 〈에이전트 카터〉의 스토리 잠재성이 TV 드라마를 만들게 하는 결정적 계기가 됐음을 밝혔다.

게임인 '마블 퓨처파이트'는 앞서 살펴본 단편 영화나 TV 드라마처럼 스토리의 연결성을 갖고 있다고 보기는 어렵다. 넷플릭스를 통해 제공되는 드라마 시리즈들처럼 마블 슈퍼히어로의 프랜차이즈 스토리로서 세계를 공유하고 있지만, 영화를 통해 진행되는 스토리텔링과의 직접 연관성은 떨어지는 편이다. 이는 젠킨스가 정의한 트랜스미디어 스토리텔링과는 다소 괴리가 있는 형태이다. '마블 퓨처파이트' 게임이 마블 슈퍼히어로 프랜차이즈의 전체 텍스트에 스토리로써 기여한다고 보기는 어렵기 때문이다. 하지만 롤플레잉 게임인 '마블 퓨처파이트'를 통해 향유자가 스토리를 수동적으로 받아들이고 해석하는 단계가 아닌 직접 스토리에 개입하는

---

2) 〈마블 슈퍼히어로 군단의 비밀 Marvel Studios Assembling a Universe〉, 다큐멘터리, 2014.

단계로 올라선다는 점은 주목할 만하다. 향유자가 슈퍼히어로 프랜차이즈의 세계관을 직접 체험하는 향유 단계가 게임의 매체 특성을 통해 이뤄지는 것이다. 이 직접 향유 과정을 통해 캐릭터의 활용도는 비약적으로 높아진다. 슈퍼히어로 영화에서 메인 캐릭터로 사용되는 슈퍼히어로뿐만 아니라 상대적으로 비중이 작은 캐릭터, 영화를 통해서는 아직 등장하지 않았던 슈퍼히어로 캐릭터까지도 향유자는 접할 기회를 갖는다. 이러한 과정을 통해 영화에 비해 게임에서 슈퍼히어로 프랜차이즈 세계가 확장되는 효과를 분명히 거둘 수 있다.

게임의 발매 시기도 의미를 가지는데, '마블 퓨처파이트'는 마블의 영화 개봉 시기에 맞춰 발매가 되어 왔다. 이 게임은 〈아이언맨 3〉와 〈캡틴 아메리카: 시빌 워〉의 개봉 시기에 맞춰 발매돼 여러 미디어의 광고를 활용한 공격적인 홍보 전략을 취했다. 이러한 부분도 현재 마블 슈퍼히어로 프랜차이즈가 OSMU 전략과는 차이가 있는 트랜스미디어 스토리텔링 전략을 취하고 있음을 뒷받침한다. OSMU가 성공한 원천콘텐츠의 재생산적인 미디어 전환 전략을 취하는 것에 반해 트랜스미디어 프랜차이즈 스토리텔링은 일관성을 지니지만 동일하지는 않은 다른 스토리를 지닌 텍스트들이 유기적으로 결합되도록 전략화 한다. 마블 슈퍼히어로 역시도 과거에는 코믹북의 슈퍼히어로 캐릭터 판권을 판매해 영화를 제작하는, 원작에 기댄 OSMU 성격이 강했다. 하지만 현재는 마블 시네마틱 유니버스를 중심으로 트랜스미디어 스토리텔링, 프랜차이즈 스토리텔링을 실행하고 있다고 볼 수 있다.

마블은 최근에 유료 동영상 스트리밍 서비스를 제공하는 넷플릭스와 새로운 드라마 시리즈를 공개하고 있다. 〈데어데블 Daredevil〉, 〈제시카 존스 Jessica Jones〉, 〈루크 케이지 Luke Cage〉, 〈아이언 피스트 Iron Fist〉의 총 네 시리즈가 각각 시즌제 드라마로 제작되며, 이 네 슈퍼히어로

드라마 시리즈가 결합하는 〈마블 디펜더스〉라는 드라마 또한 시작된다. 〈마블 디펜더스〉는 영화 〈어벤져스〉의 드라마 판이라고 할 수 있다. 마블은 스마트폰, TV, PC, 셋톱박스 등 여러 미디어 플랫폼을 활용할 수 있는 인터넷 기반 콘텐츠 서비스 기업인 넷플릭스를 활용해 현재 진행 중인 어벤져스 중심의 슈퍼히어로 영화와는 별개로 또 다른 프랜차이즈 스토리를 구성하고자 시도하는 것이다. 그에 따라 '디펜더스'는 마블 슈퍼히어로 영화와 세계를 공유하면서도 스토리에서는 명확한 연결성을 갖고 있지 않다.

이처럼 마블 슈퍼히어로의 트랜스미디어 프랜차이즈는 한 가지로 명확히 전략화 된다고 볼 수는 없지만 미디언 간 콘텐츠가 서로 유기적으로 연결되는 경향성이 강하게 나타난다. 영화의 마지막 장면이 마블 원샷으로 연결되고, 영화의 쿠키 영상을 마블 원샷으로 구체화하며, 향유자의 개입을 통해 TV 드라마가 만들어지기도 한다. 다만, 게임과 넷플릭스처럼 미디어 플랫폼의 차이가 확연할 경우 차별적 스토리텔링 전략을 적용한다.

아래의 〈표 2〉에서 볼 수 있듯 영화, 마블 원샷, 쿠키 영상, TV 드라마, 향유자의 인터랙션, 게임 등이 개별적 관계 등을 통해 서로 유기적으로 연결되며 전체 프랜차이즈의 세계가 확장됨을 확인할 수 있다.

제목	매체	연결체	형태
컨설턴트	단편 영화	쿠키 영상 〈인크레더블 헐크〉	보완
토르의 망치를 찾으러 가는 길에 생긴 일	단편 영화	영화〈토르〉	확장(캐릭터)
아이템 47	단편 영화	영화〈어벤져스〉	확장(서사)
에이전트 카터	단편 영화	영화〈퍼스트 어벤져〉	연결, 확장(캐릭터, 서사)

올 헤일 더 킹	단편 영화	영화 〈아이언맨 3〉	확장(서사, 예고)
에이전트 오브 쉴드	TV 드라마	영화(전체)	보완, 확장
에이전트 카터	TV 드라마	영화(전체)	보완, 확장
		단편 영화 〈에이전트 카터〉	확장, 향유자 인터랙션
제시카 존스	넷플릭스	넷플릭스 드라마 〈디펜더스〉	확장(세계)
데어데블			
루크 케이지			
아이언 피스트			
마블 퓨처파이트	게임	프랜차이즈 전체	확장(세계, 캐릭터)

〈표 2〉 마블 슈퍼히어로 프랜차이즈의 트랜스미디어 스토리텔링 양상

　다만 마블의 이러한 트랜스미디어 프랜차이즈는 계획된 전략적인 트랜스미디어 스토리텔링이라기보다 향유자의 인터랙션에 영향을 많이 받는 의외성이 두드러지는 스토리텔링이기도 하다. 젠킨스를 비롯한 스토리텔링 학자들이 말한 이론적인 트랜스미디어 스토리텔링처럼 마블의 콘텐츠들은 개별적 텍스트의 역할을 예측해 제작된다고 보기는 어렵다. 〈에이전트 오브 쉴드〉나 〈에이전트 카터〉의 예처럼 향유자들의 요구를 지켜보며 스핀오프 캐릭터를 고르는 방식에 가깝다. 즉, 마블 슈퍼히어로 프랜차이즈의 메인 소스인 영화는 창작자 중심의 스토리텔링을 취하지만, 트랜스미디어 스토리텔링에서는 향유자 중심으로 스토리텔링이 이뤄지는 경향이 있음을 확인할 수 있다. 넷플릭스의 '디펜더스' 시리즈는 영화의 전략이 미디어 플랫폼만을 바꿔 이동한 것이라 할 수 있다.

　영화 내의 프랜차이즈 스토리텔링과 트랜스미디어 프랜차이즈 스토리텔링에서 보이는 이러한 차이는 생각보다 스토리에 미치는 영향이 크다. 향유자 중심의 트랜스미디어 프랜차이즈 스토리텔링이 지속적인 확장의 효과를 거둔다면, 생산자 중심의 마블 슈퍼히어로 영화의 프랜차이즈

스토리텔링은 주축 스토리의 유기적 관계성 유지에 보다 중점을 둔다. 단일 제작사의 창작자 중심 스토리텔링 전략이 구현되기 때문에 전체 프랜차이즈 스토리가 계획적으로 배분되고 전체에 기여하는 부분으로서 역할을 하는 모습을 볼 수 있는 것이다.

멀티버스 세계관

'멀티버스(multiverse)'란 우리가 살아가고 있는 우주와 다른 무수한 우주들이 존재하고, 이들이 서로 관계성을 맺고 있다는 가설이다. 멀티버스가 존재하느냐 아니냐의 주장은 물리학자들 사이의 끊임없는 논쟁이기도 하며, 우주, 공간, 차원의 문제를 다루는 개념이기에 멀티버스는 물리학, 우주론, 천체학 등의 과학적 영역을 비롯해 철학, 종교, 심리학, 문학 등에서도 인용되는 용어이자 개념이다.[3] 문학에서는 특히 SF 장르에서 멀티버스 개념의 활용 및 새로운 가설의 제기가 두드러진다. 슈퍼히어로 장르의 멀티버스 세계관은 주로 SF 문학 장르의 개념을 토대로 구축된 것이라는 추측이 타당할 것이다. 워낙 용어 및 개념이 활용되는 분야가 다양하기 때문에 멀티버스는 다중 우주(multiple universe), 평행 우주(parallel universe), 얼터너티브 유니버스(alternative universe) 등의 여러 용어로 분화되어 사용되기도 한다. 학제 간의 사용 범위 및 학자 간의 서술 관점이 다르기 때문에 용어는 유사한 개념으로 통합되기도 하고,

---

3) 여러 학술 분야에서의 멀티버스에 관한 개념 논의는 다음의 책들을 참조할 것. Rubenstein, Mary-Jane. *Worlds Without End: The Many Lives of the Multiverse*, University Presses, 2014. Manly, Steven L. *Visions of the multiverse*, New Page Books, 2011. Amoroso, Richard L. Holographic *Anthropic Multiverse: Formalizing the Complex Geometry of Reality*, World Scientific College Press, 2009. Brown, J. R. *Minds, machines, and the multiverse: the quest for the quantum computer*, Simon & Schuster, 2000.

경우에 따라서는 세부적인 과학적 기준을 토대로 개념의 분리가 이뤄지기도 한다. 문화적 활용에 있어서는 용어가 혼재되어 사용되는 경우가 많은데 마블의 경우는 자신들의 세계관 구축에 있어 '멀티버스'라는 용어를 공식적으로 사용하고 있다.

마블은 '마블 멀티버스'라는 세계관을 가지고 있다. 마블의 모든 이야기는 마블 유니버스 안에서 이뤄지는데, 그 세계는 멀티버스라는 더 큰 세계의 부분이 된다. 즉 마블 멀티버스는 체계를 공유하는 대체 세계들의 집합으로 볼 수 있다. 이 대체 세계가 마블 멀티버스의 핵심 개념이 된다. 예를 들어 한 코믹스에서 헐크가 등장하는 세계는 하나의 유니버스가 되고, 동시에 다른 차원에서 헐크가 살고 있는 대체 세계들이 존재하게 된다. 이 대체 세계들을 총칭하는 집합적 개념이 멀티버스가 되는 것이다.

마블 멀티버스는 이 각각의 유니버스에 'earth'와 숫자를 붙여 구분한다. 이를테면, earth-616은 마블 스토리의 중심이 되는 유니버스이다. 여기는 캡틴 아메리카, 헐크, 스파이더맨, 아이언맨 등이 지구에서의 주요한 사건들과 마주하는, 현재 대중들에게 잘 알려진 이야기들이 펼쳐지는 세계이다. 반면 earth-0은 빅뱅 이전의 세계이고, earth-717은 슈퍼히어로들이 남북 전쟁, 소련 등 서로 다른 시대와 공간으로 이동해 있으며,[4] earth-8351은 스파이더맨과 울버린이 영웅이 아닌 암살자가 된 세계이다. 이처럼 마블 멀티버스의 서로 다른 유니버스 안에서 슈퍼히어로들은 다른 역할과 성격을 부여받게 된다. 이를테면 녹색 괴물로 변신하면 성격이 완전히 변하는 헐크는 다른 유니버스에서 변신을 하더라도 이성을 그대로 지니고 있는 슈퍼히어로로 성격이 바뀐다. 선한 역할의 슈퍼히어로

---

4) earth-717에서 캡틴 아메리카는 남북 전쟁에 참전하고, 울버린은 1920년대의 미국, 판타스틱 4는 소련에서 활동한다.

로가 악당으로 변하기도 하고, 중심이 되는 earth-616의 전투 결과들이 뒤바뀐 세계관이 펼쳐지기도 한다.

다중 서사를 가능하게 한다는 점에서 마블코믹스의 멀티버스는 창작을 유용하게 하는 전략적 서사 개념으로 이해할 수도 있다. 마블코믹스는 그 엄청난 텍스트 양이 말해주듯 수많은 작가에 의해 만들어진 이야기이다. 여러 작가들의 세계관이 하나로 통일되는 것은 사실상 불가능하기에 멀티버스를 통한 다양한 세계의 창조가 그 문제점을 보완하는 것이다. 창작자에 따라 자유롭게 만들어진 세계를 사용하고, 동일 캐릭터의 차별적 성격화와 같은 인과적으로 설명될 수 없는 부분들이 멀티버스 설정으로 이해될 수 있는 것이다. 이런 점에서 "마블의 멀티버스는 다중우주라는 이름하에 일차적으로 내러티브의 연속성의 비약이 만들어 놓은 다중성의 틈새를 연결하고 봉합하려는 편의적 장치로, 일회적 처방 정도로 치부"[5] 되기도 한다. 즉 여러 명의 작가가 만들어내는 차별적 이야기들이 마블 유니버스라는 하나의 세계관에서 결합할 때 생기는 논리적 비약을 해소시키기 위한 전략적 서사 장치가 되는 것이다.

때문에 마블코믹스에서 멀티버스는 이야기에 관한 창작자의 자율성을 보존할 수 있는 효과를 거둘뿐더러 슈퍼히어로 캐릭터들의 다양성을 확대할 수 있는 장치로도 의미를 갖는다. 하지만 슈퍼히어로 영화에서 멀티버스는 오히려 이야기의 구성 및 관객 향유에 방해가 되는 개념이 된다. 창작 자율성의 보존과 동일 캐릭터의 다양한 변이를 다른 관점에서 표현하면, 이야기의 세계는 무한히 확장하고 캐릭터의 고정성이 파괴되는 것이다. 이러한 서사 유동성은 서사 체계에 혼란을 줄 수 있기에 영화에 적용되기에는 부적절한 측면이 있다. 관객의 콘텐츠 선택권이 만화에

---

5) 이영수, 「멀티버스에 기반한 마블코믹스의 트랜스미디어 스토리텔링 연구」, 『애니메이션연구』 10권, 한국애니메이션학회, 2014, 193쪽.

비해 제한적인 슈퍼히어로 영화에서는 실제적으로 단일 창작자에 준하는 생산자에 의해 일관된 세계관과 스토리텔링 전략이 유지되어야 효율적이기 때문이다. 이는 마블의 슈퍼히어로 영화가 원작코믹스의 멀티버스가 주는 다양성에도 불구하고 하나의 유니버스에 집중하는 이유이다. 지금 전개되고 있는 마블 슈퍼히어로 영화는 마블코믹스에서의 earth-616을 기반으로 이야기를 전개시킨다.

영화에서 예측되는 멀티버스의 단점에도 불구하고 멀티버스 개념이 주목을 받은 이유는 〈닥터 스트레인지〉에서 마블 슈퍼히어로 영화 최초로 멀티버스가 이야기의 전면에 등장하기 때문이다. 하지만 이 영화를 통해 복잡한 마블 멀티버스의 개념이 온전히 설명되지는 않는다. 영화에서 멀티버스는 무수한 다른 차원이 존재한다는 평행우주의 개념 정도로 이해된다. 즉 〈닥터 스트레인지〉에서 멀티버스는 세계의 확장을 위한 장치로 활용된다. 그동안 마블 슈퍼히어로 영화의 세계가 국가, 우주, 과거와 같은 공간성과 시간성을 중심으로 하는 물리적 세계의 확장에 머물렀다면, 〈닥터 스트레인지〉에서는 꿈, 잠재의식, 정신과 같은 현실 공간을 벗어나는 무의식의 영역으로 세계를 확장하는 것이다.

다른 차원의 세계로 이동한다는 점에서 슈퍼히어로 세계관의 매커니즘이 달라지고, 마치 〈매트릭스〉처럼 초의식의 세계를 그린다는 점에서 심리학적, 철학적 해석이 다양해질 수 있다. 다만 영화 〈닥터 스트레인지〉가 가져오는 멀티버스가 코믹스에서 이뤄지는 것처럼 다중 서사로까지 이어질지는 의문이다. 그보다는 이야기가 펼쳐질 수 있는 장의 확장 정도로 보는 편이 옳을 것이다.

현재까지 마블 슈퍼히어로 영화에는 아이언맨, 캡틴 아메리카, 헐크 등이 활동하는 현실 공간의 지구 세계, 북유럽 신화 아스가르드에 기초한 토르가 존재하는 신화의 세계, 〈가디언즈 오브 갤럭시〉에 등장하는

우주 세계가 존재했고, 마지막으로 〈닥터 스트레인지〉에서 초의식의
세계가 추가된다. 이 네 개의 세계를 바탕으로 슈퍼히어로 영화에서는
이야기의 활용도를 높이는 스토리텔링 전략 장치, 실제적으로는 시·공간
적 개념의 세계 확장 정도로 멀티버스 개념이 이용될 것이다. 실제로
지구 세계와 신화 세계는 이미 어벤져스를 통해 세계의 침범이 이뤄졌고,
〈닥터 스트레인지〉에서 스트레인지와 토르가 만나는 장면을 통해 마법을
바탕으로 하는 초의식의 세계가 다른 세계들과 관련성을 갖게 될 것이라는
것이 암시되었다. 〈가디언즈 오브 갤럭시〉도 흥행 전략에 따라 다른
세계들과 연관이 될 가능성을 예측해 볼 수 있다. 이 네 개의 세계에
바탕을 둔 마블 슈퍼히어로 영화는 하나의 유니버스가 되고, 마블 페이즈
3 이후의 또 다른 얼터너티브 유니버스가 설계될 것이다.

　이렇듯 영화는 원작에서 만들어진 복잡한 세계관을 재정립하면서 이야
기를 진행시킨다. 이에 따라 향유자들이 정보의 부족으로 마블 슈퍼히어
로 영화의 프랜차이즈에 진입하지 못하는 것이 방지된다. 반대로 영화가
새롭게 구성해 가는 세계의 확장 서사를 추적하며 팬덤으로 들어오도록
유도된다.

　마블 슈퍼히어로 영화에서 멀티버스를 주목해야 하는 다른 이유는
트랜스미디어 스토리텔링 전략으로 활용될 수 있기 때문이다. 마블 슈퍼
히어로 영화의 세계가 코믹스의 이야기 세계를 재현하는 것이 아니라
분리되어 존재한다는 점은 중요하다.

　　마블 슈퍼히어로 영화가 코믹스를 언제나 상호텍스트적으로 받아들
　　임에도 불구하고, 영화 시리즈는 내러티브와 스토리에 관해 코믹스의
　　세계와 오버랩 되지는 않는다. 수십 년 동안 마블은 멀티버스 개념을
　　여러 내러티브의 간극을 설명하는데 그리고 평행 세계의 결합으로

인해 연속성이 갈라지는 것을 합리화시키기 위한 용도로 사용했다. 마블 유니버스에서는 멀티버스 효과로 인해 여러 이야기 세계에서 동일 캐릭터가 공존하고 수없이 반복되는 것이 허용된다. 그에 따라 논리적 비약에도 불구하고 멀티버스 안에서 모든 이야기는 진짜로 발생한 이야기가 되고, 모든 것이 의미를 갖게 된다.[6]

멀티버스의 개념 안에서 마블 슈퍼히어로 영화는 코믹스를 재현하는 것이 아니라 독립된 세계로 인정받는다. 그에 따라 마블 슈퍼히어로 영화의 세계 또한 하나의 유니버스로 설계되어 'earth-199999'로 마블 멀티유니버스에 편입된다. 영화 이외의 게임, TV드라마 등도 각각의 유니버스가 된다. 매체 전환 과정에서 생겨나는 이야기와 세계관, 캐릭터의 변형이 멀티버스로 이해가 가능해지는 것이다. 마블 멀티버스라는 거대한 이야기 체계에서 트랜스미디어 스토리텔링은 자유롭게 변형이 허용된다. 그에 따라 팬덤이 제기하는 원작의 훼손 등에 대한 문제 제기에서도 자유롭게 된다.

마블 코믹스를 원작이라는 개념으로 볼 때, 마블 슈퍼히어로 영화에서 이뤄지는 변형은 기존의 스토리텔링 이론 관점에서 매체 전환 전략으로 인지해야 한다. 하지만 마블 멀티버스라는 개념하에서는 마블 슈퍼히어로 영화는 이야기와 세계의 변형이 아닌 새로운 이야기와 세계를 생성하는 것이다. 캐릭터의 유지, 서사의 연결성 등의 문제에서 벗어남으로써 트랜스미디어 스토리텔링이 매우 활발하게 전개될 여지가 생겨난다.

멀티버스는 다양한 장르 발생의 조건이 되기도 한다. 'earth-2149'와 'earth-7085' 등은 좀비가 된 슈퍼히어로들이 등장하는 이야기이다. 창작

---

6) Proctor, William. "Avengers Assembled: The Marvel Transmedia Universe." *Film Reviews Issue* 26, 2014, p.9.

자에 따라 전혀 새로운 이야기를 구성할 수 있다는 점은 장르의 다양성을 가능하게 한다. 이러한 성격은 슈퍼히어로 영화에도 점차 이식될 것이다. 마블 코믹스처럼 창작자의 개성이 강화된 작가주의 성격이 드러나는 슈퍼히어로 영화가 등장할 수 있고, 다양한 장르 접목 요소로 활용될 수도 있다. 이처럼 마블이 구축한 멀티버스라는 장치는 스토리의 확장 개념을 넘어 트랜스미디어 스토리텔링을 비롯한 다양화된 콘텐츠 생산 전략으로 이해할 수 있을 것이다.

11

내러티브의 축약:
캐릭터 중심의 이야기와 정보 중심 향유

다시 한 번 정리해 보자. 프랜차이즈 스토리로서 마블 슈퍼히어로 영화는 개별 캐릭터 시리즈 영화의 성격과 트랜스미디어 스토리텔링 성격이 혼재된 독특한 형식을 보인다. 예를 들어 캡틴 아메리카, 아이언맨, 토르 등은 자체적인 속편 시리즈로 연결되면서도, 어벤져스에서는 개별 캐릭터 영화가 전체 프랜차이즈의 플랫폼처럼 역할을 하는 트랜스미디어 스토리텔링의 성격을 나타내기도 하는 것이다.

이 중에서도 캡틴 아메리카는 두 개념이 혼재된 것을 보여 주는 대표적인 예가 된다. 아이언맨 시리즈는 기존의 익숙한 시리즈 영화처럼 캐릭터를 중심으로 에피소드가 변화하는 형태의 스토리 전개를 보인다. 반면 캡틴 아메리카는 이러한 시리즈 영화의 캐릭터 강조성과 함께, 속편들에서 스토리가 지속적으로 연결되어 전개되는 형태를 띤다. 캡틴 아메리카 시리즈의 스토리는 어벤져스 시리즈와 전체 프랜차이즈 스토리의 전사

(前事), 캐릭터 소개, 서사 보완 등의 형태로 다른 어느 캐릭터 영화들보다 프랜차이즈에 많은 영향을 주고받는다.

마블의 슈퍼히어로 영화가 이러한 프랜차이즈 스토리텔링을 구현할 수 있는 이유는 캐릭터가 스토리텔링에 매우 주도적인 역할을 하기 때문이다. 마블 슈퍼히어로 영화에서 캐릭터는 서사의 구성 요소 중 일부 정도로 역할이 그치지 않는다. 슈퍼히어로 영화에서 캐릭터는 스토리텔링에 가장 강한 영향력을 끼친다. 마블 슈퍼히어로 영화의 캐릭터는 트랜스미디어 프랜차이즈로 비유한다면 전체 프랜차이즈에 기능하는 하나의 매체와 같은 역할을 한다. 따라서 전체 프랜차이즈 스토리에 기여하는 역할로서 캐릭터에 따라 스토리가 배분된다.

반대로 말하면, 프랜차이즈 스토리가 존재하기 때문에 개별적 슈퍼히어로 캐릭터가 중심이 되는 스토리텔링이 이뤄질 수밖에 없다. 서로 다른 텍스트와 시리즈가 산발적으로 규합하는 와중에 프랜차이즈로 스토리로서 일관성을 유지하기 위해서는 캐릭터 중심의 스토리텔링이 필요한 것이다.

그 결과 마블의 슈퍼히어로 영화 프랜차이즈의 각 캐릭터 영화는 스토리텔링의 관점에서는 전체 프랜차이즈 스토리에 의미 있는 기여를 하는 자기충족적 텍스트가 되지만, 고전적 서사 개념에서 보면 전체 스토리의 부분적 서사 역할만을 담당하게 된다. 프랜차이즈 스토리를 하나의 전체 스토리로 본다면, 개별 캐릭터 영화는 전체 스토리의 전개 역할만을 수행하는 것이다. 어벤져스 시리즈가 마블 슈퍼히어로 영화 프랜차이즈에서 단계별 구분의 (앞서 Phase 전략으로 설명했던) 마지막에 등장하는 이유도 이러한 맥락에서 이해가 가능하다. 마블 슈퍼히어로 영화 프랜차이즈는 캐릭터들을 통합하는 어벤져스 시리즈를 통해 거대한 줄기의 서사가 완성된다. 고전적 개념의 서사 분석으로 설명하자면,

영화의 3막 구조 가운데 2막 후반과 3막에 해당하는 부분, 문학의 5장 구조에서는 절정과 결말에 해당하는 4, 5장이 전체 프랜차이즈 스토리에서 어벤져스 시리즈가 차지하는 부분이 된다. 그리고 나머지 1막과 2막, 1장부터 3장에 해당하는 부분은 개별적 캐릭터 영화를 통해 채워지는 것이다.

예를 들어 〈아이언맨〉부터 〈어벤져스〉까지의 페이즈 1에서, 〈어벤져스〉의 캐릭터 구성을 소개하기 위한 1막의 역할과 〈어벤져스〉의 중심 서사가 되는 큐브를 차지하기 위한 로키와 악당들의 등장에 대한 전개 장치로써 2막 초반의 서사를 〈퍼스트 어벤져〉, 〈토르: 천둥의 신〉 등의 개별 캐릭터 영화가 행하는 것이다. 하지만 개별적 캐릭터 영화들도 물론 내부적으로는 완결성을 갖춘 내러티브 구조를 지녀야 한다. 프랜차이즈 스토리라는 관점에서 볼 때 캐릭터 영화들이 부분화 되지만, 마블 슈퍼히어로 프랜차이즈를 구성하는 모든 영화들은 상품으로서는 독립적 콘텐츠로 기능하며 그에 따라 내부적으로는 완성된 스토리를 갖추고 있어야 하기 때문이다.

이처럼 프랜차이즈 스토리가 존재하기 때문에 영화마다 캐릭터의 성격과 역할에 변화를 주기는 쉽지 않다. 그러므로 마블 슈퍼히어로 영화의 프랜차이즈 스토리에서 캐릭터는 변화하는 인물이라기보다 고정되어 있다. 그로 인해 캐릭터 영화의 스토리는 주인공에 해당하는 슈퍼히어로 캐릭터가 아닌 영화마다 다른 인물이 등장하는 악역에 따라 움직이는 경향이 있다.

아이언맨과 캡틴 아메리카의 예를 통해 살펴보자. 아이언맨인 토니 스타크의 자기중심적인 성향과 개인주의 가치관은 캡틴 아메리카와 대립하며 전체 프랜차이즈 스토리에서 중요한 갈등 축을 만든다. 토니 스타크의 내적 고뇌와 심리적 갈등 등의 문제는 캐릭터 자체를 변화시키기

보다는 외부적 문제의 해결을 통해 캐릭터가 본래의 자리에 돌아오는 식으로 해소된다. 이러한 양상은 캐릭터의 고정성이 강화되는 시리즈의 후반으로 갈수록 강해진다. 아이언맨 캐릭터가 프랜차이즈 스토리에 반복해 등장할수록 토니 스타크의 내적 변이의 가능성은 더욱 줄어들며 외향적으로 고정된 캐릭터성이 두드러진다. 캡틴 아메리카의 경우도 마찬가지다. 캡틴 아메리카인 스티브 로저스의 갈등 요소 역시 캐릭터 내적 요소가 아닌 악역에 따라 좌우된다. 대립자가 〈퍼스트 어벤져〉의 히드라처럼 절대적 의미의 악인지, 〈캡틴 아메리카 2: 윈터 솔저〉처럼 악연이 겹쳐진 오랜 친구인지, 〈캡틴 아메리카 3: 시빌 워〉처럼 슈퍼히어로 동료들인지에 따라 서사의 전개 방향이 변화한다. 캡틴 아메리카라는 주인공의 내적 성장이나 변이성은 스토리에 큰 영향을 끼치지 않는 것이다.

이처럼 마블 프랜차이즈를 구성하는 개별적 슈퍼히어로 영화에서 가장 큰 영향을 끼치는 것은 캐릭터의 갈등, 변이, 성장 등 서사 장치로서의 캐릭터가 아닌 프랜차이즈의 구성 요소로써 캐릭터 그 자체이다. 하지만 어벤져스 시리즈처럼 캐릭터 영화가 총괄적으로 모이는, 프랜차이즈 스토리의 중심 서사가 되는 텍스트에서는 조금 다른 양상이 나타난다. 여기에서는 프랜차이즈 스토리의 전체적인 맥락으로써의 이야기가 존재한다. 대표적인 것은 큐브와 같은 설정이다. 〈어벤져스〉와 〈어벤져스: 에이지 오브 울트론〉에서 큐브는 이야기의 중심 사건을 일으키는 중요한 모티브가 된다. 큐브는 악당이 빼앗고자 하는 물건이고, 어벤져스의 입장에서는 자신들의 세계를 유지시키기 위해 지켜야 하는 물건이다. 〈어벤져스〉에서 큐브로 인해 로키와 외계인의 뉴욕 침공이 일어나고, 〈어벤져스: 에이지 오브 울트론〉에서는 큐브의 힘 때문에 알 수 없는 힘들이 집결해 소코비아에서의 대결이 벌어진다. 큐브를 둘러싼 쉴드의 무기 개발 계획으로 인해 어벤져스의 구성원들이 서로 반목하는 대립 문제도 벌어진다. 전체 프랜차이즈 스토리의 중요한 모티브로 작용하기 때문에 큐브는 어벤져스 시리즈를 비롯한 여러 캐릭터 영화에서도 반복적으로 등장한다. 프랜차이즈 스토리의 커다란 세계관과 여러 영화를 가로지르는 복선이 복합적으로 스토리에 작용하는 것이다. 이처럼 프랜차이즈 스토리에서 복선의 활용이 많은 것은 여러 효과를 거둔다. 특히 프랜차이즈 스토리를 이해하기 위한 정보라는 점에서 복선의 빈번한 활용은 향유성을 강화하며 생산자와 소비자 간의 일종의 전략적 놀이로 이용되기도 한다.

프랜차이즈 스토리의 관점에서 보면 각각의 텍스트들, 즉 개별적 캐릭터 영화들은 전체에 기여하는 부분으로 스토리에 가치 있는 기여를 한다. 하지만 반대로 캐릭터 영화를 독립적으로 놓고 스토리텔링을 분석하면 내러티브가 축약되는 불완전한 서사가 이뤄짐을 확인할 수 있다. 마블 슈퍼히어로 프랜차이즈의 개별적 캐릭터 영화에서는 인물의 행위 동기, 갈등, 갈등 해소와 같은 서사의 기본적 구성 요소들이 모호하게 처리되거나 축소되는 경향이 강하다. 앞서 설명한 아이언맨과 캡틴 아메리카 시리즈에서 캐릭터가 사용되는 방식에 대한 설명은 이에 대한 적절한 예가 된다. 각각의 캐릭터 영화는 전체 프랜차이즈 스토리의 한 줄기로 이용되기 때문에 개별적 텍스트 자체의 내러티브가 축약되는 영향이 있는 것이다.

프랜차이즈 스토리는 계속해서 후속 작품으로 이어지기 때문에 개별 캐릭터 영화에서는 특히 결말이 축약되는 양상이 두드러진다. 프랜차이즈 스토리의 연결을 위해 부분으로써의 캐릭터 영화는 이야기의 완결적 구조를 이루는 데 제약을 받는 것이다. 마블 슈퍼히어로 영화의 결말들을 살펴보면 갈등을 야기했던 문제는 본질적으로 해결되지 않고 일시적 봉합으로 마무리된다. 뿐만 아니라 새로운 사건이 생겨날 것임을 암시하며 이야기가 끝나는 영화들도 많다. 〈퍼스트 어벤져〉의 결말은 주인공 캡틴 아메리카가 죽는 것으로 끝난다. 〈아이언맨〉의 결말에는 쉴드의 닉 퓨리 국장이 등장하며 새로운 사건에 대한 암시를 한다. 〈어벤져스〉에서는 전투가 끝난 후 어벤져스 멤버들이 각기 흩어지는 것으로 결말을 맺는다. 모든 마블 슈퍼히어로 영화의 마지막에 등장하는 쿠키 영상은 이어질 사건에 대한 암시로 가득 찬다. 이처럼 불완전한 결말, 사건이 종료되지 않고 새로운 사건들이 이어질 것을 암시하며 끝나는 결말은 기존의 서사 연구 관점에서 볼 때 완결되지 않은 스토리이다.

하지만 프랜차이즈 스토리텔링의 개념에서 볼 때, 이러한 불완전한 결말은 프랜차이즈 스토리를 이어주는 통로 역할을 한다. 스토리가 부분적으로 단절되는 것을 막아 주며, 전체 프랜차이즈 스토리가 유기적으로 연결될 수 있는 효과적 장치가 되는 것이다. 또한 프랜차이즈 스토리텔링을 향유하는 관객에게는 이러한 완결되지 않은 결말이 오히려 선호되는 스토리텔링 방식이다. 관객에게 주어진 텍스트와 향후 이어질 텍스트를 연결하는 프랜차이즈 스토리텔링의 향유가 지속적으로 연동성을 지닐 수 있기 때문이다.

때문에 마블 슈퍼히어로 영화에서 나타나는 내러티브 축약은 의도적 축약이자 결여라고 할 수 있다. 마블 슈퍼히어로 프랜차이즈 스토리텔링은 메인 소스인 영화에 한해 창작자의 전략적 의도성이 강하게 드러난다. 프랜차이즈 스토리의 전개를 위해 개별 영화 텍스트는 전략적으로 부분적 결여를 이용하는 것이다. 중요한 것은 개별적 텍스트로 볼 때는 내러티브가 축약, 결여되지만 각각의 텍스트는 전체 프랜차이즈 스토리에 기여하는 유의미한 이야기를 지니고 있다는 것이다.

또한 이전 장에서 살펴본 것처럼 마블 슈퍼히어로의 트랜스미디어 프랜차이즈는 확장 성격이 강하다. 향유자에 의해 전개되는 세계 역시 즉흥성과 의외성을 지닌 확장 성격을 보인다. 반면 메인 소스인 영화 텍스트의 스토리는 확장과는 다른 스토리텔링 방식이 요구된다. 마블 슈퍼히어로 프랜차이즈를 구성하는 다양한 미디어 텍스트들, 그리고 향유자에 의한 확장을 지탱하기 위해 개별적 영화 텍스트는 의도적으로 축약의 성질을 가져야 할 필요가 있다.

슈퍼히어로 영화에 이러한 트랜스미디어 스토리텔링의 적용이 거두는 효과는 크게 두 가지로 나누어 생각할 수 있다. 하나는 생산자의 입장에서 수익의 증대를 기대할 수 있다는 것이고, 다른 하나는 향유자의 입장에서 향유의 절대적 양이 높아진다는 것이다.

> 트랜스미디어 스토리텔링은 소비자들에게 새로운 욕구를 불러일으
> 키며 지식 커뮤니티의 능동적 참여에 의존하고 있다. 허구의 세계를
> 충분히 경험하기 위하여 소비자들은 여러 미디어 채널에 걸쳐서 이야기
> 의 파편들을 찾아내서 수집하고, 모은 정보를 온라인 토론 그룹을
> 통하여 다른 사람들과 비교하기도 하며, 이렇게 더 많은 시간과 노력을
> 투자하여 협업한 사람이 더욱 풍부한 엔터테인먼트 경험을 얻게 된다는
> 것을 믿는 듯하다. 가장 참여적인 소비자들은 다양한 미디어에 퍼져
> 있는 자료들을 추적하고, 세계에 대한 이해를 얻고자 모든 텍스트를
> 점검한다.[1]

젠킨스는 팬, 매니아, 적극적 참여자, 향유자 등으로 표현할 수 있는 능동적 소비자들의 참여 형태가 집단 지성에 기대고 있다고 지적한다. 더 많은 지식과 정보, 그리고 소비자들의 참여가 텍스트를 더 풍성하게

---

1) 헨리 젠킨스, 앞의 책, 43쪽, 148~149쪽.

향유할 수 있게끔 만드는 것이다. 이러한 유도 전략은 소비자를 텍스트에 참여하게 하고, 해석하게 한다. 이에 따라 참여적인 소비자의 텍스트에 대한 - 여기서는 슈퍼히어로 프랜차이즈에 대한 - 충성도는 높아진다. 텍스트는 소비자의 참여 문화를 통해 더욱 확장된다. 생산자는 이를 기반으로 더 다양한 콘텐츠를 생산한다. 그 결과 생산자의 수익이 증대되고 향유자의 향유성은 더욱 강화되는 이상적인 선순환 구조가 만들어질 수 있다.

이러한 이유로 생산자는 프랜차이즈 텍스트에 의도적으로 다양한 장치들을 심는다. 앞서 살펴본 것처럼 복선 장치를 여러 영화에 반복적으로 노출시키기도 하고, 각 슈퍼히어로 캐릭터들의 상징이 되는 아이템들을 다른 영화에 숨겨놓기도 한다.[2] 영화의 뒷이야기를 담은 단편 영화를 DVD를 통해 제공하고, 시간이 지나면 더 많은 관객이 접근할 수 있도록 홈페이지를 통해 공개한다. 다른 텍스트들을 경험하지 않았다면 이해할 수 없는 코드들을 영화에 부분적으로 삽입하기도 한다.

모든 장치들은 향유를 위한 정보가 된다. 이 프랜차이즈 스토리텔링의 향유 과정에 들어서면 슈퍼히어로 영화의 관객은 일방적 수용자가 아닌 적극적 참여자가 되며 더 많은 정보를 스스로 끌어모으려 한다. 향유자들은 여러 텍스트를 통해 취합한 정보를 세부적으로 해석하고, 자신들의 해석을 온라인 커뮤니티를 통해 공유한다. 이처럼 정보는 프랜차이즈 스토리텔링을 향유하는 핵심 요소가 된다. 과거 세대들은 제대로 이해했는지 궁금해했던 영화가 대체로 유럽 예술 영화와 같은 어려운 이야기를 담은 영화였다. 그 시대에는 (주로 내러티브인) 제한된 텍스트 정보를 통한 관객들의 다양한 해석이 영화의 이해를 돕는 수단이었다.

---

2) 이를테면 〈아이언맨〉에 캡틴 아메리카의 상징 아이템인 방패가 등장하는데 토니 스타크는 이를 오래된 물건 받침대 정도로 대수롭지 않게 여긴다. 순간적인 노출이지만 이 장면은 향후 캡틴 아메리카의 등장을 암시하는 복선이 된다.

하지만 지금의 슈퍼히어로 영화 프랜차이즈에서는 복잡하고 어렵게 해석되는 내러티브가 아닌 쉽고 익숙하게 구조화된 내러티브가 제시된다. 다양한 텍스트와 미디어 플랫폼을 통한 정보가 많을수록 관객의 이해도는 높아지며, 이러한 정보의 양이 향유와 직결된다. 즉 문화적 수용 능력이나 교육적 지식이 아닌 정보의 양이 이야기의 이해를 높일 수 있는 조건이 되는 것이다. 슈퍼히어로 프랜차이즈 스토리를 이해하기 위해서는 정신적 사유 능력이 필요한 것이 아니라 성실한 검색 능력이 필요하다. 이를 백과사전적 능력으로 표현할 수 있다. 정보가 향유의 중심이 되는 백과사전적 능력은 디지털 미디어의 향유 형태이며, 트랜스미디어 스토리텔링의 특징이다. 영화라는 고전적 서사와 향유성을 지닌 매체임에도 슈퍼히어로 영화가 이러한 새로운 미디어 향유 형태를 드러내는 것은 그만큼 슈퍼히어로 영화가 미디어의 발달 형태와 향유 생태 환경의 변화에 적응하는 새로운 영화 스토리텔링을 구현하고 있다는 증거가 된다.

정보가 향유의 중심적 요소가 되기 때문에 프랜차이즈 스토리의 일부 텍스트만을 본 사람은 더 많은 텍스트를 접한 사람에 비해 이해의 정도가 떨어질 것이다. 〈아이언맨〉만을 본 관객과 캡틴 아메리카 시리즈와 〈앤트맨〉까지 접한 관객이 〈캡틴 아메리카: 시빌 워〉를 이해하는 정도는 다를 수밖에 없다. 마블의 TV 시리즈와 쿠키 영상, 마블 원샷까지 모두 본 관객이라면 그렇지 못한 관객과는 같은 영화를 보더라도 완전히 다른 경험을 할 것이다. 예를 들어 마블 원샷의 경우 조연 캐릭터에 깊이를 부여하는 것 이외에도 프랜차이즈 스토리에 대한 새로운 정보와 경험들을 준다. 〈에이전트 카터〉는 쉴드의 시작에 대한 배경 정보가 되고, 〈올 헤일 더 킹〉은 향후 등장할 것으로 예측되는 만다린에 대한 예고 혹은 관객들이 기대를 갖게 하는 역할을 한다. 여러 미디어 플랫폼을 통해 계속적으로 공개되는 콘텐츠는 이미 제공된 정보의 보충 및 새로운 정보를 제공한다. 다른 측면에서는 아직 제공되지 않은 정보를 우선적으로 공개해 이어질 작품의 연결선을 만드는 역할까지도 수행한다. 이를 통해 정보를 접한 향유자의 경험이 텍스트에 영향을 끼치는 단계에까지 이른다.

대표적으로 창작자는 향유자가 프랜차이즈 스토리를, 정보를 토대로 한 적극적 향유 과정을 통해, 이해할 수 있도록 텍스트에 의도적으로 설명되지 않는 부분을 만들 수 있다. 이는 고전적 서사 기준에서는 개연성이 부족한, 서사의 결여가 될 것이다. 하지만 프랜차이즈 스토리델링의 기준에서 보자면 이러한 부분적 결여는 향유자의 호기심과 참여를 유도하는 장치가 된다. 향유자는 텍스트에 결여된 부분을 여러 텍스트들과 미디어를 가로지르며 알아내려 할 것이고, 이는 프랜차이즈 상품의 수익 증대로 이어진다. 그런 의미에서 프랜차이즈 스토리텔링에서 나타나는 결여는 역시 '의도적 결여'이다.

향유자는 특정 텍스트에서 결여된 부분을 발견하면 자신들이 다른 텍스트들을 통해 발견한 정보를 넣어 이야기를 완성한다. 이는 머레이가 지적한대로 관객이 이야기의 한계를 넘어서는 정보를 추구함으로 생기는 디지털 미디어의 새로운 서사 형태이다.[3] 적극적 참여를 통해 이야기를 구체화하고 세계를 확장하는 행위는 향유자를 프랜차이즈에서 이탈하지 않도록 한다. 반대로 생산자가 다양한 텍스트들, 혹은 여러 미디어를 통해 스토리를 확장시키는 행위는 향유자가 요구하는 추가적인 정보의 제공이라는 측면과 함께 이야기가 구축하는 프랜차이즈 세계를 더 신빙성 높게 만들며 이해가 쉽도록 한다. 관객이 이해하기 쉽게 만든다는 것은 새로운 관객의 유입을 용이하게 하고 텍스트를 체험한 관객이 적극적 향유자가 되도록 유도한다는 것을 의미한다. 이를 통해 슈퍼히어로 영화

---

3) Murray, Janet. *op. cit.* pp.253-258.

는 단순한 영화 관람 행위를 넘어 여러 갈래의 향유의 즐거움을 유발한다.

다만 이러한 디지털 미디어의 '백과사전적 능력'이 영화에 적용될 때, 예술 텍스트의 지적 해석과 같은 고유의 향유 형태를 저해하지는 않는지 생각해 볼 필요가 있다. 새로운 미디어의 향유 형태를 연구하는 스토리텔링 연구도 마찬가지로 정보의 순환과 영향성에 집중하는 경향이 강하기 때문에, '해석'이라는 고유한 내러티브 향유 형태가 퇴화되는 부정성에 대해서는 문제를 제기하지 않는다. 이러한 문제가 단순히 미디어의 변화에 따른 향유 생태 환경의 변화라고 단정 짓기에는 미디어의 발달 형태, 정보의 양과 흐름과 관계없이 영화 고유의 향유 문화는 견고하게 유지되어 왔고 앞으로도 지속될 것으로 보인다. 따라서 영화의 전통적인 서사 구조를 조건으로 생각할 때, 슈퍼히어로 영화에서 특징화되는 양상들과 새로운 미디어 스토리텔링 요소가 고전적 영화 서사와 결합되어 나타나는 모습들을 살펴볼 필요가 있다.

이어지는 논의들을 통해 영화 고유의 향유 문화가 슈퍼히어로 영화에서 해체되어 나타나는지, 새로운 미디어 향유 요소와 결합하는지를 살펴보도록 하자.

12

빌런(악당) 중심의 스토리 구조화

슈퍼히어로 만화 이야기뿐 아니라 이 세상의 거의 모든 이야기가 특정 방식으로 착한 사람과 악한 사람을 다루고 있다고 한 번쯤 생각해 본 적이 있는가? 이는 만화뿐 아니라 실질적으로 모든 모험류 이야기에서 기본 형식을 이루고 있다.[1]

1960년대와 70년대에 슈퍼히어로 만화의 전성기를 이끌었던 만화가이자 마블 코믹스의 명예회장이기도 한 스탠 리의 말은 슈퍼히어로의 이야기가 세상의 모든 문학적 이야기와 다를 것이 없는 보편적인 이야기임을 주장함과 동시에, 착한 자와 악한 자의 대결과 갈등이 이야기에 기본적이자 공통적으로 중심이 되는 요소임을 의미한다.

사실 적대자, 상대자, 대립자, 슈퍼히어로 영화에서는 악당, 빌런[2]으로

---

1) Lee, Stan. *Son of origins of marvel comics*, New York: Simon and Schuster, 1975, p.165.
2) 빌런(villain)은 사전적 의미로 악당을 뜻하며, 주로 소설, 연극, 영화 등의 이야기 매체에서의 악당 역할을 가리킬 때 쓰인다. 슈퍼히어로 영화에서는 단순 범죄자나

불리는 안타고니스트(antagonist)[3]가 이야기에서 꼭 필요한 존재임은 분명하다. 악역은 주인공과 대립해 갈등과 긴장감을 만드는 존재이고, 사건을 전개시키는 데 핵심적인 역할을 한다. 뿐만 아니라 주인공과 대척점에 서는 악역의 상대적 속성은 주인공의 캐릭터성을 더 명확하게 만들며 스토리텔링에 기여한다.

　슈퍼히어로 영화에서 이러한 악당의 역할은 보다 중심적으로 부각된다. 슈퍼히어로 영화는 주인공 중심의 캐릭터 영화이므로 적대적 존재의 중요성은 말할 수 없이 중요하다. 스토리 요소로 보더라도 슈퍼히어로 영화는 선과 악, 주인공과 악당의 이분(二分)적 대결과 갈등이 두드러지는 이야기이다. 그에 따라 비정상적인 힘과 능력을 가지고 있는 슈퍼히어로와 균형을 맞출 수 있는 빌런의 역할은 이야기의 긴장감을 유지시킬 수 있는 가장 핵심적인 전제 조건이 된다.

　슈퍼히어로 영화에서 빌런의 의미는 텍스트 내외적으로 여러 가지로 읽힐 수 있다. 첫째로, 슈퍼히어로 영화에서 빌런은 슈퍼히어로의 영웅으로서의 면모를 강화한다. 악당은 영웅의 존재 의미를 만드는 필수적인 요소이다. 앞서 슈퍼히어로와 영웅주의에 대한 논의에서 살펴본 것처럼 영웅은 고행의 과정을 거쳐야 영웅의 칭호를 얻을 수 있다. 그런데 그 고행은 영웅의 대척점에 서 있는 안타고니스트를 통해야만 생겨날

악한이 아닌 슈퍼히어로에 대치되는 캐릭터를 가리킬 때 '빌런'이라는 명칭을 사용하며, 슈퍼히어로와 대결하는 캐릭터 역할이기 때문에 일반적으로 슈퍼히어로와 대등한 초인적인 힘과 능력을 지니고 있다. 이러한 이유로 '슈퍼빌런(supervillain)'이란 용어가 사용되기도 한다.

3) 스토리 구조를 중심으로 볼 때, 주동인물 프로타고니스트(protagonist)인 슈퍼히어로의 대척지점에 있는 역할이라는 점에서 빌런은 안타고니스트이다. 하지만 슈퍼히어로 영화에서 프로타고니스트와 안타고니스트의 차이는 길항적 대립의 의미 이외에 영웅적 속성인 선과 악의 대립이라는 측면이 강조된다. 이에 슈퍼히어로 영화 속 빌런의 인물성을 특징짓기 위해 이후에는 '안타고니스트'보다 '악역' 혹은 '악당'이라는 일반화된 용어를 사용하도록 한다.

수 있다. 결국 영웅과 안타고니스트, 즉 슈퍼히어로와 빌런은 그 관계를 떼어 놓기 어렵다. 둘은 서로의 존재 의미를 확인시키는 필수 연결 관계를 갖는다.

예를 들어 캡틴 아메리카는 히드라와 싸우는 힘겨운 과정을 통해 영웅이 된다. 토르는 로키의 음모에 빠져 고행의 과정을 거친다. 캡틴 아메리카와 토르 모두 힘겨운 고행의 과정을 극복함으로써 영웅의 칭호를 획득하는데, 그 반대편의 히드라, 로키라는 악당이 이들을 방해하지 않았다면 그 고행은 애초에 일어날 수 없다. 슈퍼히어로는 악당으로부터 선량한 시민을 보호하기도 하지만, 영웅의 칭호 혹은 영웅의 존재적 의미는 결국 태생적으로 악당으로부터 생겨난다. 이는 영웅이 선의 대척 점으로 악을 불러낸다는 존재의 아이러니와는 별개의 문제이다. 영웅이 탄생하기 위한, 혹은 영웅의 칭호를 획득하기 위한 조건으로서 고행이 필요하고, 그 고행을 극복하고 이뤄지는 영광은 악당으로 인해 얻을 수 있기 때문이다.

둘째, 빌런은 슈퍼히어로의 성격화에 영향을 준다. 슈퍼히어로는 대개 비슷한 구조의 영웅담 이야기를 바탕으로 한다. 수많은 슈퍼히어로 스토리에 차별성을 만드는 것은 전개, 위기, 결말 등 이야기 중·후반의 구조화된 서사 구조가 아니라 발단 부분에서 캐릭터가 형성되는 과정이 어떻게 특징적으로 소재화 되는가의 문제이다. 이러한 슈퍼히어로의 성격화에 결정적 역할을 하는 것이 또한 빌런이다. 빌런은 슈퍼히어로가 영웅으로서 삶을 살게 된 계기가 되기도 하고, 슈퍼히어로 캐릭터의 전사(前事)에 깊숙이 개입해 슈퍼히어로의 인물 성격 형성 관점에서 서사적 인과성을 부여하기도 한다. 또한 슈퍼히어로 각각에게 내재된 분노의 대상 차이를 만듦으로써 각각의 슈퍼히어로 캐릭터들에 차별성을 주는 측면도 있다.

캡틴 아메리카는 국가적 적인 나치에 대항하기 위해 만들어진 슈퍼히어로다. 때문에 캡틴 아메리카는 충성심, 국가 의식이 강한 슈퍼히어로이다. 나치, 히드라라는 군사적 적과 싸우기 위해 만들어진 군인이므로 그에게는 현실적인, 가시적인 적의 존재가 중요하다. 캡틴 아메리카는 〈퍼스트 어벤져〉에서 사고로 얼음 속에 갇힌 후 수십 년이 지나 〈어벤져스〉에서 깨어나지만, 이미 전쟁이 끝나고 나치가 사라진 상황에서 그는 빈 체육관에서 샌드백만을 두드릴 뿐이다. 가시적 적이 사라진 상태에서 캡틴 아메리카는 영웅으로서의 존재 가치가 상실되지만, 새로운 악당이 나타났음을 알리는 닉 퓨리에 의해 그의 충성심과, 국가 의식이 강한 군인이자 슈퍼히어로인 성격이 되살아난다.

셋째, 빌런은 슈퍼히어로 영화의 텍스트 내적 스토리에 영향을 준다. 슈퍼히어로 영화에서 빌런의 존재와 그에 따른 선악의 구분은 주인공의 성장담, 영웅담으로써의 주제 의식을 담는 서브 플롯과 관계없이 공통적으로 선과 악의 대결을 메인 플롯으로 구조화하게 한다. 이러한 스토리 구조로 인해 슈퍼히어로 영화는 항상 선의 극적인 승리와 인과응보식의 결말을 맺는다. 텍스트 내적 스토리 구조를 중심으로 봤을 때, 이러한 이야기는 사회적 의미에 지배받는 것이 아니라 대중적 속성으로써 가장 쉽고 대중적인 스토리텔링 방식을 사용하는 것이라고 볼 수 있다. 향유의 극대화가 무조건 복잡하고 지적 호기심을 극대화시키는 스토리를 사용하는 방식으로만 이뤄지는 것은 아니다. 오히려 관객의 향유는 반복적으로 체험해 왔던 단순한 이야기를 사용할 때 극대화될 수 있다. 슈퍼히어로가 악당으로 인해 고난을 겪지만 결국 극복해 나가는 익숙한 이야기 방식을 통해 관객의 카타르시스를 상승시키는 것처럼 말이다.

이처럼 빌런이 텍스트 내외에서 차지하는 중요한 위치들은 슈퍼히어로 영화에서 빌런을 단순한 서사적 장애물, 주인공의 상대자 역할에만 머물게 하지 않는다. 슈퍼히어로 영화에서 빌런은 슈퍼히어로의 행위 동기와 사회적 의미를 만드는 핵심이기 때문에 그들에게는 악당으로써 가져야 하는 당위성이 필요하다. 빌런이 슈퍼히어로를 공격하고, 반대로 빌런이 슈퍼히어로에게 공격당해야 하는 이유는 슈퍼히어로 영화의 사회적 함의에 대한 핵심적 부분들을 반영하기 때문이다.

슈퍼히어로 영화에 등장하는 빌런들을 속성에 따라 구분해 보면 서사의 유형성을 발견할 수 있다. 먼저 미국의 역사적 적, 혹은 실존했던 적들이 빌런인 영화들이 있다. 대표적으로 〈퍼스트 어벤져〉 등 캡틴 아메리카 시리즈에서 캡틴 아메리카의 상대 악당은 히드라라고 표상되는 나치이다. 〈어벤져스: 에이지 오브 울르론〉에서도 히드라는 문제를 유발하는 악당으로 등장해 미국과 세계에 위협을 끼친다.

과거의 슈퍼히어로 영화에서는 이러한 양상이 훨씬 명확히 나타났다. 1987년 냉전의 끝 무렵에 개봉한 〈슈퍼맨 4: 최강의 적 Superman 4: The Quest for Peace〉에서 슈퍼맨은 국제 사회가 핵무기 개발 경쟁을 하는 것을 걱정하는 한 소년이 핵무기를 없애달라고 요청하는 편지를 받는다. 이에 슈퍼맨은 세계정상회담에 참석해 국제 사회의 동의를 얻은 후 지구상의 모든 핵무기를 모아 태양에 던져 폭파시킨다. 그런데 여기에는 슈퍼맨의 오랜 숙적 렉스 루서가 심어 놓은 유전자 조작 원형질이 탑재되어 있었고, 핵무기 폭발 여파로 '뉴클리어 맨'이라는 슈퍼맨의 복제 생명체가 탄생한다. 뉴클리어 맨으로 인해 세계와 슈퍼맨은 크게 위협받는다. 냉전과 군비 경쟁, 국제사회의 핵무기 개발 경쟁 등 당시 미국의 안보를 위협하는 실시간의 문제들이 이 영화에 담겨 있으며, 빌런인 뉴클리어 맨은 이러한 안보 위협을 상징해 미국을 의미하는 슈퍼맨을 큰 곤경에 처하게 한다. 〈그림 10〉은 이 영화의 포스터로써 핵무기를 파괴하는 슈퍼맨의 이미지를 강조하고 있음을 확인할 수 있다.

'최강의 적'이라는 국내 개봉명과 다르게 영화의 원제는 'The quest for peace(평화를 위한 임무)'로 세계 안보에 대항하는 미국의 상징성을 드러낸다.

〈그림 10〉〈슈퍼맨 4: 최강의 적〉포스터
출처: http://superman.wikia.com/wiki/Superman_IV:_The_Quest_for_Peace

반면 〈아이언맨 2〉는 다른 양상을 보인다. 앞서 예로 든 영화들이 세계 대전과 냉전 시대를 시대적 배경으로 하는 것에 반해 〈아이언맨 2〉는 2000년대 현재를 배경으로 하는데도 과거의 적인 러시아가 등장한다. 보다 면밀히 말하자면, 이 영화에서 러시아가 국가적으로 미국에 위협을 끼치는 악역을 맡지는 않는다. 이 영화의 빌런은 이안 반코라는 러시아 과학자인데, 그는 국가적 문제가 아닌 개인적 원한으로 아이언맨에게 공격을 가한다. 표면적으로 보면 악당의 국적이 러시아일 뿐 미국과 러시아의 국가 간 역사적 관계는 아무런 관계가 없어 보인다.

이안 반코가 아이언맨에게 원한을 품은 원인은 그들 선친 간의 관계에서 비롯된 것이다. 두 가문에 원한이 생긴 이유는 아이언맨의 아버지가 이안 반코 아버지의 슈트 기술을 빼앗아 갔고, 이 때문에 자신의 아버지가 쓸쓸히 죽음을 맞았다는 이안 반코의 생각 때문이다. 그들 아버지 세대가 활약하던 시대는 냉전 시대이며, 미국과 러시아의 과학자인 두 가문의 문제에는 냉전의 갈등을 드러내는 상징인 군사적 기술 문제가 얽혀 있다. 따라서 아버지 세대를 지나 현재를 살고 있는 아이언맨과 이안 반코에게도 냉전이라는 시대적 역사성이 이식되는 것이다.

두 번째 슈퍼히어로 영화에 등장하는 악당의 양상은 현재 미국의 안보를 위협하는 적, 테러리즘이다. 이제 테러리즘은 비단 미국 내의 문제가 아니라 국제 사회 전체를 위협하는 문젯거리가 되었다. 할리우드 영화로써 세계 시장에 대한 수익 점유율이 높은 슈퍼히어로 영화의 입장에서 전 세계를 아우르는 문제이자 공공의 적인 테러리스트는 그야말로 완벽한 적이며 악당이다. 〈아이언맨〉은 직접적으로 내전 지역인 아프가니스탄을 등장시켜 주인공 토니 스타크가 테러리스트에 의해 공격받는 내용으로 영화를 시작한다. 미국 최대 군수업자가 테러리스트에게 공격을 받았다는 점, 그리고 9.11 테러의 배후인 탈레반의 근거지이기도 한 아프가니스탄이 영화에 직접적으로 등장했다는 것은 테러리즘에 대한 적대감을 매우 강하게 드러내는 것이라 할 수 있다.

〈아이언맨 3〉에서도 빌런은 테러리스트이지만 이슬람 국가가 직접 대상화되지는 않는다. 하지만 테러 단체가 전 세계적 테러를 자행한다는 것과 인질범을 살해하는 영상, 마치 종교적 지도자를 상징하는 듯한 리더가 설교하고 테러를 예고하는 영상을 인터넷을 통해 배포하는 모습 등은 현재 국제 사회의 최대 위협인 IS 등의 테러 집단을 연상하게 만든다. 〈캡틴 아메리카 3: 시빌 워〉에서도 테러는 슈퍼히어로를 위협한다. 국제기구 회의에서 발생하는 폭탄 테러가 사실적 영상으로 묘사되는 장면은 우리가 사는 실제 사회에서 연속되고 있는 테러에 피로와 공포감, 상처를 경험한 관객들에게 공동체를 위협하는 적으로서 테러리스트에 대한 두려움과 분노의 감정을 불러일으킨다.

세 번째 유형의 슈퍼히어로 영화 속 적은 대외적 적이 아닌 미국 내부의 문제로 인해 발생하는 내부의 적이다. 정부, 의회, 국가 기관에 대한 불신, 혹은 신자유주의의 과도한 경쟁, 국가 내부의 분열 등이 빌런의 모티브가 된다. 이러한 다양한 배경들에서 알 수 있듯 내부의 문제를 상징화하는 빌런의 모습은 하나로 포괄하기 어려운 다양한 양상을 보인다. 〈아이언맨〉에서는 테러리스트로부터 탈출한 아이언맨을 다시 공격하는 빌런이 스타크 인더스트리의 이사이다. 그는 회사를 강탈하려는 야욕으로 인해 악당이 된다. 경쟁심과 질투에 사로잡힌 그의 모습은 과도한 경쟁이 부르는 자본주의의 폐해를 떠오르게 한다. 일종의 사회적 악으로 그려지는 것이다.

그에 반해 내부의 문제를 상징화하는 적이니만큼, 절대 악을 표현한다기 보다 주인공의 대립자에 가까운 성질로 그려지는 악당도 있다. 헐크와 엑스맨 시리즈가 이러한 악당이 등장하는 대표적인 슈퍼히어로 영화이다. 헐크 시리즈에서는 군대가 헐크의 적대자로 등장한다. 〈인크레더블 헐크〉에서 정부와 군대는 치료를 원하는 헐크를 군사적 목적에 이용하려 끊임없이 추격한다.

네 번째 슈퍼히어로 영화에서 나타나는 빌런의 양상은 과학 기술에 의해 만들어지는 악당이다. 이러한 빌런은 과학 기술에 대한 불안감을 표현하는 것으로 읽힌다. 과학 기술의 발달이 계속되고 발전의 속도가 제어하기 힘들수록 기술을 위협적이고 부정적인 시각으로 바라보는 태도는 강화된다. 때문에 이와 같은 양상을 보이는 빌런은 정치적인 문제들에서 벗어난 이야기, 선악의 도덕적 문제에서 벗어나 단순하게 대결 구도로 전개되는 이야기를 진행시키기에 용이하다. 이러한 용이성, 그리고 장르적 부합성을 이유로 과학기술과 관련된 빌런은 가장 빈번하게 슈퍼히어로 영화에 등장한다.

방사선 피폭, 유전자 조작, 기계적 실험 등 과학 기술의 부작용으로 탄생한 괴물은 슈퍼히어로의 강력한 적이 된다. 이들이 과학 기술의 힘으로 얻은 거대한 힘은 슈퍼히어로의 힘과 대등하게 강하기 때문에 물리적 힘에 있어서만큼 이러한 유형의 빌런은 슈퍼히어로의 가장 강력한 적이 된다. 〈인크레더블 헐크〉의 어보미네이션, 〈스파이더맨 2〉의 옥토퍼스 등은 이러한 성격의 대표적 빌런이다. 이들은 모두 과학의 부작용, 혹은 과학에 대한 과도한 믿음과 과용이 원인이 돼 괴물의 모습으로 변한다. 또는 과학 기술에 미친 과학자도 빈번하게 등장하는 슈퍼히어로 영화의 빌런 모습이다. 이들은 과학을 개인적 목적을 위해 이용하려는 의도의 불순함으로 인해 사회에 해를 끼치는 악당이 된다. 〈아이언맨 2〉의 이안 반코, 캡틴 아메리카의 적이자 마블 유니버스에서 세계 평화를 위협하는 악의 축으로 규정된 히드라 역시 나치의 과학자 집단에서 시작된 단체이다. 〈앤트맨〉의 악당 역시 과학 기술을 악용하려는 세력이 빌런으로 등장한다.

〈어벤져스: 에이지 오브 울트론〉은 이처럼 가시적으로 확인할 수 있는 괴생명체가 아닌 인공 지능의 각성 혹은 변형이 빌런으로 등장한다. 이는 점차 우리 사회를 감싸고 있는 과학 기술의 네트워크, 감시망, 과학 의존도 등에 대한 인간의 불안감을 표현하는 것이라 할 수 있다. 이러한 빌런의 형태는 현재 진행 중인 사회적 고민을 드러내는, 현재의 시간성을 가장 두드러지게 나타낸다.

다섯 번째 빌런의 형태는 외계의 적이다. 외계에서 온 악당 역시 가장 잦은 빈도로 슈퍼히어로 영화에 등장하는 빌런 형태이다. 외계에서 온 빌런은 캐릭터의 형성 이유에 대한 명확한 인과적 관계가 상대적으로 덜 필요하다는 장점이 있다. 또한 슈퍼히어로의 초인적인 힘에 대항할 수 있는 미지의 힘을 지니고, 혹은 슈퍼히어로를 능가하는 힘을 선보인다는 점에서 주인공과 빌런의 갈등과 대결을 그리기에 적당하다. 또 하나의 중요한 장점은 슈퍼히어로 영화가 그리는 세계를 현실 세계에서 상상 속의 우주 공간으로 넓힌다는 것이다.

외계의 적이 상징하는 것은 정체를 알 수 없는 존재에 대한 막연한 두려움으로 생각해 볼 수 있다. 이러한 면에서 앞의 과학 기술에 대한 불안감과 연결될 수도 있고, 혹은 실존하는 적의 상징으로 미지의 적을 만들어 내는 것이라고 해석할 수도 있다. 외계를 배경으로 하는 토르 시리즈, 〈가디언즈 오브 갤럭시〉는 세계관의 문제로 필연적으로 외계의 빌런이 설정된다. 반면 〈어벤져스〉는 외계의 적이 지구를 침략하고 슈퍼히어로가 이를 막아 내는 과정을 그린다.

빌런을 통해 드러나는 역사적 함의는 원작과 연계해 생각해 볼 수 있다. 1940년대부터 1980년대까지 원작인 코믹북이 발간되던 시대에는 전쟁과 냉전이 진행 중이었다. 코믹북에 등장하는 슈퍼히어로는 현존하는 미국의 적들과 싸우며 미국인들을 대변했고, 미국인의 자긍심을 높이는 역할도 하였다. 하지만 지금은 당시와 시대도 다르고, 영화는 코믹북과 매체 성격도 다르다. 또한 슈퍼히어로 코믹북이 대부분 미국에서만 읽힌 것에 반해 슈퍼히어로 영화는 향유하는 국가도 다양하다. 미국 사회의 문제들이 영화에 반영되지만 그것이 상징하고 해결책을 도출하는 방식은 이전과 다를 수밖에 없다. 때문에 빌런과 관련한 원작의 요소는 영화로 전환되며 스토리로만 유입되고, 이를 둘러싼 성격, 즉 사회적·정치적 함의는 변한다고 할 수 있다.

13

사이즈의 슈퍼히어로 영화,
이야기의 부재 vs 관객의 즐거움

앞서 우리는 기술적 변화가 매체 환경에 영향을 주어 나타나는 미디어 스토리텔링 전략을 중심으로 슈퍼히어로 영화의 트랜스미디어 스토리텔링과 프랜차이즈 스토리텔링 양상을 살펴보았다. 하지만 미디어의 디지털 패러다임은 생태 환경의 변화로써 미디어에 영향을 주었을 뿐 아니라 직접적인 제작 환경의 문제로서도 영상 미디어에 영향을 끼친다. 즉, 기술적 변화 요인은 영화 자체의 기획, 제작에도 영향을 미쳤다. 특히나 슈퍼히어로 영화와 같이 이야기의 구현 가능성에 있어 기술적 요인의 지배를 받은 영화는 기술의 진보가 스토리텔링에 매우 직접적으로 영향을 준다.

촬영 장비의 발달과 같은 제작 기술, 컴퓨터 그래픽에 의한 후반 편집 기술의 향상, 3D 입체영화, 체험형 4D 라이드, 대형 스크린 영사 등

상영 기술의 다양화, 디지털 마스터링과 같은 복원 기술까지 기술적 진보가 영화에 미치는 경로는 영화의 전 영역에 이를 만큼 다양하다. 이러한 기술 발달에 힘입어 슈퍼히어로 영화의 제작이 가능하게 된 것은 당연하다. 슈퍼히어로 코믹북이 영화로 전환될 때 전제 요건은 실재하지 않는 판타지적 이미지와 과장된 액션 영상을 얼마만큼 실제의 것으로 스크린에 옮길 수 있느냐의 문제였다. 과거의 슈퍼히어로 영화는 블루스크린과 망토를 흔드는 발풍기에 의지한 열악한 기술력에도 불구하고 캐릭터의 사회적 속성과 문화적 인기로 관객의 관심을 끌 수 있었다. 하지만 영화의 기술적 진보 속에서 슈퍼히어로 영화가 여타의 실감나는 액션과 이미지를 제공하는 블록버스터 영화들과 비교해 장점을 갖고 있다고 보기는 어려웠다. 슈퍼히어로 영화는 실제 세계에는 존재하지 않는 힘과 움직임을 새롭게 창조하면서도, 그것의 실제감을 관객에게 전달할 수 있도록 만들어져야 하는 난제를 안고 있었기 때문이다.

하지만 영화 제작의 전 부문에 걸친 기술의 발전이 슈퍼히어로 영화의 성공 가능성을 높였다. 관람 관객의 시각에서 실제보다도 더 사실적인 이미지를 지원하는 컴퓨터 그래픽의 활용은 원작 만화의 액션을 스크린에 사실적으로 구현했다. 뿐만 아니라 만화의 칸 사이에 생략된 이미지 혹은 상상의 이미지는 더욱 역동적이고 연속성을 지닌 이미지로 스크린에 옮겨졌다. 빌딩 숲 사이를 누비는 스파이더맨을 쫓는 카메라, 피부 속을 뚫고 나오는 울버린의 날카로운 칼날 등 이전까지 접할 수 없었던 양식의 액션이 기술적 지원에 힘입어 가능하게 된 것이다.

이러한 기술 발달의 적용은 슈퍼히어로 영화의 영화적 속성을 변화시킨다. 먼저 슈퍼히어로 영화는 인물을 중심으로 하는 이야기의 몰입감이 아닌 이미지의 실제성에 주목한다. 이 과정에서 스펙터클은 강화된다. 거대한 스케일과 파괴적 액션이 강조되고, 이러한 특성들이 결합해 실재감과 스펙터클을 지원할 수 있는 3D 입체영화, 체험형 4D, 그리고 아이맥스와 같은 대형스크린 등이 슈퍼히어로 영화를 위해 기술적으로 지원된다. 이러한 크기의 확장 뿐 아니라 이미지의 정밀 묘사도 기술이 이미지의 실제성을 뒷받침 하는 예가 된다. 개미의 시점에서 사물의 정밀성을 묘사하는 〈앤트맨〉처럼 기술의 영향력이 슈퍼히어로 영화의 구현 가능 정도를 변화시키는 예는 계속해서 늘어나고 있다.

기술 발달에 따른 여러 영화적 속성 변화 중에서도 슈퍼히어로 영화에서 가장 눈에 띄는 특징은 역시나 스펙터클의 극대화이다. "슈퍼히어로의 액션은 기존 물리적 상식과 영화적 리얼리티의 과장이나 왜곡을 정당화하며 스펙터클의 공식을 극대화한다. 결국 독자와 관객들은 도시가 파괴되고, 지구가 분해되며, 대량 살상과 대재난이 발생하는 장면에서도 슈퍼히어로의 역할과 존재만으로 그러한 순간의 스펙터클을 이해하려 들고, 그 정도가 더욱 강화되기를 요구하게 된다."[1] 슈퍼히어로 영화에서 스펙터클이 강화되는 것은 액션 장르 영화로서의 속성이기도 하지만, 슈퍼히어로 캐릭터가 가지고 있는 정치적 요소이기도 하다. 관객은 우리가 살고 있는 도시와 국가, 세계가 파괴되어 가는 것을 목격하면서도 슈퍼히어로가 이 모든 혼란을 해결할 수 있다는 믿음에 현실 세계가 무너져 가는 것을 불편하지 않은 시선으로 바라본다. 오히려 슈퍼히어로 캐릭터의 정치적 속성이 바탕이 된, 관객과 텍스트의 장르 약속으로서 스펙터클의 정도가 점점 강해지기를 요구하기에 이른다.

이러한 문화적 속성을 토대로 슈퍼히어로 영화에서 스펙터클의 확장은 비판에서 자유로워진다. 영화에서 스펙터클이 무분별하게 확대될 때, 그 영화는 영화가 기본적으로 지녀야 할 서사 요소와 예술적 가치가

---

1) 한창완, 앞의 책, 15~16쪽.

부족하다는 이유로 비판을 받기도 한다. 하지만 슈퍼히어로 영화는 오히려 스펙터클이 요구되는 영화이다. 슈퍼히어로의 이야기는 현실성을 뛰어넘는 거대한 힘을 지닌 영웅이 등장하는 이야기, 즉 캐릭터와 스토리 모두에서 스펙터클이 전제되는 이야기이기 때문이다.

기술의 발전에 따라 슈퍼히어로 이야기에 요구되는 스펙터클의 구현이 가능하게 되었으며, 그에 따라 관객은 이전의 영화에서는 느낄 수 없었던 새로운 향유 방법을 구가할 수 있게 된다. 기술의 발달이 슈퍼히어로 영화에서 구현될 수 있는 이야기의 정도를 넓힌 것도 중요하지만, 더욱 중요하게 볼 사항은 관객이 스펙터클의 강화를 슈퍼히어로 영화를 즐기는 향유 방법으로 인정한다는 점이다. 슈퍼히어로 영화를 향유하는 관객들은 지적 호기심을 자극하는 내러티브의 전개나 감정적 몰입도가 강한 캐릭터, 경험하지 못한 새로운 서사 등을 주도적 향유 요소로 요구하지 않는다. 슈퍼히어로 영화의 향유자들은 주어진 세계관에서 가장 극대화된 스펙터클의 이미지를 요구한다. 스펙터클의 강화는 슈퍼히어로 영화의 주도적 향유 방법이며, 그에 따라 슈퍼히어로 영화의 스토리텔링 자체가 이전의 영화들과는 다른 형태를 보인다.

과거의 영화는 일정한 패턴을 지닌 서사 전개 방식을 갖고 있었다. 이는 현재에도 여전히 유의미하고 익숙한 영화 서사 방식이지만, 슈퍼히어로 영화는 이를 부정하고 다른 방식의 스토리텔링 양상을 보인다. 먼저 보드웰이 말한 고전 할리우드 영화의 서술 일관성을 살펴보자.

고전 할리우드 영화에서는 더 명백한 설명으로부터 덜 명백한 쪽으로 점점 이동하는 것은 만연한 서술 일관성의 원칙이다. 모든 것들이 다 동일한 상황이라면, 어떤 장면이나 시퀀스의 시작 부분이 중간 부분보다 서술상 의식적인 면이 더 강한 경향이 있다. 그래서 관객은

분명하고 의식적인 설명 방식에서 은밀하고 인물 중심적인 설명으로 옮겨가게 된다.[2]

하지만 스펙터클의 강화는 이와 같은 고전적 방식의 서술 일관성을 거부한다. 의식적인 설명에서 세부적이고 은밀하고 인물 중심적인 설명으로 이동하던 방향성이 단절되고, 이 단절에 의한 빈 공간은 스펙터클로 채워진다. 이러한 스토리텔링은 기존의 관객이 영화 서사를 이해하는 방식에서 벗어난 것이다. 서사가 단절되는 것, 관객 의식 흐름의 이동을 방해하는 것은 새롭다기보다 부자연스러운 이야기 방식에 가깝다. 하지만 슈퍼히어로 영화에서는 극대화된 스펙터클이 이를 상쇄한다. 이는 단순히 텍스트의 서사 축약을 넘어 관객이 슈퍼히어로 영화의 서사를 이해하는 방식에 영향을 준다는 측면에서도 의미가 있다.

스펙터클의 확장이 슈퍼히어로 영화의 스토리에 영향을 주는 양상을 살펴보면, 먼저 스펙터클 이미지의 극대화는 내러티브의 축약으로 이어진다. 일반적으로 2시간 전후(前後)의 한정된 시간이 주어지는 영화에서 스펙터클 이미지가 영화의 대부분을 차지한다는 것은 반대로 내러티브 전개에 소요돼야 할 이야기의 에너지와 시간이 다른 곳에 소비되는 것이라고 할 수 있다. 아주 단순하게 설명해 여러 슈퍼히어로 캐릭터가 이야기에 등장하는 어벤져스 시리즈의 러닝 타임이 차별적으로 긴 것도 이를 증명한다. 여타의 마블 슈퍼히어로 캐릭터 영화가 2시간 전후의 러닝 타임을 유지하는 것에 반해, 어벤져스 시리즈와 〈캡틴 아메리카: 시빌 워〉는 모두 140분을 초과한 러닝 타임을 보이고 있다. 어벤져스처럼 등장하는 캐릭터가 많을수록 요구되는 스펙터클 이미지는 더 많아지기

2) 데이비드 보드웰, 「신구조주의 서사학과 영화 스토리텔링의 기능」, 『스토리텔링의 이론, 영화와 디지털을 만나다』, 한울, 2014, 182쪽.

때문에 러닝 타임 증가에 영향을 주었다고 추측할 수 있다.

슈퍼히어로 영화에서 스펙터클의 확장으로 인해 내러티브가 축약되는 모습을 구체적인 예를 통해 살펴보자. 〈어벤져스〉에서 중심적 서사는 큐브라는 물질이 강한 힘을 드러내고, 이 물질을 차지하기 위한 로키와 외계의 적의 지구 침공을 어벤져스가 막아서는 내용이다. 때문에 이 영화에서 큐브는 이야기를 이끄는 중심적 모티브가 되며, 이 물질을 가운데 두고 무기를 만들려는 쉴드의 계획과 그 계획을 알게 된 어벤져스 멤버들 간의 다툼이 중요한 갈등 요소로 등장한다. 이러한 중심적 모티브가 활용되는 이야기라면, 기존의 영화 서사 방식에서는 큐브라는 물질의 의미를 설명하고 이 물질이 서로 다른 목적을 가진 집단들에 의해 옮겨가는 과정, 그리고 각 집단들의 행위 동기와 집단들 간의 충돌 과정에 대한 설명이 내러티브의 대부분을 차지했을 것이다. 하지만 〈어벤져스〉에서는 큐브에 대한 구체적 설명, 그리고 큐브를 둘러싼 적대자의 목적과 인물들 간의 갈등을 설명하는 내러티브가 5분 남짓한 시간으로 축약돼 한 장면 안에서 이뤄진다. 서사 전개 장치들이 활용되는 것이 아니라 캐릭터들 사이의 짧은 대화가 그 시간을 채우고, 곧바로 적들의 침입이 시작되며 스펙터클 액션으로 이야기는 옮겨 간다. 중요 사건을 설명하는 내러티브는 극단적으로 축약되고, 비어 있는 공간은 여러 슈퍼히어로 캐릭터들의 등장, 슈퍼히어로들 간의 오해와 결투, 빌런과의 전투 등 스펙터클 이미지로 채워진다.

〈캡틴 아메리카: 시빌 워〉에서도 이러한 양상이 드러난다. 이 영화는 슈퍼히어로 등록제를 두고 슈퍼히어로들이 분열하는 내용이 이야기의 중심이다. 그 과정에서 슈퍼히어로를 둘러싼 국제사회의 정치적 문제와 테러리즘, 일부 캐릭터들의 전사(前事)와 캐릭터들 간의 대립이 복합적으로 얽혀 있다. 하지만 이 복잡한 이야기는 스펙터클 중심의 액션 시퀀스를 중심으로 이야기가 편성되는 양상을 보인다. 영화 초반부의 아프리카 지역의 작전, 윈터 솔저와 블랙팬서를 중심으로 한 추격, 영화에 등장하는 모든 슈퍼히어로가 부딪치는 공항 전투, 마지막 히드라 기지에서의 캡틴 아메리카와 아이언맨의 전투 등 스펙터클이 강화된 시퀀스를 중심으로 내러티브가 구성된다. 공항 전투 시퀀스에서는 아이언맨과 팔콘, 스파이더맨이 추가된 공중전과 캡틴 아메리카, 블랙 팬서, 블랙 위도우 등이 보이는 근접전, 몸집을 작게 만들고 거대하게 만들기도 하는 앤트맨의 스펙터클까지도 하나의 시퀀스 안에 총체적으로 나타난다. 〈어벤져스〉와 마찬가지로 이야기의 중심적 서사는 캐릭터들의 짧은 대사 등으로 축약되고, 스펙터클 시퀀스는 영화의 대부분의 시간을 차지한다. 내러티브라는 측면에서 볼 때, 중심적 모티브보다도 짧은 순간의 묘사가 전체 분량의 대부분을 차지하게 되는 것이다.

이러한 스펙터클의 확장과 내러티브 축약의 문제는 양쪽의 시각에서 모두 해석이 가능하다. 슈퍼히어로 영화에서 장르적 향유 요소로 요구되는 스펙터클의 확장에 따라 내러티브가 자연스럽게 축약된다는 해석과 함께, 상대적으로 부족한 서사 향유 요소를 스펙터클 이미지가 의도적으로 채운다는 해석 역시 가능하다.

스펙터클의 강화가 관객이 슈퍼히어로 영화를 이해하는 새로운 향유 방식인 것은 분명해 보인다. 슈퍼히어로 영화에서 스펙터클은 스토리를 구성하는 내적 요소가 아닌 담화 전략으로서의 스토리텔링이다. 하지만 이러한 담화 전략이 텍스트의 향유 양상을 전면적으로 지배하는 경향을 보이면서, 슈퍼히어로 영화의 스토리가 스펙터클 이미지를 중심으로 새롭게 만들어진다고 추측할 수 있다. 슈퍼히어로 캐릭터가 내재적으로 지니고 있는 초현실적 힘, 대결, 전투 등의 스펙터클 요소가 기술적으로 재현된 슈퍼히어로 영화의 실제적 이미지와 결합해 향유자에게 각인되는 것이다. 이에 따라 슈퍼히어로 영화는 관객의 주도적 향유 요소로 스펙터클의 극대화를 요구받고, 이를 뒷받침할 수 있는 스토리의 전개가 필수화된다.

이와 같은 극대화된 스펙터클을 즐기는 것은 슈퍼히어로 영화를 즐기는 가장 중요한 향유 요소가 된다. 이는 기존 영화에서의 스토리 중심 향유, 혹은 디지털 미디어 스토리텔링에서 보이는 정보 중심의 향유와는 다른 양상이다. 슈퍼히어로 영화에서는 스펙터클 이미지 중심의 스토리 향유라는 차별화된 영화 향유 방식이 나타나는 것이다.

14

새로운 영화? 과도기의 블록버스터, 슈퍼히어로 영화

영화는 현재 과도기적 시대를 지나고 있다. 디지털 기술의 발달, 미디어 환경의 변화 속에 영화는 매체 자체의 체질 변화와 함께 크로스미디어, 트랜스미디어 등 미디어 간 결합, 호환의 한 부분으로써 변화를 체험하고 있다. 기술이 변화를 주도하는 시대에 들어서며 영화는 과거의 익숙한 스토리텔링 방식, 흔히 고전적인 서사, 내러티브라 표현하는 이야기 방식에서 벗어나 기술의 영향력이 스토리텔링에 개입하는 새로운 스토리 텔링 양상을 경험하고 있다. 이를 토대로 지금의 영화는 매체적 속성과, 그 예술적 속성에서마저도 기존의 영화와 차별성을 드러내고 있다고 논의되기에 이른다. 필름에서 디지털로의 이동과 같이 과거의 영화와는 다른 양식으로써의 영화, 기존의 영화와는 매체 성격의 차이를 보이는 새로운 미디어로써 '포스트 시네마'라는 개념까지도 등장한 상태이다.

이런 시대적 흐름 속에서 슈퍼히어로 영화는 지금 시대의 영화를 가장 대표적으로 드러내는 영화라 할 수 있다. 표면적으로 슈퍼히어로 영화는 현재 가장 대중적인 영화이다. 단순한 양적 측면에서 보더라도 슈퍼히어로 영화는 제작 개봉 편수나 수익량이 과거에 비해 현저히 늘어났다. 역대 미국 박스오피스 50위권 내에 14편의 영화가 슈퍼히어로 영화이다. 100위권 내에서는 20편이 넘는 영화가 슈퍼히어로 영화로 채워져 있다.[1] 슈퍼히어로 영화에 담긴 미국적 상징들이 해외 시장에서 부정적 영향을 미칠 것 같지만, 세계 영화 박스오피스에서도 그 수치는 크게 다르지 않다. 특정한 단일 장르의 영화가 이만큼의 상업적 영향력을 보이는 것은 대단히 이례적이다. 이처럼 미국뿐 아니라 전 세계적으로 슈퍼히어로 영화는 가장 높은 상업성과 대중적 인기를 지닌 영화 콘텐츠이다.

그 이면에는 기술이 진일보하는 시대의 영화 예술의 변화 경향성을 슈퍼히어로 영화가 대표적으로 반영하고 있다. 슈퍼히어로 영화는 구현 가능한 이야기의 정도가 기술의 지배적 영향을 받는다. 슈퍼히어로 영화의 상업적 완성도를 상당 부분 가늠하게 하는 것이 스펙터클 이미지의 사실적 재현이라는 점에서도 디지털 기술과 같은 기술적 변혁은 핵심적 요소가 된다. 영화에서 기술은 제작에만 영향을 미치지 않는다. 산업적 영역인 배급과 상영 역시 기술의 변화에 영향을 받는다. 짧은 시간에 양산된 영화임에도 불구하고 높은 흥행 성공률로 다수의 슈퍼히어로 영화가 역대 흥행 성적의 최상위권에 위치한 것을 보면 알 수 있듯, 배급과 상영 등에 미친 기술 변화의 수혜를 슈퍼히어로 영화가 직접적으로 받았음 또한 알 수 있다.

기술의 발달은 영화의 매체 성격만 변화시키는 것이 아니라 관객의 향유 방식에도 영향을 미친다. 영화에서 디지털 패러다임은 이미지 생산

---

1) IMDB사의 'Box Office Mojo' 사이트 참조. 검색일 2017년 7월 10일 기준.

도구, 매체 생산 도구로써 기능할 뿐만 아니라 새로운 내러티브 담론을 형성하고 있다. 문제는 관객이 이렇게 생산된 스토리텔링 담론을 온전히 따라서 향유하느냐이다. 영화에 적용되는 기술 발달의 급진적 속도와 다르게 관객이 영화를 향유하는 방식은 여전히 보수적 속성을 지니고 있다. 영화에서 디지털 기술의 적용은 필름의 대체, 상영 기술의 대체, 포스트 프로덕션의 기술적 향상 등과 같은 방식으로, 말 그대로 기술적 보완 역할에서 확대되어 왔기 때문에 영화의 고정적 스토리 양식과 관객의 향유 방식에 끼치는 영향은 미세한 것이었다. 그러므로 오랜 시간 고정적이었던 영화 향유 방식을 벗어나 기술 발달 요인에 의해 생성된 새로운 내러티브 담론을 관객이 바로 받아들이기엔 혼란스러울 수밖에 없다.

영화가 현재 과도기적 시대를 지나고 있다는 의미는 여기에서 비롯한다. 기술의 급진성이 만들어 내는 새로운 영화의 내러티브 담론과 그에 대한 관객의 향유 적응성은 시간적 차이를 보인다. 새로운 영화에 새로운 향유자가 접목되는 것이 아니라, 지금은 기존의 영화 관객이 새로운 매체 성격, 새로운 내러티브 담론을 선보이는 영화에 적응하고 있는 시기인 것이다.

바로 여기에서도 슈퍼히어로 영화가 대표성을 보이는 지점이 나타난다. 슈퍼히어로 영화는 우리가 지금까지 살펴본 대로 기술 발전과 미디어 환경 변화 요인이 변화시킨 영화의 새로운 매체 성격을 받아들인다. 그에 따라 슈퍼히어로 영화는 뉴 미디어 스토리텔링, 트랜스미디어 스토리텔링, 프랜차이즈 스토리텔링 등 디지털 미디어 시대에 등장하는 새로운 스토리텔링 속성들을 전략화 해서 적용한다. 그러나 여전히 보수적인 영화 관객의 향유 방식에 대한 접점을 찾아야 하는 문제에 빠진다. 디지털 미디어의 속성, 기술의 혁신성이 스토리와 같은 슈퍼히어로 영화 텍스트의 내적 요소에까지 적용되는 것은 위험성이 높다. 영화 관객의 향유 방식과 충돌하는 급진적인 스토리텔링의 변이는 상품의 성공을 담보하기 어렵기 때문이다. 이는 경제적 동기, 수익 실현과 관계되는 스토리텔링의 전략적 개념과도 상충하는 것이다.

이러한 이유로 디지털 미디어 스토리텔링의 대표적 특징인 비선형적 서사 구조 등은 슈퍼히어로 영화 뿐 아니라 대부분의 영화에서 나타나기 어렵다. 비선형적 서사의 등장 배경이 되는 디지털 미디어의 인터랙션 특성은 향유자의 적극적 프랜차이즈 참여, 여러 미디어를 활용하는 트랜스미디어 스토리텔링 등의 형태로 슈퍼히어로 영화에서 향유성 강화를 위해 선별적으로 활용된다. 하지만 텍스트에 직접 영향을 주는 서사 형태의 변화로까지는 영향을 미치지 않는다. 반복해서 말하지만 영화 관객의 향유 방식과 상충될 가능성이 존재하기 때문이다. 비선형적 서사 구조를 지닌 '인터랙티브 시네마'라는 영화 형식이 존재하기도 하지만, 이는 여전히 새로운 시도에 의미를 둔 실험적 성격만을 인정받을 뿐이다. 즉 미디어의 기술 변화 특성을 직접 반영한 스토리텔링의 영화로의 직접 반영은 아직 간극이 크게 존재한다고 할 수 있다.

뉴 미디어 스토리텔링은 고전적인 할리우드 스토리텔링의 기준에서 보면 완결되지 않는 서사이다. 트랜스미디어 스토리텔링에서는 미디어를 가로질러 존재하는 여러 텍스트들을 통해 이야기에 대한 정보가 제공되고 의도적으로 누락되기도 한다. 이럴 경우 정보를 획득하지 못한 관객은 단일 텍스트만 봐서는 이해되지 않는 서사의 결여, 혹은 부자연스런 정보의 과잉으로 혼란을 겪을 수밖에 없다. 이는 기존의 할리우드 스토리텔링 방식과는 확연한 차이가 있다. 고전적인 할리우드 영화는 어느 시점에서도 관객이 줄거리에 참여할 수 있도록 중요한 내용을 반복하는 것에 의존하기 때문이다. 하지만 새 할리우드 시스템은 관객이 계속해서

화면에 집중하고, 극장에 오기 전에 예습을 하도록 요구한다.[2]

하지만 슈퍼히어로 영화는 인터랙티브 시네마처럼 실험적인 영화가 아니라 지극히 대중적이며 여전히 익숙하고 보편적인 할리우드의 상업영화, 오락영화이다. 때문에 슈퍼히어로 영화는 트랜스미디어 스토리텔링을 형식적 전략으로 차용하기는 하지만, 그 구체적 스토리에서까지 완전히 결여나 과잉의 요소를 받아들이기는 어렵다. 슈퍼히어로 콘텐츠에는 다양한 미디어 플랫폼과 백과사전식 정보가 중심이 되는 영화 내의 장치들이 활용되지만, 여전히 슈퍼히어로 영화의 스토리는 고전적인 서사 형태를 띤다. 프랜차이즈 스토리텔링을 지원하기 위한 결말의 축소 형태 등이 나타나지만 구조적으로는 닫힌 결말, 완결형의 3막 구조 등이 유지된다. 이를 통해 관객은 혼란 없이 슈퍼히어로 영화를 향유할 수 있게 된다.

다시 말해 슈퍼히어로 영화는 여전히 고전적인 할리우드 스토리텔링, 보다 명확하게는 고전적인 할리우드 story를 차용하고 있다. 하지만 이야기하기 전략, 즉 스토리텔링에서 telling에 해당하는 발화 전략에 대해서는 뉴 미디어 스토리텔링 전략을 취한다. 요약하면 슈퍼히어로 영화는 고전적인 할리우드 스토리를 (프랜차이즈 스토리텔링이 중심이 되는) 새로운 스토리텔링 전략으로 풀어 간다고 할 수 있다. 여기서 스토리는 텍스트의 서사임과 동시에 영화의 관객이 익숙하게 향유할 수 있는 수단으로써의 성격이 강하다. 관객이 복잡하고 혼란스럽지 않게, 어렵지 않고 쉽게 이해하고 향유할 수 있는 스토리를 구사하면서 새로운 경향성의 스토리텔링 전략을 발화 전략으로 발현시키는 것이다. 새로운 매체 성격을 적용시키면서도 익숙한 향유 전략을 취한다는 점에서 슈퍼히어로 영화는 대중성에 강점을 갖고, 이러한 대중성은 프랜차이즈 스토리

---

2) 헨리 젠킨스, 앞의 책, 158쪽.

텔링 전략 관점에서도 유리하게 작용한다.

고전적인 (이해가 쉬운) 스토리와 새로운 발화 전략이라는 상충하는 개념이 동일 텍스트에서 존재 가능한 이유는 슈퍼히어로 영화가 캐릭터 중요성이 강한 영화이기 때문이다. 복잡한 서사가 아니라 슈퍼히어로 캐릭터에 대한 요소들이 여러 텍스트들을 이동하며 이야기로 구현되기 때문에 상대적으로 사전 정보가 부족하더라도 스토리의 이해를 가능하게 끔 한다. 다만 원천콘텐츠인 코믹북, 그래픽노블을 비롯해 여러 미디어와 텍스트들을 통해 알려진 정보들은 참여자들에게 영화를 접하기 전에 미리 예습하게끔 유도된다. 다른 미디어와 영화 텍스트를 통해 공개된 정보는 반대로 관객이 관람하는 메인 텍스트인 영화에서는 숨겨진 정보가 되기 때문이다.

이러한 슈퍼히어로 캐릭터에 대한 정보의 축적은 프랜차이즈 스토리텔 링 전략으로서 큰 힘을 발휘한다. 마블 시네마틱 유니버스의 영화들 가운데 〈인크레더블 헐크〉, 〈퍼스트 어벤져〉, 〈토르: 천둥의 신〉, 〈앤트 맨〉처럼 각 캐릭터 시리즈의 첫 영화에 해당하는 작품들은 상대적으로 흥행 성적이 저조했다. 하지만 캐릭터 시리즈의 첫 작품은 이후 속편과 어벤져스 시리즈를 거치며 관객들에게 캐릭터 정보가 축적된다. 그 결과 는 이후의 각 캐릭터의 속편 시리즈에서 경제적 수익의 비약적인 증가로 이어진다. 캐릭터 중심의 영화 특징과 트랜스미디어 프랜차이즈 스토리텔 링의 특징인 정보 중심 향유의 결합은 슈퍼히어로 프랜차이즈 참여자들에 게 영화를 사전 예습하게, 그리고 관람 후에는 복습을 통해 다시 정보를 해석하고 토론하는 집단 지성을 발휘하도록 만든다. 이러한 관객의 적극 적 참여는 뉴 미디어 스토리텔링의 핵심적 속성이다. 슈퍼히어로 영화를 스토리텔링 전략을 통해 이해해야 하는 이유도 바로 이 때문이다.

뉴 미디어 스토리텔링 특성이 강화될수록 영화의 고전적인 스토리텔링은 어떠한 형태로든 변화를 겪게 될 것이다. 전통적인 서사 구조를 통해 영화를 이해하는 관객, 영화학자, 영화 평론가들은 이를 스토리텔링의 붕괴로 말한다. 반면 젠킨스를 비롯한 스토리텔링 학자들은 이를 이야기의 붕괴가 아닌 새로운 이야기의 출현이라 주장한다.

우리가 보는 것은 오히려 새로운 이야기 구조의 출현이다. 발단, 전개, 결말의 단순한 경로를 따르지 않고 서사적 가능성의 범위를 넓히며 복잡성을 만들어내는 것이다. 비디오 게임과 같이 비선형적 매체에 익숙해진 영화 관객들은 다른 종류의 엔터테인먼트 경험을 기대하고 있었다. 그런 작업을 과거의 기준으로 본다면, 이 영화들은 더욱 분절적인 것처럼 보이겠지만, 그런 분절을 통해서 소비자들은 자신만의 시간에 자신만의 방식대로 이야기를 연결할 수 있는 것이다. 예를 들어 머레이는 이런 작업이 세 가지 매우 다른 종류의 소비자를 유인하기에 적절하다고 지적한다. "에피소드 하나하나마다 긴장과 만족을 찾아야 하는, 적극적으로 참여하는 실시간 관객. 이야기 전체에서 일관된 패턴을 찾는, 회고적이고 장기적인 관객. 그리고 이야기의 서로 다른 부분간의 연결을 따라가는 데서 기쁨을 찾으며, 동일한 재료의 다양한 조합을 발견하는, 항해하는 관객."[3]

젠킨스의 주장은 일결 타당하게 생각된다. 엔터테인먼트 미디어는 변하고 있고, 자연스럽게 소비자는 그 변화된 것을 익숙한 것으로 느끼게 된다. 과거의 기준으로 보자면 소비자는 새로운 종류의 향유 체험을 원하게 될 것이다.

하지만 이러한 주장에서 의문이 드는 것은 모든 미디어를 동일한

---

3) 위의 책, 173쪽.

방식으로 향유하게 될 것인가라는 문제이다. 머레이의 주장대로 디지털 미디어 스토리텔링과 같은 새로운 이야기 구조의 출현은 서로 다른 관객에게 이전과는 다른 방식의 향유 즐거움을 선사할 수 있다. 하지만 전통적인 서사 구조에 토대를 두는 영화의 지속적이고 고정적인 향유 방식 역시 여전히 유효한 향유 방식이다. 게임을 즐기는 관객이라고 해서 게임의 비선형적 서사 구조를 영화에서까지 기대한다고 단정 짓기는 어렵다. 영화가 게임처럼 비선형적 서사 구조만을 보인다면, 오히려 소비자의 입장에서는 향유의 다양성이 줄어드는 부작용이 생기게 된다. 물론, 디지털 기술의 발달과 미디어 컨버전스가 강화될수록 새로운 이야 기 구조로 정의할 수 있는 특정 방향의 경향성이 생겨날 것이고, 그 형태는 점점 통합되어 갈 것이다. 하지만 슈퍼히어로 영화와 같이 아직 고전적인 서사 형태와 뉴 미디어 스토리텔링이 혼재되어 나타나는 텍스트 에서, 관객은 새로운 스토리텔링 향유 방식이 영화라는 매체에서도 적용 되는 것에 즐거움을 느낄 뿐 영화의 이야기 구조 자체를 바꾸려 시도하지 는 않는다. 만약 슈퍼히어로 영화가 게임처럼 완전한 비선형적 서사 구조를 보인다면 관객은 영화의 본질적 성격이 사라졌다며 불만을 제기할 것이다. 영화를 즐기는 향유 요소가 함께 사라져 버리기 때문이다.

그렇지만 슈퍼히어로 영화의 경우처럼 디지털로의 전환이 완전화될 수록 영화의 매체 성격, 이야기 구조 등에 점점 변화가 일어나는 것은 부정할 수 없는 사실이다. 위의 인용에서 볼 수 있듯 이러한 변화는 스토리텔링 학자들의 입장에서는 새로운 이야기 구조이지만, 영화라는 단일 매체의 지속성을 토대로 영화를 분석해 온 영화학자의 입장에서는 스토리텔링의 붕괴로 볼 수 있다. 같은 관점에서 본 필자는 반복해서 슈퍼히어로 영화가 발화 전략을 제외하고 텍스트 내부의 스토리에서만큼 은 고전적 이야기 구조를 유지하고 있다고 주장하지만, 매우 전통적인 서사 구조를 조건으로 생각했을 때는 슈퍼히어로 영화 역시 붕괴된 스토리텔링이라 말할 수도 있다.

이는 스토리텔링의 주도권을 어디에 둘 것인가의 문제와 관련한다. 과거에는 영화 서사의 변화는 창작자의 특성에 기대는 면이 컸다. 이를테면 조지 루카스와 이창동의 스토리텔링은 다르고, 누벨바그 영화와 할리우드 스튜디오 영화의 스토리텔링 역시 다르다. 즉 문학적 서사를 바탕으로 하는 창작자, 영상 기술이라는 새로운 매체 기술에 주목하던 창작자, 영화의 정치적 속성에 집중한 창작자, 고전 영화 양식에 영향을 받아 영화 관객이 창작자로 유입되던 시기의 창작자, 할리우드 장르 영화에 익숙한 창작자, 비디오 문화를 향유한 창작자 등등 영상 문화로서 영화의 시대적 변화에 따라 창작자의 세대적 특성, 혹은 창작자 개인의 특성들이 영화 스토리텔링에 주도적 영향을 주었다.

하지만 지금은 스토리텔링의 주도권이 생산자인 창작자에서 점차 소비자인 향유자로 옮겨가는 추세이다. 관객의 특성 변화는 영화의 스토리텔링에까지 영향을 준다. 과거처럼 영화를 향유하던 관객이 직접 생산자가 되어 영화를 창작하는 역할을 수행하지 않더라도, 현대 디지털 미디어의 인터랙션 속성은 향유자가 이야기를 향유하는 과정을 통해 이야기에 영향을 주게끔 한다. 이는 반대로 말하면, 모든 영화에서 이러한 경향이 절대적으로 적용된다고 할 수는 없지만, 슈퍼히어로 영화처럼 뉴 미디어 스토리텔링 특성을 직·간접적으로 받아들이는 영화에서는 과거의 경우와 달리 스토리텔링에 있어 창작자인 감독의 특성이 상대적으로 약화됨을 뜻한다.

이 주장들이 모두 사실이라면, 현재 진행이 시작되었으며 변화의 속도가 점차 가속화되는 영화 스토리텔링 변화에 대한 시각의 전환이 필요하다. 미디어 컨버전스가 일상화되고, 영화가 더 이상 독립적 엔터테인먼트 매체가 아닌 트랜스미디어 속성을 지닌 엔터테인먼트 프랜차이즈의 한 부분으로서 기능함을 인정한다면, 창작자가 중심이 되는 고정적인 서사 구조는 점차 의미를 잃어갈 것이다. 새로운 미디어 속성에서 비롯한 영화 향유 방식의 변화를 받아들이면 영화 스토리텔링의 내적 의미에서도 큰 변화가 일어난다. 슈퍼히어로 영화에서 일부 엿보이는 전통적 서사 구조의 이탈은 더 이상 스토리텔링의 붕괴가 아닌 것이다.

15

미디어를 지배하는 콘텐츠,
슈퍼히어로 장르의 세분화

 뉴 미디어 스토리텔링의 인터랙션 속성이 흥미로운 것은 향유자와의 상호작용을 통해 스토리텔링의 변화와 확장이 끊임없이 이뤄진다는 것이다. 슈퍼히어로 영화의 스토리텔링에 변화가 생겨나는 과정을 보면, 디지털 기술의 발달이 영화 제작에 영향을 주고, 새로운 형식의 텍스트는 향유 방식을 변화시키며, 새로운 향유 요소는 다시 스토리텔링에 영향을 준다. 그 가운데에서 슈퍼히어로 영화가 여타의 엔터테인먼트 스토리텔링과 차별되는 가장 특징적인 점은 뉴 미디어 스토리텔링과 고전적 스토리텔링이 결합하는 성질을 보인다는 것이다. 이러한 결합은 슈퍼히어로 영화를 이전의 미디어 엔터테인먼트에서는 발견할 수 없었던 새로운 독점적 장르로 만들 가능성을 연다.

 지금까지 슈퍼히어로는 개별 매체가 만드는 콘텐츠의 하위 장르였다. 즉 만화의 한 가지 장르로 슈퍼히어로 만화가 있고, 영화의 한 장르로 슈퍼히어로 영화 혹은 액션 영화의 한 소재로 슈퍼히어로 영화를 분류하기도 한다. 슈퍼히어로 영화가 뮤지컬, 호러, 필름 느와르처럼 영화학의 기준으로 분류되는 도상적 특징과 사회적 의미를 지닌 장르로 구분되지는 않지만, 소재에서 비롯되는 일정한 유형성(類型性)을 갖기에 영화나 만화의 한 가지 하위 장르로 구분되는 것이다. 하지만 트랜스미디어 스토리텔링을 형식적 전략으로 차용하고, 뉴 미디어 스토리텔링과 고전적 서사 구조가 결합한 새로운 형식과 복합적 서사 양식을 드러내며, 이를 토대로 새로운 스토리텔링의 향유성을 강하게 나타내는 슈퍼히어로 영화는 개별적 매체 속성에 구속되지 않는 새로운 장르를 구성할 가능성이 있다.

텍스트의 내적 구조로써 스토리를 살펴보면, 슈퍼히어로 영화의 스토리는 크게 두 가지 형식으로 나눌 수 있다. 하나는 개별적 캐릭터 시리즈 영화로, 이들 영화의 서사에서 가장 중심이 되는 것은 당연히 주인공인 인물이다. 캡틴 아메리카, 아이언맨, 스파이더맨, 배트맨, 슈퍼맨 등의 대부분의 슈퍼히어로 영화들이 이에 해당하며, 보통 이러한 캐릭터 시리즈 슈퍼히어로 영화는 주인공이 자신도 컨트롤하기 힘든 거대한 힘을 어떻게 사용해야 하는가를 모색하는 과정을 담는다. 이 서사 구조는 슈퍼히어로라는 소재에 걸맞게, 아직 완벽하지 않은 주인공이 역경의 과정을 거치고 초인적 힘을 얻어 공동체에 공헌하는 영웅의 이야기를 담는다. 이러한 이야기는 개인적 모색 과정으로써 고전적이고 익숙한 서사 구조의 모험담이자 성장담, 그리고 영웅담이라 할 수 있다.

다른 하나는 고전적 방식의 성장담이 배제된 프랜차이즈 영화이다. 〈어벤져스〉, 〈어벤져스: 에이지 오브 울트론〉, 〈캡틴 아메리카: 시빌 워〉 등의 마블 어벤져스 시리즈와 향후 제작이 예정된 DC코믹스 원작의

〈저스티스 리그〉가 이에 해당한다. 다양한 인물들이 등장하는 이 영화들에서는 한정된 시간에 영웅의 성장담으로 전체 서사가 채워지는 것이 불가능하다. 이러한 슈퍼히어로 프랜차이즈 영화에서는 이미 존재하는 텍스트를 통해 향유자가 캐릭터성을 공유하는 슈퍼히어로들이 펼치는 새로운 적과의 대결, 팀원 간의 충돌 등이 벌어진다. 이들 영화에서 중점을 두는 것은 고전적이고 온전히 완성된 서사 구조가 아니라 프랜차이즈 스토리에 참여하는 관객의 향유 요소를 최대한 채우는 것에 맞춰진다. 때문에 개인적 성장담의 고전적 스토리텔링 방식은 상당 부분 약화되고, 뉴 미디어 스토리텔링 요소들이 매우 강하게 나타난다. 프랜차이즈 텍스트들 간의 스토리텔링 교류와 보완, 정보와 선행 경험을 바탕으로 하는 관객의 향유 요소 강화 등이 나타나는 것이다.

이러한 성질로 인해 슈퍼히어로 프랜차이즈 영화의 스토리는 본질적으로 기존의 영화 관객에게 일방향으로 제공됐던 익숙한 모험담, 영웅담, 성장담이 아닌 오히려 향유자의 현재성을 반영하는 사회문화적 콘텍스트를 담는데 초점을 맞춘다. 어벤져스 시리즈와 〈캡틴 아메리카: 시빌 워〉는 힘과 권력의 문제, 국제 사회의 정치 역학과 미국의 역할과 같은 다소 무거운 정치영화에 가까운 속성을 보이기까지 한다. 이는 슈퍼히어로 영화의 스토리텔링에 있어 이전과는 다른 이야기 세계의 확장이자 해석의 확장이고, 향유의 확장이기도 하다.

슈퍼히어로 영화에서 나타나는 이와 같은 스토리텔링의 변형은 다른 미디어 플랫폼을 통해 생산되고 있는 슈퍼히어로 콘텐츠들에까지 영향을 준다. 스토리텔링의 변형은 스토리의 변형임과 동시에 향유 방식의 변화를 동시에 야기하기 때문이다. 때문에 슈퍼히어로 프랜차이즈 스토리텔링의 새로운 경향성이 지속되면, 슈퍼히어로 영화는 하나의 독립적 장르를 구성할 가능성이 크다. 이렇게 되면 슈퍼히어로 장르는 영화의 범주를 벗어나 여러 미디어에서 특유의 일관적 경향성을 드러내며 나름의 스토리텔링을 형성해 갈 것이다. 그 결과는 슈퍼히어로 장르의 하위 장르들이 영화, 드라마, 만화 등으로 구분되는 미디어를 중심으로 재편되는 것이 아니라 호러, 정치, 스릴러, 코미디, 멜로 등의 이야기의 유사성과 관습성을 중심으로 하는 장르로 구분될 것이라 예측할 수 있다. 슈퍼히어로 장르가 매체 독립적 장르로 기능하는 것이다.

이는 슈퍼히어로 장르를 토대로 문학적 구분에서 비롯되는 고전적 장르 구분으로서의 하위 장르들이 생겨나는 것을 뜻한다. 실제로 슈퍼히어로 영화의 원천콘텐츠인 그래픽노블에서는 이미 이러한 양상을 찾아볼 수 있다. 〈다크나이트〉, 〈왓치맨〉 등의 수정주의 슈퍼히어로, 〈데드풀〉처럼 컬트 성격이 강한 슈퍼히어로가 생겨났고, 이는 영화로까지 이어졌다. 마블 코믹스는 〈마블 좀비스 Marvel Zombies〉라는 타이틀을 만들어 하드코어 호러 장르를 구현한다. 〈마블 좀비스〉에서는 좀비가 되어 팔다리가 잘려 나간 슈퍼히어로들이 싸우는 괴기스런 이미지들이 담긴다. 익숙한 좀비 영화의 이미지들이 슈퍼히어로 콘텐츠를 통해 재현되는 것이지만, 슈퍼히어로 캐릭터를 통함으로 인해 슈퍼히어로의 새로운 하위 장르가 생성되는 것이다. 영화 〈데드풀〉이 성공을 끌자 데드풀이 슈퍼히어로를 잔혹하게 살해하는 코믹북이 발표되기도 한다. 이러한 슈퍼히어로의 장르 확장은 수정주의 슈퍼히어로의 영화 전환처럼 새로운 슈퍼히어로 장르 영화라는 이름으로 이어질 가능성이 높다.

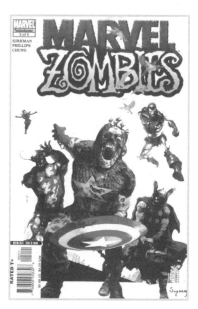

〈그림 11〉〈마블 좀비스〉 표지
출처: http://marvel.wikia.com/wiki/Marvel_Zombies_Vol_1

　　슈퍼히어로 장르가 독립적 장르로 향유자에게 인정받을 경우, 슈퍼히어로 영화가 곧 액션 블록버스터 영화라는 공식은 깨어질 것이다. 캐릭터성이 차별화된 슈퍼히어로들이 등장하는 정치 스릴러, 호러, 멜로드라마 등이 생겨나며 슈퍼히어로 영화에 다양한 장르 접합이 이뤄질 거라 예상할 수 있다. 향유자가 슈퍼히어로에 일정한 장르적 관습을 인식하는 시간의 경과가 지날 경우 슈퍼히어로 장르의 스토리텔링에 변화가 생길 것은 충분히 예측 가능한 것이다. 물론 슈퍼히어로 영화가 본질적으로 지닌 물리적 힘의 충돌과 액션, 스펙터클의 강화 등은 슈퍼히어로 장르를 특징화하는 요소로 남아 있을 가능성도 높다. 이럴 경우 슈퍼히어로 영화가 여러 하위 장르들로 세분화되면서도 스펙터클과 액션을 하나의 장르 관습으로 유지할 것이다.

슈퍼히어로 영화에서 예측되는 이러한 장르적 변형은 디지털 기술과 미디어 환경 변화의 영향을 받은 새로운 스토리텔링 전략으로서의 슈퍼히어로 영화의 새로운 경향이다. 하지만 이러한 새로운 스토리텔링 전략이 영화라는 매체와 결합할 때 발생하는 장르적 구분은 역설적이게도 고전적 스토리텔링의 기술이기도 하다. 기술의 발달은 고전적 서사에서 뉴 미디어 스토리텔링으로 변화를 유발하지만, 이 새로운 스토리텔링 역시 다시 고전적 스토리텔링 양식에 영향을 받는 모습이 나타난다. 슈퍼히어로 영화에서 나타나는 이러한 고전적 서사와 뉴 미디어 스토리텔링의 결합 양상은 향후 전개될 고정적 매체에서의 스토리텔링 변화를 예측, 분석할 수 있는 진행형의 현재적 엔터테인먼트 스토리텔링으로 의미를 찾을 수 있다.

참고 문헌

국내 논저

그레고리 나지, 우진하 역, 『고대 그리스의 영웅들』, 스그마북스, 2015.

김 건, 「영화 속 엔딩 크레딧: 쿠키 영상을 중심으로」, 『건지인문학』 8권, 전북대학교 인문학연구소, 2012.

김광수, 「영화선택 및 평가에 관한 연구」, 『광고연구』 2000년 가을호, 2000.

김광욱, 「스토리텔링의 개념」, 『겨레어문학』 41권, 겨레어문학회, 2008.

김기홍, 「미국만화의 신화적 영웅성 연구: 미국만화 작품 『the League of extraordinary Gentlemen』 등장인물의 영웅적 성격 분석을 중심으로」, 『한신인문학연구』 6권, 한신인문학연구소, 2005.

김상환 외, 『라깡의 재탄생』, 창작과 비평사, 2002.

김진현, 「테러리즘에 대한 국제법적 규제와 USA PATRIOT Act」, 『외법논집』 39권, 한국외국어대학교 법학연구소, 2015.

롤랑 바르트, 김희영 역, 『텍스트의 즐거움』, 동문선, 2002.

마리-로어 라이언 외, 조애리 외 역, 『스토리텔링의 이론, 영화와 디지털을 만나다』, 한울, 2014.

마크 웨이드 외, 하윤숙 역, 『슈퍼 히어로 미국을 말하다: 슈퍼 히어로를 읽는 미국의 시선』, 잠, 2010.

박기수, 「대중문화 콘텐츠 서사의 향유 전략 연구」, 『인문콘텐츠』 2호, 인문콘텐츠학회, 2005.

_____, 『문화콘텐츠 스토리텔링 구조와 전략: 문화콘텐츠의 핵심 동력, 스토리텔링에 길을 묻다』, 논형, 2015.

박기수 외, 「문화콘텐츠 스토리텔링의 현황과 전망」, 『인문콘텐츠』 27호, 인문콘텐츠학회, 2012.

서성은, 「매체 전환 스토리텔링 연구」, 이화여자대학교 박사논문, 2015.

성완경, 『세계만화』, 생각의나무, 2001.

손장권, 「개인행위와 영웅주의」, 『사회과학논집』 5권, 동아대학교 부설 사회과학연구소, 1987.

신동희 외, 「트랜스미디어 콘텐츠 연구: 스토리텔링의 개념화」, 『한국콘텐츠학회논문지』 10권, 한국콘텐츠학회, 2010.

우찬제, 『텍스트의 수사학』, 서강대학교출판부, 2005.

이영수, 「멀티버스에 기반한 마블코믹스의 트랜스미디어 스토리텔링 연구」, 『애니메이션연구』 10권, 한국애니메이션학회, 2014.

이춘입, 「미국의 블랙파워운동과 제3세계: 블랙팬더당과 흑인 여성을 중심으로」, 『서양사론』 128권, 한국서양학회, 2016.

이태수, 「호메로스의 영웅주의 윤리관」, 『시양고전학연구』 50권, 한국서양고전학회, 2013.

이현중, 「필름 느와르의 장르 변화를 통해 본 장르적 관습과 향유 과정의 연관성: 〈L.A 컨피덴셜〉, 〈무간도〉, 〈달콤한 인생〉을 중심으로」, 『영화연구』 62호, 한국영화학회, 2014.

전경란, 「트랜스미디어 콘텐츠의 텍스트 및 이용 특징」, 『한국콘텐츠학회 논문지』, 10호, 한국콘텐츠학회, 2010.

정찬철, 「시네마에서 포스트시네마로의 전환에 관한 연구」, 한양대학교 박사학위논문, 2015.

정태수, 『세계 영화예술의 역사』, 이화여자대학교 출판부, 2010.

조셉 캠벨, 빌 모이어스 담, 이윤기 역, 『신화의 힘』, 이끌리오, 2002.

조흡, 『영화가 정치다』, 인물과사상사, 2008.

최영진 외, 「〈어벤져스〉에 나타난 미국적 이데올로기의 양상들」, 『비교문학』 62호, 한국비교문학회, 2014.

크리스토퍼 보글러, 함춘성 역, 『신화, 영웅, 그리고 시나리오 쓰기』, 무우수, 2005.

토마스 엘새서 외, 김성욱 외 역, 『디지털 시대의 영화』, 한나래, 2002.

플라톤, 박종현 역, 『국가 · 정체』, 서광사, 1997.

한창완, 『슈퍼 히어로』, 커뮤니케이션북스, 2013.

헨리 젠킨스, 김정희원 외 역, 『컨버전스 컬처』, 비즈앤비즈, 2008.

홍난지, 「매체 전이된 텍스트에 나타나는 상호 텍스트성이 홍행에 미치는 영향 연구」, 『애니메이션연구』 6권, 한국애니메이션학회, 2010.

국외 논저

Amoroso, Richard L. *Holographic Anthropic Multiverse: Formalizing the Complex Geometry of Reality*, World Scientific College Press, 2009.

Becker, Ernest. *The Denial of Death*, Free Press, 1973.

Benjamin, Walter. *Das Kunstwerk im Zeitalter seiner technischen Reproduzierbarkeit*, Reclam, 2013.

Bergen, Jennifer Van. "Homeland Security Act, The Rise of the American Police State." 2002. 12. 2,3,4. (http:// www.ratical.org/ratville/CAH/HSA_RoAPS.html)

Brooker, Will. *Batman Unmasked: Analyzing a Cultural Icon*, Continuum Publishing Group, 2000.

Brown, J. R. *Minds, machines, and the multiverse: the quest for the quantum computer*, Simon & Schuster, 2000.

Campbell, Joseph. *The hero with a thousand faces*, Princeton University Press, 1973.

Coppa, Francesca. "A Brief History of Media Fandom." Edt by Hellekson, Karen. (etc) Fan Fiction And Fan Communities in the Age of the Internet, McFarland & Co Inc Pub, 2007.

Derrida, Jacques. trans by Alan Bass, *Structure, sign and play in the discourse of the human sciences, Writing and Difference*, Chicago University Press, 1978.

Evans, E. "Character, Audience Agency and Trans-media Drama." *Media, Culture and Society* Vol.30, 2008.

Fiske, J. *Introduction to Communication Studies*, London: Methuen, 1982.

Housel, Rebecca. (edt), *X-Men and Philosophy: Astonishing Insight and Uncanny Argument in the Mutant X-Verse*, John Wiley & Sons, 2009.

Laurel, Brenda. *Utopian Entrepreneur*, MIT Press, 2001.

Lee, Stan. *Son of origins of marvel comics*, New York: Simon and Schuster, 1975.

Lin, Shu-Fang. "Media Enjoyment as a Function of Individual Response and Emotional Contagion." Degree Doctor of The Ohio State University, 2005.

Manly, Steven L. Visions of the multiverse, New Page Books, 2011.

McCracken, Grant. *The Disney TM Danger*, Plentitude, 1998.

Moody, Kyle Andrew. ""Why so serious?" Comis, Film and politics, or the comic book film as the answer to the question of identity and narrative in a post-9/11 world." Miami University MA, 2009.

Murray, Janet Horowitz. *Hamlet on the holodeck: the future of narrative in cyberspace*, New York: Free Press, 1997.

Philips, Andrea. *A Creator's guide to Transmedia Storytelling: how to captivate and engage audiences across multiple platforms*, Mc Graw Hill, 2012.

Proctor, William. "Avengers Assembled: The Marvel Transmedia Universe." *Film Reviews* Issue 26, 2014.

Pulliam-Moore, Charles. "Doctor Strange's whitewashing is part of a much bigger legacy of Hollywood's racism." Fusion, 2016. 6. 5.

Rhoades, Shirrel. Geppi, Steve(AFT). *A Complete History of American Comic Books*, Peter Lang Pub Inc, 2008.

Rubenstein, Mary-Jane. *Worlds Without End: The Many Lives of the Multiverse*, University Presses, 2014.

Ryan, Marie-Laure. (edt), *Narrative Across Media: The Languages of Storytelling*, University of Nebraska Press, 2004.

Schelly, Bill. *Founders of Comic Fandom: Profiles of 90 Publishers, Dealers, Collectors, Writers, Artists and Other Luminaries of the 1950s and 1960s*, McFarland, 2010.

Schlakman, Steve. "How Mickey Mouse Keeps Changing Copyright Law." *Art Law Journal*, 2014.

Schlossman, David A. *Actors and Activists: Performance, Politics, and Exchange Among Social Worlds*, Routledge, 2002.

Stam, Robert. "Beyond Fidelity: The Dialogics of Adaptation." *Film Adaptation*, Ed. James Naremore, New Brunswick NJ: Rutgers University Press, 2000.

Wertham, Fredric. *Seduction of the Innocent*, Amereon Ltd, 2007.

기타 참고자료

〈크리스 에반스, 여성 비하 발언 "블랙 위도우는 매춘부" 사과〉, 서울신문, 2015년 4월 24일.

Deggans, Eric. "2016: Age Of The On-Screen Black Superhero." NPR, 2016. 5. 7.

〈마블 슈퍼히어로 군단의 비밀 Marvel Studios Assembling a Universe〉, 다큐멘터리, 2014.

마블 팬사이트 http://avengersuniverse.com/

코믹콘 홈페이지. (http://www.comic-con.org/)

IMDB 박스오피스. (http://www.boxofficemojo.com/)

Kapur, Shekhar. "Asian Domination of Entertainment", 2005. 10. 27.
(http://shekharkapur.com/blog/2005/10/asian-domination-of-entertainment/)